# A Terra como Invenção

Este livro ganhou o Prêmio Jorge Zahar (2007-2008)

Na tradicional festa de fim de ano da editora, em 1996, em meio a inúmeros copos de uísque e muita animação, o cartunista Chico Caruso fez a caricatura que hoje ilustra o selo do Prêmio Jorge Zahar. Agradecemos ao artista a gentileza de ceder o direito de uso da ilustração.

João Marcelo Ehlert Maia

# A Terra como Invenção
O espaço no pensamento social brasileiro

ZAHAR
Jorge Zahar Editor
Rio de Janeiro

Copyright © 2008, João Marcelo Ehlert Maia

Copyright desta edição © 2008:
Jorge Zahar Editor Ltda.
rua México 31 sobreloja
20031-144 Rio de Janeiro, RJ
tel.: (21) 2108-0808 / fax: (21) 2108-0800
e-mail: jze@zahar.com.br
site: www.zahar.com.br

Todos os direitos reservados.
A reprodução não-autorizada desta publicação, no todo
ou em parte, constitui violação de direitos autorais. (Lei 9.610/98)

Capa: Sérgio Campante

CIP-Brasil. Catalogação-na-fonte
Sindicato Nacional dos Editores de Livros, RJ.

M186t
Maia, João Marcelo Ehlert
A terra como invenção: o espaço no pensamento social brasileiro / João Marcelo Ehlert Maia. — Rio de Janeiro: Jorge Zahar Ed., 2008.

Inclui bibliografia
ISBN 978-85-378-0077-5

1. Cardoso, Vicente Licínio, 1889-1931. 2. Cunha, Euclides da, 1866-1909. 3. Geografia – Aspectos sociais – Brasil. 4. Espaço em geografia. 5. Geografia na literatura. 6. Intelectuais – Brasil. I. Título.

08-1353
CDD: 910
CDU: 913

# Sumário

Apresentação — 7

Introdução — 11
    Intelectuais e pensamento brasileiro: sociologia e história — 12
    Espaço e teoria social — 21
    Espaço e símbolo — 24
    Espaços da imaginação — 28

**1 A Metafísica da Terra** — 33
    Alemanha, Estados Unidos e Rússia — 34
    Brasil — 43

**2 Terra, Americanismo e Modernismo** — 55
    Um breve panorama da Primeira República — 57
    Graça Aranha – de *Canaã* ao *Espírito moderno* — 58
    Ronald de Carvalho nas bárbaras terras americanas — 65
    *Festa* – catolicismo, Modernismo e "força da terra" — 72
    Intelectuais e experiência americana — 75
    Geografias modernistas — 84

**3 Engenharia e Terra** — 87
    Engenharia e modernidade — 88
    O caso brasileiro — 92
        *A forma francesa* — 93
        *Sonhos americanos* — 97
    "Engenharia periférica": um americanismo positivista — 100
    Engenharia, terra e ethos — 119

## 4  A Terra Euclidiana — 126
Terra e civilização — 126
Os escritos sobre a Amazônia — 133
*O caso russo* — 134
*Terra, história e espaço* — 136
*Rússia e América* — 150

## 5  Vicente Licínio e a Terra — 155
Um livro e uma geração — 157
O positivismo — 161
A terra — 166
A máquina — 174
Terra e máquina — 175
América, Américas — 177
*Ford e Rodó* — 181
Rússia e "força da terra" — 185

## Conclusão: A "Rússia Americana" — 191
O argumento — 191
Interpretações do Brasil — 195
Sociologia da terra e imaginação periférica — 204

Notas — 207
Referências bibliográficas — 215
Agradecimentos — 223

# Apresentação

Em um texto dedicado à natureza do ensaio como forma literária, na obra *Soul and Form*, o filósofo Gyorgy Lukács procura caracterizar o significado mais amplo deste empreendimento comum a inúmeros escritores. Ainda bastante inspirado por um certo neokantismo, Lukács preocupa-se com a visão integradora da forma, capaz de dar vida a elementos do mundo e agregá-los num todo vital e orgânico. Nesse sentido, o ensaio não seria meramente um exercício de crítica destinado a comentar os objetos culturais dados, mas uma atividade construtiva apta a prefigurar a cultura numa dimensão nova e criativa. Em suas palavras:

> O ensaísta fala de uma pintura ou de um livro, mas logo os abandona – por quê? Porque, penso eu, a idéia de uma pintura ou livro tornou-se predominante na sua mente, porque ele esqueceu tudo que é concretamente incidental sobre eles, porque os usou apenas como um ponto de partida, um trampolim.[1]

Um ensaísta, portanto, não escreveria sobre livros e autores, mas os mobilizaria criticamente para produzir uma interpretação nova sobre o mundo. Essa sugestão lukacsiana é de extrema valia para o entendimento do objetivo que aqui se busca alcançar, ao abrigar-se no já bem explorado campo do pensamento social brasileiro.

Este livro trata da centralidade do tema da terra na imaginação ilustrada brasileira. Cheguei a esse objeto ao ler, desavisadamente, um texto de Vicente Licínio Cardoso que tratava de uma questão comum para os que estudam a vida intelectual na Primeira República: a forte presença de argumentos geográficos na escrita dos mais variados "intérpretes do Brasil" no período. Tomando como fio condutor essa idéia rotineira, já analisada por tantos outros autores, fui percorrendo o caminho tortuoso de verificar o quanto essa generalidade ganhava riqueza quando provocada por questões novas. Nessa chave, Vicente Licínio Cardoso, autor que não costuma excitar a imaginação dos estudiosos nessa área, revelou-se um interessante interlocutor, e não apenas um informante dos procedimentos comuns a outros intelectuais do mesmo cenário – a despeito de cumprir com brilho essa função.

Interessava-me não apenas a construção de uma idéia geográfica como símbolo da nação, mas a aproximação que essa idéia permitia entre o Brasil e outras formações sociais – estranha sociologia comparada que situava o país em uma região fronteiriça à da Rússia, por exemplo. Ao ler a obra de Euclides da Cunha – em especial seus escritos sobre a Amazônia –, percebi que esse enquadramento permitia perceber uma forma de reflexão "espacial" que transformava a terra em forma de cognição do mundo brasileiro, instrumento de conhecimento operado numa sociedade cujos marcos escapavam ao registro da modernidade central. Num momento em que as energias das democracias do Atlântico Norte parecem esgotadas, e o mundo esboça um reordenamento não apenas geopolítico, mas civilizacional, essa "imaginação periférica" me chamou a atenção, como a lembrar que, antes da Segunda Guerra Mundial, variadas cartografias orientavam a cabeça dos intelectuais da periferia. Ora, por que não desvendar essas cartografias por meio de uma idéia tão rotineiramente associada a uma singularidade nacional – o espaço, o sertão, o litoral, a terra?

As pistas estavam – e estão – dadas. O trabalho de Lúcia Lippi Oliveira[2] sobre as relações entre nossas bandeiras e as fronteiras norte-americanas abriu um vasto campo de investigação, assim como o exaustivo estudo de Nísia Lima[3] sobre a dualidade entre litoral e sertão na imaginação brasileira. As recentes incursões da historiografia e da teoria literária sobre as repercussões do romance russo entre nossos escritores e intelectuais fornecem outros subsídios para essa cartografia, como atesta a tese de Bruno Gomide.[4] Funções semelhantes cumprem as pesquisas de Sergio Miceli[5] e Karina Vásquez,[6] que buscam comparar os diversos modernismos americanos.

Por fim, uma recente fornada de pesquisas voltadas para o estudo do pensamento brasileiro indica a fecundidade produzida não por novos e desconhecidos objetos, mas por questionamentos teóricos inéditos. Assim, mais que mero exercício de historiografia das idéias, a investigação do pensamento social brasileiro vem se mostrando instrumento confiável para a montagem de abordagens contemporâneas, já marcadas pelo registro da sociologia como disciplina acadêmica. Exemplo disso é a releitura da obra freyreana feita por Jessé de Souza,[7] a que se acrescenta uma interessante apropriação da teoria social contemporânea, exemplificada então por Charles Taylor e Pierre Bourdieu. Assim, superar eventuais lapsos ou abrir novas perspectivas sobre velhos temas do nosso pensamento social talvez sirva para renovar as questões que estruturam as pesquisas sociológicas contemporâneas. Num país em que, como já apontou Luiz Werneck Vianna,[8] as mudanças parecem demandar o auxílio da tradição para se efetivar, nada mais esperado que essa movimentação dos intelectuais na direção de seus precursores.

Portanto, tomo o chamado pensamento social brasileiro como um campo de estudos que não se restringe a um exercício de investigação histórica, destinado a reconstruir um universo fechado em si, entendendo-o, antes, como um modo de mobilizar autores, temas e idéias que conformam, ainda hoje, uma agenda de preocupações e questionamentos – ou seja, como um exercício de permanente fertilização da nossa tradição intelectual por força de seu diálogo com a teoria sociológica. Essa compreensão levou-me não a escrever sobre livros e autores, mas, seguindo a sugestão lukacsiana, a mobilizá-los criticamente para produzir uma nova perspectiva de compreensão do nosso tempo.

Assim, o fio de uma idéia – o argumento geográfico de que lançam mão intelectuais na Primeira República – foi desdobrado a partir de indagações contemporâneas: qual o lugar do Brasil em um contexto internacional que parece rearranjar as tradicionais geografias que estruturavam a divisão "centro/periferia" e permitir a emergência da Rússia, da China e da Índia, para ficarmos apenas em três regiões, até aqui bem pouco incorporadas ao nosso campo de observação? Em que medida a investigação de uma estranha cartografia intelectual voltada para o tema da terra pode nos permitir vislumbrar uma configuração civilizatória pautada não por um essencialismo irredutível, mas por uma moldura moral distinta, marcada por vivências estranhas às lógicas do mercado e do interesse? Finalmente, como essas interpretações clássicas que aproximavam o Brasil da Rússia e dos Estados Unidos podem nos ajudar a rearranjar a imaginação social sobre a modernidade?

Essas foram as questões que me levaram a estudar um intelectual tido como menor – Vicente Licínio Cardoso – e outro "gigante", já esquadrinhado das mais diferentes maneiras – Euclides da Cunha. A idéia de uma Rússia Americana, traduzida pelo tema espacial, conduziu-me à percepção de uma imaginação que destacava o Brasil como uma sociedade em construção, produto de uma modernidade aberta que reservava lugar privilegiado para o tema da *invenção*. Essa imaginação periférica não procurava encerrar o problema da construção nacional numa chave culturalista, nem opunha de forma radical terra e modernidade, mas inscrevia o Brasil numa outra marcha da modernidade, distinta daquela vivenciada pelos países centrais. Meu objetivo neste livro é desvendar essa sensibilidade intelectual, associá-la às experiências sociais de seus produtores e investigar a potência contemporânea de suas fabulações.

# Introdução

O tema deste livro é a questão da terra na imaginação ilustrada brasileira. A hipótese principal é a seguinte: a mobilização da categoria "terra" nos escritos de Vicente Licínio Cardoso e Euclides da Cunha leva a uma interpretação da experiência brasileira que a aproxima de outros processos modernizadores – Rússia e Estados Unidos – e enfatiza a dimensão inventiva e pragmática da formação nacional, e não a reiteração de uma origem cultural essencializada. O que chamo aqui de Rússia Americana seria a chave interpretativa de tal experiência. O conteúdo dessa imaginação é compreendido por meio da análise sociológica da trajetória dos dois personagens, tomando como eixo a engenharia (área de ambos), suas relações com o positivismo e o significado do americanismo no ambiente social que circunscrevia Euclides e Vicente Licínio. Respondo às seguintes questões: por que homens formados numa tradição profissional afeita ao mundo urbano-capitalista elegeram a terra como "imagem espacial" para a interpretação do Brasil? É possível decifrar aspectos dessa sensibilidade intelectual recorrendo a trajetórias marcadas por uma valorização da cultura técnica num ambiente social ainda hostil a vocações tão "americanas"?

Afirmo que a fabulação de uma imaginação periférica calcada na utilização da categoria "terra" pode ser explicada pelo processo de automodelagem intelectual desses dois engenheiros, personagens de um campo da disciplina que não encontrava passagem na Primeira República. Assim, a percepção de um processo de construção nacional aberto e incompleto, marcado pela invenção, encontrava-se com projetos de reinvenção pessoal e social.

Como se percebe, não se trata de postular uma relação simples de causalidade entre engenheiros e terra, mas de apontar afinidades significativas entre ambos os fenômenos. Para tanto, além da análise interna dos textos, lanço mão de material empírico (cartas, arquivos, biografias e literatura secundária sobre engenharia e positivismo) e empreendo uma comparação com alguns atores centrais do Modernismo no Rio de Janeiro também atentos para o tema da terra na formação brasileira. Ao traçar esse diálogo, meu objetivo é entender o contexto discursivo que permeava os usos das imagens espaciais analisadas. Antes, porém, da exposição mais detalhada desses problemas, algumas questões teóricas deverão ser enfrentadas.

Inicialmente, é necessário esclarecer o sentido da aproximação entre pensamento brasileiro e teoria sociológica. Refiro-me ao equacionamento de questões suscitadas pelo desvendamento de um objeto que demanda uma interpretação interna dos textos e uma análise das determinações sociais de seus produtores. Refiro-me, também, à necessidade de compreender a função simbólica encerrada na mobilização da terra nos escritos analisados, assim como o lugar dessa imagem espacial específica no contexto do pensamento social. Trata-se, portanto, de delimitar teoricamente um argumento geral subjacente ao livro: a idéia de que as imagens espaciais analisadas não são meras variáveis científicas emprestadas ao determinismo geográfico, mas símbolos de experiências sociais, e, por conseguinte, não limitadas ao cenário físico particular aos quais se referem.

## Intelectuais e pensamento brasileiro: sociologia e história

Qual a relação entre a imaginação ilustrada brasileira e a teoria sociológica contemporânea? Como articular as análises internas de textos com o ambiente social em que se moviam seus produtores? Ambas as inquietações remetem ao sempre problemático campo de interseção entre pensamento brasileiro, história e sociologia. No caso específico da sociologia, essa questão é ainda mais aguda que no campo da história intelectual, porque a investigação voltada para o chamado pensamento social no Brasil não se limita a repertoriar tradições, obras, autores e correntes de idéias. O cruzamento deste campo com a sociologia política contemporânea, por exemplo, reforça de forma radical a motivação hermenêutica que anima as leituras das linhas mestras de nossa imaginação. Os textos mobilizados não são operados como simples documentos, nem como fragmentos de idéias que devem ser reconstruídas tal qual teriam sido concebidas historicamente, mas como elementos para a produção de teorizações sociais mais amplas sobre o processo modernizador no Brasil. Nesse sentido, o sociólogo contemporâneo que, interessado no problema da relação entre Estado e sociedade no Brasil, se volta para a obra de Oliveira Vianna não está à procura de documentos clássicos sobre o assunto, mas de narrativas que lhe permitam fundamentar suas próprias questões.

Dito desta forma, o problema parece simples, mas há que resolver uma série de desafios que, obviamente, têm uma longa história nas ciências humanas. Por exemplo, qual o estatuto do texto estudado, de vez que não é visto apenas como um documento que possa ser operado como evidência para reconstrução historicista? Qual o limite dado para o diálogo entre intérprete e autor? À guisa de um encaminhamento dessas questões, destaco dois importantes debates que me parecem resumir os dilemas atuais que envolvem o tipo de investigação aqui proposto – refiro-me às discussões que opõem historicismo* e hermenêutica, e internalismo e externalismo. Longe de apresentar uma exaustiva resenha de todas as posições intervenientes nessas querelas, pretendo apenas definir melhor a opção assumida e o tipo de moldura que estrutura, ao fundo, esta obra.

Sobre a primeira questão, são conhecidos os embates propiciados pela recepção da obra de Quentin Skinner,[1] que produziu um campo coeso na área da história intelectual. Ao incorporar algumas preocupações trazidas pela virada lingüística, destacando a decifração do universo comunicativo dos autores estudados, e tendo como norte o estabelecimento de uma intencionalidade discursiva, Skinner estabeleceu as bases de um contextualismo lingüístico** de largo trânsito na área. Nesta perspectiva, a reconstrução historicista de um universo afastado temporalmente é considerada tarefa fundamental, implicando interpretação de texto atenta ao campo comunicativo específico no qual o autor se insere, em busca de um esclarecimento conceitual que evite uma forte autonomização do texto. Assim, Skinner orienta sua análise para o diálogo entre autores "maiores" e "menores", para a circulação de conceitos e temas entre escritores e pensadores e para o desvendamento do universo lingüístico no qual as idéias germinavam. Um dos adversários explícitos do historiador inglês era o chamado "anacronismo interpretativo",

---

\* O termo "historicismo" comporta múltiplos significados. Aqui, ele refere-se a uma concepção teórica que vê a interpretação de textos como exercício de reconstrução dos contextos originários em que estes foram produzidos. Ou seja, o historicismo implicaria a recuperação das intenções do autor.
\*\* Uma das principais bases teóricas para esse empreendimento foi fornecida pelo filósofo inglês John Austin em "How to do things with words". Austin sustentava que palavras e frases não eram descrições ou constatações, simplesmente, mas formas de ação e de persuasão. Tratava-se, portanto, de investigar o potencial comunicativo e prático da linguagem.

procedimento que insistia em decifrar textos clássicos a partir de questionamentos e problemas contemporâneos dos intérpretes.

Outra era a perspectiva elaborada pelos defensores de uma investigação tributária da hermenêutica, dos avanços estruturalistas e de todas as discussões que, dos anos 1960 em diante, culminaram numa discussão sobre o descentramento do sujeito e a conseqüente "libertação" do texto. Esse esforço hermenêutico encontra ancoragem segura nas sugestões advindas de outro campo da história intelectual, em particular da obra de Dominick La Capra.[2] Nela, o tema da oposição entre texto e contexto ganha outras cores, uma vez que o autor descarta a postulação de um contexto fixo, anterior à linguagem. Nesse sentido, recupera a noção, hoje banalizada na história cultural, de que todas as dimensões da vida humana são de certa forma "textualizadas". De um modo geral, a antropologia – em especial aquela animada pela obra de Clifford Geertz – aprofundou mais sistematicamente essa noção dos contextos como "textos" que devem ser decifrados por uma etnografia densa, que se assemelharia a um exercício de crítica literária.

Assim, a mera identificação de que o contexto deve iluminar o texto joga nas sombras o estatuto dessa relação, o que não é uma solução, mas um problema. Na perspectiva de La Capra, a simples afirmação de que um determinado contexto influenciaria um texto não diria muito, uma vez que os modos como essa relação se dá são objetos constantes de pesquisa, e não pontos de partida metodológicos. Por exemplo, a tradicional relação que a história das idéias estabelece entre vida e obra deve defrontar-se com a questão de como a experiência vivida ganha tradução no texto, dado que não há qualquer mecanismo determinante que prefigure um formato para essa relação.

A postulação de uma relação dialógica entre intérprete e texto é reforçada por La Capra a partir da constatação de que a alternativa oferecida por Skinner lhe parece inviável. Afinal, o historicismo considera que os textos são propriedade de seus autores, emanações diretas de suas respectivas consciências. Isso exigiria a identificação da intencionalidade do autor (Para quem escrevia? Com que objetivo?), tarefa que, para La Capra, estaria longe de ser garantida. Diferentemente, na perspectiva hermenêutica, o tema da intenção se encontraria encapsulado na percepção da tradição como força que diluiria o tema da propriedade individual. Nesses termos, é como se o contextualismo lingüístico tivesse recuperado a "virada lingüística", mas deixado de lado suas possíveis implicações intersubjetivas, uma vez que desconsidera o fato de que a própria centralidade emprestada à linguagem constitui, em si, mais uma etapa no processo de desconstrução da noção de um indivíduo autocentrado, cartesiano, que teria sua identidade delimitada pela emanação de sua consciência particular.

Essa postulação encontrou uma de suas principais fundamentações teóricas na obra *Investigações filosóficas*, de Ludwig Wittgenstein. Nela, a linguagem é entendida a partir da categoria "jogo", e sua condição de fonte privilegiada de acesso às representações mentais individuais e privadas de um indivíduo é questionada. O filósofo critica o pressuposto cartesiano de que a linguagem seria emanação imediata e compreensível de estados mentais anteriores ao ato interativo, considerando-a, antes, uma prática comunicativa regulada pelo uso. Aplicando essa reorientação filosófica aos termos da história intelectual, torna-se difícil sustentar que o objeto desta deva ser a recuperação da intenção do autor, pois o texto estaria enredado nesse processo intersubjetivo de formação de consciência. Se o próprio autor não teria mais uma relação transparente e imediata com seus estados mentais, como seu texto poderia ser uma emanação de sua intenção?

Creio que esta conceituação é extremamente rica para uma abordagem do pensamento social que não se esgota na reconstrução historicista do par autor/obra. Afinal, a percepção de que o texto teria propriedades não meramente "reprodutoras" denotaria que a escritura não se esgota no seu aspecto documental, como simples evidência de época, mas guarda componentes imaginativos. La Capra chama essa dimensão do texto de *worklike*, definido da seguinte forma:

> O *worklike* é crítico e transformativo, pois desconstrói e reconstrói o dado, em certo sentido repetindo, mas também trazendo ao mundo algo que não existia anteriormente naquela variação, alteração ou transformação significativa. Com enganadora simplicidade, pode-se dizer, que enquanto o *documentary* marca uma diferença, o *worklike* faz uma diferença – que engaja o leitor num diálogo recreativo com o texto e com os problemas que ele levanta.[3]

Essa dimensão *worklike* seria a garantia de uma janela de comunicação entre o autor e o intérprete, por meio da qual este poderia se aproximar de dimensões não esperadas do texto daquele. Seria uma garantia linguística, por assim dizer, da relação entre sociologia e pensamento social. Nos termos deste livro, a terra, tal como operada pelos autores tratados, não seria apenas reprodução das "terras realmente existentes", mas projeção simbólica rica em significados.

As formulações até aqui enumeradas não esgotam o repertório de questões que afligem a relação entre sociologia e história, pois os propósitos investigativos de uma sociologia dos intelectuais, por exemplo, são distintos daqueles alimentados por historiadores que viessem a recorrer à obra de La Capra. Sociólogos não explicam apenas textos, mas buscam compreender a dinâmica das relações sociais que conformam atores e processos informados por esses textos. Nesse sentido, faz-se necessário enfrentar o dilema entre externalismo e internalismo com os apetrechos da sociologia, de forma a melhor encaminhar questões pertinentes ao campo da história intelectual.

Em texto sobre o tema, Heloísa Pontes[4] apresenta a diferença entre as duas perspectivas que norteiam as investigações da sociologia dos intelectuais. De um lado, os que se propõem analisar as condições sociais de produção dos textos e a rede de vinculações que envolveriam autores, instituições e obras. Nesse time, liderado por Pierre Bourdieu, Norbert Elias, Raymond Williams e Fritz Ringer, entre outros, o texto só poderia ser decifrado em função das experiências concretas dos seus produtores, variando aí os aspectos que poderiam ser operacionalizados na pesquisa empírica para traduzir o contexto – classe, gênero, tradições intelectuais nacionais, campo etc. De outro lado está a perspectiva abraçada por Lévi-Strauss e outros autores, que buscam decifrar a lógica interna dos textos e seus significados inscritos na própria tessitura da escrita. Nesse registro, o texto em si ganha forte autonomia e se projeta como instância decisiva para a compreensão de idéias e sentidos.

Não é preciso dizer que ambas as opções têm seus problemas a enfrentar. A recepção desses autores e tradições no Brasil produziu diversas versões desses problemas, além de criar novas e interessantes abordagens. Refiro-me, por exemplo, ao trabalho de Sergio Miceli.[5] Ancorado numa leitura da obra de Bourdieu, Miceli construiu uma poderosa marca interpretativa na sociologia dos intelectuais, lastreada no desvendamento do universo relacional dos produtores e nas próprias vicissitudes de montagem de um campo intelectual autônomo no Brasil. No conjunto de sua obra, é evidente a preocupação em decifrar as redes de sociabilidade que envolvem os autores e suas respectivas inserções no campo em que transitam. Nessa forma de abordagem, os textos autorais são tratados como indícios, mas não como "propriedade", no sentido historicista de Skinner, dado que Miceli não está interessado numa reconstrução canônica de idéias. Os textos seriam, portanto, material expressivo que serviria para o desvendamento das condições de produção e movimentação social dos intelectuais. O alto rendimento teórico propiciado por esse procedimento é evidente, a começar pela objetivação das posições relacionais dos intelectuais, que perdem, assim, a condição de uma *intelligentsia*, definida como estrato acima de quaisquer condicionamentos de classe.

Assim, a delimitação das trajetórias possíveis dos intelectuais é operada por meio da reconstrução de fronteiras que organizariam o espaço permitido para essa movimentação. Mais que isso, trata-se de identificar os trunfos e capitais específicos a cada campo, que organizam a rede de relações estabelecidas entre personagens, instituições e demais atores. Em termos práticos, isso permitiu a Miceli interpretar o fenômeno da adesão de uma grande parte da intelectualidade da Primeira República ao Estado como decorrência da combinação entre rico capital cultural e parcos índices de capital econômico. Ou seja, a trajetória desses personagens seria compreendida a partir do movimento descendente experimentado por suas famílias e por suas posições desprestigiadas no interior dessas famílias. A adesão à carreira cultural, seguida da busca por empregos públicos, seria evidência da reduzida estruturação de um campo intelectual autônomo, incapaz de fornecer recompensas simbólicas e materiais satisfatórias.

É nesse registro teórico que se devem entender os estudos de Miceli sobre os modernistas brasileiros e a relação de dependência deles com relação às agências estatais, bem como a polêmica travada com Daniel Pécaut, ou ainda suas incursões no campo das artes plásticas[6] – em que procura estabelecer relações explicativas possíveis entre o universo plástico do Modernismo paulista e as condições que estruturariam a movimentação social de artistas e colecionadores. Mas, se é inegável que a obra de Miceli constitui hoje parada obrigatória para os estudiosos da área, não é menos verdadeiro que produz algumas tensões junto àqueles que se dedicam às sutilezas do texto e são avessos a formulações sociológicas que dessacralizam de maneira radical o estatuto da escritura. O que se pode dizer, contudo, é que tal debate produziu um novo patamar de investigação, que torna inviável uma aproximação ingênua quer do campo quer do texto.

Nesse sentido, é digno de registro o trabalho de Ângela Alonso[7] sobre a geração de 1870, no qual se observa uma abordagem teórica que evita tomar como matéria-prima as idéias e os discursos doutrinários dos intelectuais, ao mesmo tempo que recusa a noção de campo, por considerá-la impertinente a seu objeto. No registro da autora, tal geração só poderia ser analisada como uma espécie de movimento político coletivo. Assim, idéias e textos deveriam ser encarados como peças mobilizadas por atores cuja lógica de movimentação principal seria dada não pela recepção de doutrinas européias, ou pela inscrição em um campo intelectual já constituído, mas pelas disputas entre grupos e classes no Segundo Reinado. O rendimento analítico propiciado por um enquadramento mais próximo da sociologia dos movimentos sociais que da sociologia da cultura forneceu à autora uma interpretação mais ampla de seu objeto, evitando uma caracterização escolástica da geração, por demais centrada em biografias intelectuais e partidos doutrinários diversos. O que não impediu, todavia, algum grau de ocultamento dos textos produzidos no período, cujas sutilezas e possibilidades interpretativas terminam soterradas pelo registro teórico por demais sociologizante.

O recente cruzamento entre pensamento social e sociologia política não pode prescindir de uma necessária dimensão hermenêutica, que recrie o texto e o torne um interlocutor das questões contemporâneas. Mas tal recriação não pode ser arbitrária, e um dos limites que deveria atender deriva da reconstrução sociológica do universo de seu autor. Nesses termos, não haveria ponto de convergência com o enquadramento canônico da sociologia dos intelectuais? Esse encontro é possível, desde que se façam algumas ressalvas.

Em primeiro lugar, a livre interpretação de temas e autores do pensamento brasileiro pode transformar o texto numa mera desculpa teórica, esvaziando o próprio sentido da investigação. Por isso, a reconstrução da experiência concreta dos produtores é tarefa necessária, sob risco de transformar a área numa coleção de impressões variadas que utilizam a escritura como muleta para divagações. Nesse sentido, a idéia de Paul Ricoeur[8] sobre a hipóstase do "texto absoluto" permanece válida. Ressalte-se, contudo, que a reconstrução sociológica do universo dos produtores não implica o retorno a um historicismo obcecado por desvendar a intencionalidade do autor. Afinal, o tratamento sociológico parte não de uma exegese biográfica, mas da postulação de um universo social específico, no qual a subjetividade dos autores é produzida no âmbito de suas variadas interações.

Num registro sociológico, a reconstrução do universo social em que se moviam os autores não pode ser traduzida diretamente pela categoria de intencionalidade, já que essa reconstrução objetiva desvendar uma experiência social/intelectual que escapa ao pleno controle do sujeito. Com isso não se quer dizer que o significado de um texto é um dado inútil, ou mesmo aleatório, mas que ele não pode ser atribuído diretamente a uma intenção anterior tida como propriedade singular de um sujeito plenamente consciente de toda sua ação expressiva.

A observação anterior conduz a uma segunda ressalva necessária. É comum, nos estudos da área de pensamento brasileiro, a confusão entre a reconstrução lógica do texto analisado pelo intérprete e a própria lógica discursiva do autor. O fato de o texto interpretado se assemelhar a uma totalidade não deve autorizar sua plena identificação com o autor, sob pena de trazermos de volta o fantasma da intencionalidade. Mais uma vez, a sociologia dos intelectuais tem instrumentos para controlar esse problema, pois o cerne de sua preocupação é justamente a explicação do universo social particular dos produtores. Ora, essa reconstrução é, como se sabe, interessada e conduzida pelas questões e interesses mais gerais que guiam a pesquisa e o ordenamento das evidências.* Este é o ponto-chave que permite a associação entre temas da história intelectual com procedimentos da sociologia. Segundo Ricoeur:

> O texto enquanto todo e enquanto totalidade singular pode comparar-se a um objeto que é possível ver a partir de vários lados, mas nunca de todos os lados ao mesmo tempo. Por conseguinte, a reconstrução do todo tem um aspecto perspectivista semelhante ao de um objeto percebido. É sempre possível relacionar a mesma frase de modos diferentes a esta ou àquela outra frase considerada como

---

* Sobre isso, a referência fundamental ainda é o clássico ensaio de Max Weber, "A objetividade do conhecimento na ciência social e na ciência política", no qual o sociólogo alemão destaca a impossibilidade de se pensar um quadro de pesquisa que seja pura reprodução de um mundo social já dado e estabilizado, "disponível" para a captura teórica.

a pedra angular do texto. No ato de ler, está implícito um tipo específico de unilateralidade. Tal unilateralidade fundamenta o caráter conjectural da interpretação.[9]

De acordo com essa passagem, percebe-se que a validação da interpretação ancora-se não no conflito entre interpretações rivais, mas na possibilidade de relacioná-la a uma hipótese sociológica interessada. Ou seja, a leitura de textos sustenta-se numa unilateralidade (no caso aqui estudado, a utilização da categoria terra como matriz de interpretação do Brasil) que encontra ressonância na investigação de determinadas dimensões da experiência social e intelectual dos produtores. Desse modo, as duas dimensões – supostamente "internas" e "externas" – são unificadas a partir do repertório de questões e problemas que o investigador levanta. Em outras palavras, não se trata de explicar uma em função da outra, mas de encará-las como dimensões integradas de uma determinada experiência intelectual só acessível a partir de uma problematização sociológica interessada. Isto é, a "engenharia" não será tomada como variável independente que explique a "terra", mas como componente central numa forma de sensibilidade.

Esse tipo de abordagem orienta o recorte da categoria "engenheiros" – central para o argumento deste livro. Não se trata de delimitar uma profissão e averiguar suas condições de institucionalização, ou mesmo suas tradições específicas, nem de reconstruir o campo intelectual no qual essa atividade emergiria, mas de caracterizar o feixe de vocações, experiências e interações que pode ser reunido sob essa categoria. No caso, ela traduz uma determinada experiência social e intelectual marcada pelos seguintes fatores: a) formação numa cultura técnico-científica difusa, que animava vocações americanas numa sociedade não dinamizada pela fábrica e pela indústria modernas; b) formação de subjetividades orientadas para um forte código moral de sabor positivista, que dotava seus adeptos de uma constante sensação de estranhamento diante da vida social da cidade; c) desapego aos padrões tradicionais-bacharelescos que estruturariam o cenário urbano-intelectual carioca na Primeira República.

Sustento que essa caracterização sociológica da experiência concreta dos personagens estudados revela o sentido da mobilização simbólica da categoria terra, que discrepa da classificação romântica de intelectuais em busca de uma autenticidade perdida. Essa experiência específica será cotejada com a movimentação social dos homens do alto Modernismo carioca, que lidaram de outra forma com o mesmo tema da terra e sua "americanidade". Assim, a análise interna dos textos de Euclides e Vicente Licínio não será aleatória, nem se guiará por nexos e relações construídos apenas de forma "internalista". Isso significa que o enquadramento do objeto não obedece a critérios lingüísticos, como se a delimitação de um universo comunicativo comum já resolvesse o problema analítico. Afinal, é compreensível que intelectuais pertencentes à mesma geração partilhem conceitos, temas e tópicos, que operam como ferramentas disponíveis para a circulação de idéias e debates. Ou seja, eventuais semelhanças desse tipo (compartilhamento de retórica, vocábulos, uso de expressões e outros procedimentos) não são naturalizadas, assim como discrepâncias de estilo e registro discursivo não são exageradas. O pertencimento de Vicente Licínio à mesma geração de Ronald de Carvalho (um homem do alto Modernismo carioca) e a existência de relações entre os dois não implicam que suas versões sobre a terra e o americanismo caminhem no mesmo sentido, a despeito de ambos partilharem signos lingüísticos assemelhados. Do mesmo modo, a dissonância entre o registro literário de Euclides e o seco e pouco brilhante estilo de Licínio não impede que seja buscada uma caracterização sociológica que auxilie a decifração de interpretações comuns sobre a relação entre terra e modernização brasileira. Trata-se, portanto, de conquistar o objeto, e não de assumir como dadas sua afirmação fenomênica no mundo empírico.

A abordagem aqui sugerida não é inédita. Em trabalho sobre o engenheiro imperial André Rebouças, Maria Alice Rezende de Carvalho[10] reconstrói a experiência de Rebouças através da sua inserção profissional e da rede de significados que envolveriam o que se entende por "engenheiros". Ou seja, não se trata de identificar um campo profissional no qual Rebouças seria figura subalterna, mas de apresentar o sentido da engenharia na sociedade imperial. Por sua vez, a questão "engenharia" não é limitada pela decomposição analítica do universo social em compartimentos (profissão, renda, inserção política etc.), mas se sustenta na eleição de uma inscrição considerada significativa da experiência intelectual do personagem. No caso, a moldura da personalidade de Rebouças como engenheiro implica a caracterização de elementos associados a essa cultura técnica. É o caso do *yankismo*, por exemplo.

Em outros termos, essa abordagem implica a construção de nexos significativos entre a engenharia e o sentido das experiências intelectuais que moldaram socialmente o personagem. Têm-se, desta forma, uma abordagem que contempla sociologia e história intelectual, possibilitando uma interpretação do pensamento e da trajetória do autor que não termina por soterrar a primeira na segunda. Isso permite à autora recuperar o americanismo de Rebouças, dar-lhe dignidade teórica e analisá-lo à luz de suas preocupações com o processo de modernização do Brasil durante o século XIX. Tem-se, aí, a moldura da sociologia política reclamada neste livro.

Outro exemplo interessante encontra-se no trabalho de Nicolau Sevcenko[11] sobre Euclides da Cunha e Lima Barreto, no qual a apresentação das idéias dos autores foi acompanhada por uma reconstrução do universo social em que se moviam, destancando-se desse cenário o que parecia mais significativo para o autor: a experiência social da Primeira República, fonte de insatisfação e desconforto para personagens que se viam como "intelectuais-missionários", para os quais a literatura operaria como ferramenta de intervenção na vida pública. Ou seja, Sevcenko não decompõe Euclides e Lima Barreto em variáveis abstratas, mas busca decifrar o espectro de suas atividades a partir da relação entre literatura e mundo social, tomada como eixo central para a hipótese. No caso, a relação se daria pelo que esses "mosqueteiros intelectuais" identificavam como "arrivismo republicano". Segundo o historiador paulista, o engajamento ético desses intelectuais se plasmava a partir da percepção de uma inversão de posições, por meio da qual os homens das letras desciam na pirâmide social por não encontrarem lugar numa ordem competitiva pautada por valores burgueses e argentários. Explicar-se-ia assim, portanto, a produção de personalidades marcadas por fortes compromissos éticos e a idealização da literatura como força progressista.

Finalmente, é importante destacar a perspectiva teórica de Raymond Williams,[12] também avessa à dicotomia entre internalismo e externalismo. Em sua obra sobre as representações do campo e da cidade na literatura inglesa, Williams mobiliza o conceito de "estruturas de sentimentos" para analisar o modo como essas representações se transformam e reinterpretam as paisagens da Inglaterra sob o impacto de transformações produzidas pelo capitalismo. Sem reduzir a relação entre experiências sociais e narrativas ao conceito de ideologia, Williams evita uma separação estanque entre texto e contexto, como se o primeiro fosse dedução lógico-abstrata do segundo. Seu objetivo é delimitar a emergência de novas percepções na própria estrutura formal das obras, muitas vezes semiconscientes, acompanhando assim a mudança nos sentidos do bucolismo e a cristalização de interpretações que não necessariamente refletem um mundo determinado, mas antes o ressignificam. Esse processo é envolto em tensões, o que autoriza o intérprete à localização de choques, sugestões soltas e possibilidades que impediriam a fixação do texto por categorias abstratas – literatura burguesa, por exemplo. Assim, cidade e campo não poderiam ser entendidas como imagens fixas que traduziriam paisagens, mas como formas sociais que propiciariam novas narrativas para as transformações históricas vivenciadas por escritores, poetas e intelectuais. Essa sugestão é de importância central para este livro.

## Espaço e teoria social

Em boa parte das reflexões oriundas do campo das ciências sociais, o tempo sempre pareceu ser a categoria determinante. Na imaginação moderna, o espaço parecia antes uma resistência, uma trincheira da tradição destinada a ser varrida pelos personagens e forças próprias de novas experiências sociais: o capital, a luta de classes, o capitalismo, o socialismo. Nesse registro, a economia explicativa da modernidade parecia apontar para a dinâmica temporal como chave para a decifração dos fenômenos sociais. Se ficarmos apenas em duas linhas mestras da tradição sociológica, a weberiana e a marxista, perceberemos que conceitos como carisma, mercado, revolução, luta de classes e outros tantos dizem respeito a processos de transformação histórica animados por lógicas de conflito que poderiam se desenrolar em quaisquer cenários geográficos. Trata-se de uma visão do drama moderno centrada no aprofundamento das energias sociais acumuladas e na sua disseminação – a consciência de classe ou a ética protestante, por exemplo. O espaço, por sua vez, parecia ficar relegado ao domínio da geografia como campo de saber específico, expandindo-se, no máximo, para as fronteiras da historiografia, em especial aquela animada por Braudel.

Uma observação mais criteriosa, contudo, revela que o espaço permaneceu uma categoria relevante na imaginação social ocidental, trabalhada das mais diversas formas. Desde Montesquieu até os estudos de ecologia urbana produzidos sob a égide da Escola de Chicago, o tema espacial mostrou-se atraente para inúmeros pensadores, como a nos lembrar que não é corpo estranho nessa experiência histórica específica.

No século XIX, algumas vertentes do pensamento científico se voltaram para uma observação mais criteriosa do tema espacial. Refiro-me ao cenário intelectual europeu daquele período, marcado pelas reflexões de Ratzel, Taine, Buckle e outros que formataram um discurso sobre a relevância do espaço como categoria de explicação científica. Esse discurso desaguou na disciplinada geografia e na produção de uma série de mecanismos teóricos reunidos sob a alcunha de "determinismo geográfico".

A figura do geógrafo Friedrich Ratzel (1844-1904) encarna o propósito de tornar o espaço uma variável independente, capaz de explicar homens e costumes. Nessa perspectiva, o tema da diversidade seria capturado pelo esquadrinhamento científico das realidades físicas, que poderiam exercer influências diretas ou indiretas. Segundo Ellen Semple,[13] intérprete pioneira da obra de Ratzel, essa notação do homem como produto da superfície terrestre implicaria outra visão sobre o processo civilizador, na qual tal processo seria caracterizado não como pura emancipação do homem em relação à natureza, mas como um aumento da sofisticação e da elasticidade dessa conexão. A chamada antropogeografia de Ratzel, entretanto, não exerceu efeito imediato sobre os intelectuais brasileiros, ao contrário das teorias deterministas do filósofo francês Hippolyte Taine.

Herdeiro do positivismo francês, erudito de largo reconhecimento no segundo quartel do século XIX, Taine (1828-93) notabilizou-se por um pensamento com fortes traços deterministas. Encastelado numa posição temerosa dos fenômenos da democratização e da emergência de uma sociedade de massas, e fortemente impressionado com a ruptura introduzida por Darwin,

Taine escreveu uma longa e influente série de estudos sobre a história da França na qual as categorias de raça e meio exerciam peso decisivo na interpretação. O impacto de sua obra deveu-se a sua insistência em delimitar um arcabouço interpretativo geográfico para estudar os fenômenos históricos. Instrumental semelhante serviu de ferramenta para Henry Thomas Buckle (1821-63), cujas formulações sobre as relações entre natureza e civilização também encontraram repercussão em terras brasileiras. Afinal, a primeira seção de *História da literatura brasileira*, de Sílvio Romero, é constituída, em parte, por um diálogo crítico com Buckle, para quem as possibilidades de uma vida civil razoável nas Américas encontrariam fortes obstáculos nas condições geográficas do continente, marcadas pelo gigantismo e pela natureza opressora.

De diferentes maneiras, Taine, Buckle e Ratzel produzem uma física do espaço eivada de certo determinismo que se apodera da reflexão social e pretende rejeitar formulações metafísicas. Para esses autores, tratar-se-ia, portanto, de dominar o espaço, encaixá-lo como variável independente nos seus respectivos quadros teóricos e apresentar uma moldura que decifrasse analiticamente a diversidade do fenômeno moral. O par espaço/moralidade esgotar-se-ia nesse procedimento.

Um outro exemplar do chamado pensamento geográfico nos ajuda a ampliar essa formulação. Refiro-me aos escritos de Alexander von Humboldt, que escapam a uma mera "física" do espaço. Segundo Lúcia Ricotta,[14] a ciência tal como praticada pelo naturalista alemão constituía um projeto no qual a estética ocupava papel fundamental. Mais que classificar e analisar fenômenos, e dominá-los com o recurso a uma razão instrumental, tratava-se de possibilitar a comunicação da experiência com a natureza. É isso que permite à autora apontar para o sentido da linguagem poética elaborada por Humboldt, que funciona tanto como "realização compensatória" (produzindo uma forma expressiva que permite a fruição de uma experiência estética com a natureza), quanto como "complementaridade", que possibilita a visualização de dimensões não percebidas da experiência. Segundo a autora:

> Nos dois livros, obras-sínteses de Humboldt, *Quadros da natureza (Ansichten der Natur)*, de 1808, e o *Cosmos*, o principal, a meu ver, é verificar como se constrói o olhar científico sobre o fenômeno natural. Como, em última instância, este olhar converte determinada realidade físico-espacial em imagem, i.e, em realidade visível, estética, paisagística.[15]

Esta percepção de que ciência e cientificismo não se confundem, e que o século XIX é um período rico na exploração de fronteiras entre ciência e cultura, não é exclusiva de Ricotta, por certo, nem se restringe ao campo do pensamento geográfico de Humboldt. Wolf Lepenies,[16] ao analisar a história das disputas entre ciência social e literatura pela primazia na interpretação da sociedade e dos dilemas humanos, também chega a conclusões aproximadas. Segundo ele, fica evidente que tal embate foi encaminhado de diferentes formas na França, Inglaterra e Alemanha, resultando em distintas configurações sociológicas. Assim, enquanto a França conheceu a especialização universitária da sociologia e o seu enquadramento como ciência especializada e autônoma, a Inglaterra assistiu à apropriação do conhecimento sociológico pelo movimento reformista e pelas próprias agências estatais. Na Alemanha, a conhecida problemática que envolvia ciências da cultura e ciências naturais abriu espaço para que problemas próximos ao universo humboldtiano descrito por Ricotta surgissem no âmbito das ciências sociológicas.

Se voltarmos, agora, à questão da relação entre pensamento ocidental e o tema do espaço, perceberemos que as sugestões de Ricotta e Lepenies auxiliam a conformação de um enquadramento mais amplo para o problema. Nesse sentido, a eleição do espaço como categoria central das ciências humanas significa pensá-lo como imagem carregada de significados que em muito extrapolam a circunscrição física referente.

A mobilização do espaço na produção de discursos sobre homens, culturas e sociedades guarda duas dimensões: por um lado, o espaço é variável determinante, como em boa parte do pensamento geográfico do século XIX, preocupado em classificar os meios físicos que pudessem produzir tipos específicos. Por outro lado, o tema espacial pode ser mobilizado por meio de metáforas e analogias, como fonte para a produção de imagens e comparações sobre o mundo social. Assim, noções como "deserto", por exemplo, não significam exatamente um deserto específico, natural, passível de ser delimitado geograficamente, mas antes uma imagem associada a esse tipo de experiência social. As sugestões de Raymond Williams apontam para essa segunda versão do tema espacial, mais atenta para a dimensão simbólica da relação entre paisagem e cultura. Faz-se necessário, entretanto, investigar mais detidamente essa relação.

## Espaço e símbolo

O espaço pode ser pensado simbolicamente. Mas o que isso significa, em termos teóricos, e que possibilidades analíticas essa abordagem oferece? Para iniciar essa discussão, uma porta de entrada está em algumas formulações filosóficas a respeito da natureza do símbolo.

Em obra sobre a natureza das formas simbólicas, Ernst Cassirer[17] lança mão de um arsenal filosófico kantiano para argumentar que as formas que estruturariam os dados sensíveis e objetivos seriam produções espirituais, organizadas a partir de um sistema relacional que não está dado de forma natural no mundo. Nessa chave, haveria uma evidente função simbólica humana, expressa de forma mais clara na linguagem. Para Cassirer, a linguagem não seria apenas expressão do sensível, ou uma mera tradução direta do real, mas uma forma que escaparia das determinações e seria capaz de produzir generalizações. Nos termos do autor, haveria uma dupla natureza das formas simbólicas. Ele explica:

> Em cada "signo" lingüístico, em cada "imagem" mítica ou artística comparece um conteúdo espiritual, que, em si, transcende o sensorial, convertido à forma do sensível, audível, visível ou tangível. Surge um modo de configuração autônomo, uma atividade específica da consciência, que se distingue de todo dado da sensação ou percepção imediatas, e que no entanto se utiliza deste mesmo dado como veículo e meio de expressão. Com isso, o simbolismo "natural", que, como vimos, se encontra estabelecido no caráter fundamental da consciência, é utilizado e conservado, por um lado, enquanto por outro é superado e depurado.[18]

O potencial revelador das palavras (e não meramente reprodutor) foi levado a outros patamares pela tradição hermenêutica. Ricoeur é um dos representantes dessa tradição que dá grande destaque ao problema da interpretação do texto. No registro hermenêutico, a escritura só pode ser decifrada se a distância entre sua produção original e suas posteriores leituras for situada como uma mediação central, que estrutura as próprias possibilidades abertas pela obra em questão. Isso permitiria a aceitação de uma autonomia semântica do texto, já que este não poderia ser aprisionado dentro dos limites da intenção original do autor e da situação a partir da qual ele é produzido. Nos termos de Ricoeur, "graças à escrita, o homem e só o homem tem um mundo, e não apenas uma situação".[19] Note-se que o autor refere-se a "um mundo", e não "ao mundo", enfatizando com isso o potencial imaginativo presente na tarefa da interpretação hermenêutica. Com esse procedimento, ele reforça o potencial criador da leitura, não por esta se apoiar num texto hipostasiado, mas pelo fato de que o próprio texto cria um mundo que não é limitado às fronteiras da situação empírica específica que lhe serve de suporte original. Ou seja, o que em Cassirer parecia ser decorrência da função simbólica do espírito humano, em Ricoeur transforma-se em produto de um diálogo inevitável entre texto e leitura, a partir do qual esta desvenda horizontes de experiência que transcenderiam o espaço mental do autor. Para os propósitos deste livro, ambos ajudam a caracterizar, de forma genérica, a função simbólica da categoria terra. Afinal, nos termos de Ricoeur:

> O sentido de um texto não está por detrás do texto, mas à sua frente. Não é algo de oculto, mas algo de descoberto. O que importa compreender não é a situação inicial do discurso, mas o que aponta para um mundo possível, graças à referência não ostensiva do texto. Compreensão tem menos do que nunca a ver com o autor e a sua situação. Procura apreender as posições de mundo descortinadas pela referência do texto. Compreender um texto é seguir o seu movimento do sentido para referência: do que ele diz para aquilo de que fala.[20]

Mas como pensar a relação entre simbolismo e espaço, tema mais geral deste livro? Michel Foucault[21] fornece pistas interessantes para o desenvolvimento dessa discussão. Em uma conferência proferida em 1967, ele sugere que a grande mania do século XIX seria a história, como se a humanidade pudesse ser pensada como uma seta percorrendo um sentido preciso. Não à toa, acrescento, aquele século foi o parteiro de todos os tipos de evolucionismo, desde a antropologia vitoriana inglesa até o darwinismo social, passando pela grande idéia-força do marxismo. Essa prioridade dada à categoria tempo implicava também uma consagração do modelo civilizatório europeu. Nessa perspectiva, o tempo seria preenchido por uma lógica homogênea, e seria irredutível ao particular.

O espaço, contudo, resistiu e resiste como categoria de interpretação. Hoje parece por demais evidente que os lugares não se rendem à lógica uniformizadora que os confiantes homens do Oitocentos acreditavam ser inexorável. O predomínio das políticas da "diferença", a rotinização do relativismo cultural e a propagação de teorias que ressaltam as singularidades são atestados da persistência do tema do "local". Ainda na mesma conferência, Foucault observa que o século XX seria marcado pela lógica do espaço. Segundo ele:

> Estamos em um momento em que o mundo se experimenta, acredito, menos como uma grande via que se desenvolveria através dos tempos do que como uma rede que religa pontos e que entrecruza sua trama. Talvez se pudesse dizer que certos conflitos ideológicos que animam as polêmicas de hoje se desencadeiam entre os piedosos descendentes do tempo e os habitantes encarniçados do espaço.[22]

Continuando seu argumento, Foucault afirma que utopias e heterotopias se combinariam na caracterização dos espaços. Enquanto as primeiras se refeririam a posicionamentos sem lugares reais, como projeções inexistentes no cotidiano, as segundas se encarnariam em lugares concretos, combinando desejos sociais ainda não realizados e objetos físicos disponíveis. Ou seja, um parque público, concebido sob a égide do Estado, pode combinar referências conhecidas, refletindo o repertório de imagens à disposição de uma dada sociedade, e mesclá-las com projeções utópicas sobre o modelo de uma boa sociedade, concebida idealmente por engenheiros e arquitetos. O espelho seria a metáfora perfeita para ilustrar as heterotopias. Ao mesmo tempo que ele refletiria algo real, esse reflexo se projetaria num espaço existente apenas como virtualidade.

Note-se que o próprio pensamento geográfico incorporou uma percepção simbólica do tema do espaço, especialmente através do conceito de paisagem. Em artigo sobre o tema, Vera Melo[23] argumenta que a década de 1970 teria marcado a retomada dos estudos mais propriamente culturais sobre a paisagem, em particular pelas abordagens oriundas da fenomenologia. Desde então, leituras hermenêuticas e atentas ao caráter discursivo do fenômeno proliferam, assim como estudos influenciados pelo marxismo inglês alimentado por Raymond Williams. Essas interpretações, de um modo geral, voltam-se para a dimensão simbólica da paisagem e para sua produção social, passível de ser explicada como uma espécie de código animado por livros, pinturas, fotos e demais sinais expressivos humanos. É a esse aspecto que Edvânia Gomes se refere, ao dizer que "a paisagem é denotada pela morfologia e conotada pelo conteúdo e processo de captura e representação. ... A paisagem só existe a partir do indivíduo que a organiza, combina e promove arranjos do conteúdo e forma dos elementos e processos, num jogo de mosaicos".[24]

Mas é na obra de um historiador que essa abordagem simbólica ganha alcance explicativo e mesmo teórico. Em trabalho sobre as relações entre paisagem e memória, o historiador Simon Schama mostra como a natureza sempre teria sido moldada culturalmente. Na contramão de uma ingênua reflexão ecológica que vê o natural como uma entidade primitiva, supostamente autêntica, que teria sido poluída pelos artefatos mobilizados pelos homens, Schama argumenta que a natureza estaria relacionada de forma inescapável à cultura. Afinal, "é nossa percepção transformadora que estabelece a diferença entre matéria bruta e paisagem".[25]

Ao longo de seu livro, o autor mobiliza diversos registros históricos para mostrar como a paisagem já é produção intelectual humana, que reúne os referentes vislumbrados no cenário natural e organiza-os em imagens poderosas e metafóricas, que ganham vida e escapam à mera descrição do existente. Nas suas palavras:

> Paisagem é cultura antes de ser natureza; um construto da imaginação projetado sobre mata, água, rocha. No entanto, cabe também reconhecer que, quando uma determinada idéia de paisagem, um mito, uma visão, se forma num lugar concreto, ela mistura categorias, torna-as metáforas mais reais que seus referentes, torna-se de fato parte do cenário.[26]

Extraem-se dessas discussões duas idéias sugestivas para pensar o tema deste livro: o espaço como metáfora, construção intelectual, e o espaço como agente potencializador, força viva a moldar a vida humana. Este segundo sentido, que tanta importância terá na obra de um dos mestres da nossa imaginação espacial, Euclides da Cunha, é evidenciado por Schama na seguinte passagem, dedicada a personagens que se notabilizaram pela produção de paisagens:

> Ao escrever sobre o mundo gelado da Antártica, o escaldante sertão australiano, a transformação ecológica da Nova Inglaterra ou as guerras pela água no Oeste americano, autores como Stephen Pyne, William Cronom e Donald Worster realizaram a proeza de transformar uma topografia inanimada em agentes históricos

com vida própria. Devolvendo à terra e ao clima o tipo de imprevisibilidade criativa convencionalmente reservada aos atores humanos, esses escritores criaram histórias nas quais o homem não é tudo.[27]

Tais formulações encontram eco num dos clássicos da teoria sociológica. Em seus escritos sobre o significado sociológico do espaço, Georg Simmel argumenta que este é categoria da imaginação, projetada como forma destinada a dar sentido às experiências sociais de interação. Fiel a sua sociologia das formas, Simmel sugere que o que importa para a análise social não é o espaço físico, mas a espacialização de processos sociológicos. Nesse registro, o espaço é pensado por analogia à obra de arte, como uma atividade humana que, através do fechamento e da ruptura introduzida entre o objeto e o mundo exterior, produz uma forma definida (na verdade, as formulações simmelianas devem muito à interpretação alemã da filosofia kantiana e suas postulações sobre o espaço/tempo como categorias aprioristicas do entendimento humano, ou seja, como formas que organizam e dão sentido à experiência empírica, inacessível como "coisa em si"). Ao traçar esse paralelo entre os limites de uma obra de arte e as fronteiras de um espaço, ele afirma que "a fronteira não é um fato espacial com conseqüências sociológicas, mas um fato sociológico que se forma espacialmente".[28]

Das formulações citadas, retiro as seguintes sugestões: o espaço é cenário físico, por certo, geografia povoada de referentes. Mas é também metáfora ou imagem capaz de dar sentido às experiências sociais. Ou seja, mesmo quando diretamente referenciada numa realidade física imediata, uma imagem pode extrapolar essa dimensão e operar como uma idéia que encarne temas e problemas mais amplos. Não se trata, portanto, de postular apenas a dimensão cultural e simbólica envolvida na apreensão da paisagem ou do espaço (passo imprescindível para o encaminhamento do problema), mas de sustentar que esse simbolismo pode mesmo servir não só à representação de um lugar, mas a uma discussão teórica na qual o espaço se associe a certas qualidades ou propriedades de fenômenos de outra ordem. Como, então, essa conjunção entre imaginação simbólica e pensamento social pode ser vislumbrada na prática e a que serve?

## Espaços da imaginação

A dimensão simbólica do espaço não é gratuita. Ela serve, sobretudo, para a discussão de temas caros ao pensamento político ocidental. Para usar uma recorrente, mas, ainda assim, rentável expressão antropológica, o espaço é "bom para pensar". Pode-se traçar esse percurso na análise de Louis Althusser[29] sobre a obra de Montesquieu. É famosa a distinção feita pelo nobre francês entre a planície, associada ao despotismo, e as regiões montanhosas, propícias ao desenvolvimento de povos livres. Por dedicar alguns dos capítulos de *O espírito das leis* ao estudo das relações necessárias entre os climas, solos e temperaturas e os hábitos e costumes dos povos, Montesquieu é por vezes considerado um dos fundadores da ciência social. Contudo, a análise feita por Althusser descortina outros aspectos, mais ricos e instigantes, dessa dimensão sociológica do pensamento do autor de *Cartas persas*.

No caso das famosas páginas sobre o despotismo, Althusser leva o leitor gradualmente a perceber este regime com uma "idéia política" que não pode ser circunscrita ao espaço físico real descrito no texto. Segundo ele: "É o governo das terras extremas, das extensões extremas, sob o mais ardente dos céus. É o governo – limite e o limite do governo."[30] Infere-se daí que o espaço vazio, condição básica do deserto que se estende pelas planícies orientais, é um espaço sem lugar, desmedido e infindável, porque privado de condições que produzam coesão social, ordenamento ou hierarquias. É um deserto inventado, por assim dizer, pelo déspota – "e o que o despotismo *instala* nas suas fronteiras é o próprio deserto, queimando as terras, mesmo as suas, para se isolar do mundo, proteger-se dos contágios e das invasões de que nada o pode guardar."[31]

O deserto, geografia social do despotismo, seria portanto uma imagem carregada de significados, capaz de ser localizada mesmo na França. Um dos mais famosos clássicos do pensamento sul-americano, o *Facundo*, de Domingos Faustino Sarmiento, também emprega imagens espaciais para produzir uma reflexão sobre nossos dilemas. Assim, uma região real, o pampa gaúcho, povoada por personagens arredios, insolidários e avessos a uma sociabilidade citadina, ecoa as regiões desérticas e despóticas desenhadas por Montesquieu. Uma leitura interessante dessa obra é fornecida por Antônio Mitre. Em ensaio intitulado "A parábola do espelho. Identidade e modernidade no *Facundo* de Sarmiento", o autor relativiza a clássica dicotomia civilização e barbárie que, para muitos, marcaria a reflexão sarmientiana, apontando que ela não seria propriedade naturalista de regiões específicas. Ou seja, a barbárie não seria expressão intrínseca de uma ontologia americana, já que a construção epistêmica de Sarmiento seria racionalista, marcada por um processo introspectivo que buscaria em si mesmo a chave explicativa. Sua preocupação seria com o dilema moderno genérico, sem se ocupar do tema da originalidade americana ou das manifestações fenomênicas da diversidade histórica. Nas palavras de Mitre, "sob essa perspectiva, as noções de civilização e barbárie, em vez de aludir a espaços geográficos ou históricos definidos, representam, pelo contrário, os ingredientes elementares que, em proporção variada, constituem a substância híbrida de toda modernidade".[32]

Mitre aponta para a substância racionalista do debate levantado por Sarmiento, que não pode ser reduzido às geografias particulares mobilizadas na obra. É claro que, com o aparecimento dos gaúchos, a barbárie se encarna na história e veste personagens específicos e delimitados regionalmente. Torna-se uma circunstância específica. Mas essa barbárie

> não é a utopia do reino perdido nem o canto de cisne de uma época, e menos ainda a encarnação do mal. É a linguagem ancestral da consciência sacudida por um novo tempo. A força terrível e fascinante que a Europa enterrou em suas cidades populosas, mas que, transfigurada ou escondida, aninha-se em toda aventura civilizatória.[33]

Quando aproximamos as leituras de Althusser sobre Montesquieu e de Mitre sobre Sarmiento, percebemos que o tema do espaço guarda dimensões para além dos domínios da geografia. Uma dessas dimensões diz respeito à mobilização de imagens geográficas para a produção de narrativas e interpretações sobre a civilização e seus dilemas. O pampa gaúcho e as planícies do Oriente são recursos discursivos que permitem aos que os mobilizam o exercício de comparações cruciais para o refinamento de seus argumentos. Possibilitam a visualização da experiência humana e a definição de matrizes civilizatórias distintas, reconhecíveis ainda hoje na linguagem histórica: o "deserto", a "fronteira" e, no caso específico do Brasil, o "sertão".

Fenômeno semelhante também pode ser observado quanto à cidade, tida como imagem espacial por excelência da vida moderna e símbolo das principais formas de sociabilidade do período. Em texto sobre a vida urbana no pensamento europeu, Carl Schorske mostra como as percepções construídas sobre esse meio social passaram por três fases: a cidade como virtude, a cidade como vício e a cidade para além do bem e do mal. Se Voltaire e os iluministas viam a cidade como centro de civilização e local do refinamento de maneiras e costumes, os poetas ingleses do século XVIII, como Blake, advertiam os homens sobre a degenerescência que grassava nos centros industriais. Somente após o impacto de Baudelaire na cultura francesa a cidade teria perdido suas conotações unívocas, passando a ser narrada como o ambíguo local das multidões, que ofereceria prazer e dor, individualidade e anonimato, constituindo um destino inescapável, que deveria ser experimentado intensamente. Mais que um local situado no tempo – seja como um futuro civilizatório (na versão voltaireana), seja como traição aos valores do passado (na versão pastoral inglesa) –, a cidade teria atributos temporais, oferecendo momentos fugazes e instantâneos de experiência.

Note-se, contudo, que a imaginação espacial ganha cores singulares na periferia, onde os temas clássicos da modernidade européia foram reinterpretados e a experiência urbana sempre foi vista como uma espécie de "fantasmagoria". Berman,[34] por exemplo, utiliza a categoria "modernismo do subdesenvolvimento" para decifrar o caminho da modernização russa. Ao caracterizar a cidade-sede do sonho ocidentalizante, São Petersburgo, como uma cidade criada pelo pensamento, sugere que, na Rússia, a vida urbana teria sido introduzida como uma utopia, um desenho inscrito no real. Esse aspecto teria dotado a modernidade periférica de um aspecto mais escandaloso e exagerado – por que não dizer, barroco. Angel Rama,[35] em sua obra clássica sobre a América Latina, segue perspectiva aparentada e observa que a cidade nessa região seria pensada como um ativismo organizador da idéia, movimento do discurso letrado para organizar a vida nativa. Na sua interpretação do tema, José Luiz Romero[36] mostra como as cidades aqui teriam passado por diversas fases, transformando-se sempre sob os influxos da ocidentalização. Um de seus argumentos interessantes diz respeito à confluência entre uma dimensão heterônoma da cidade, encarnada no ato de fundação política dessas localidades, e um ritmo autônomo de desenvolvimento. É dessa tensão constante – entre uma vontade colonial que inventa sobre o nada e a erupção de grupos e formas de vida subterrâneos – que se nutriria a cidade na América Latina.

As clássicas narrativas de Sérgio Buarque de Holanda em *Raízes do Brasil* sobre as distintas direções colonizadoras de Portugal e Espanha retomam esse ponto, mas lhe dão uma inflexão distinta. Ao investigar as configurações do urbano nas regiões lusitanas e espanholas, o historiador paulista argumenta que os portugueses teriam se alimentado de uma mentalidade mais plástica que seus vizinhos peninsulares, posto que aberta para a adaptação e avessa ao fundacionismo geométrico e abstrato que marcaria as vilas espanholas na América. Nesse registro, o barroquismo que Romero tanto enfatiza como constituinte da mentalidade urbana americana – capaz de inventar sociedades fidalgas mais nobres e impermeáveis que as européias – talvez fosse "atenuado" em terras portuguesas, sob a batuta de um certo pragmatismo mais rotineiro e menos especulativo.

Nessa imaginação espacial peculiar, além de a cidade ganhar significados distintos daqueles atribuídos por Schorske ao pensamento urbanista europeu, outras imagens foram mobilizadas para a representação dos dilemas modernos. Percebe-se, portanto, que o problema do espaço na imaginação periférica demanda a produção de uma cartografia intelectual específica. Mas quais são as imagens espaciais mais relevantes para a demarcação desse mapa, e como elas podem ser pensadas no caso brasileiro? Como compor o quadro dessa imaginação periférica?

# 1 | A Metafísica da Terra

Neste capítulo, apresento brevemente as diversas narrativas a respeito da terra nos Estados Unidos, na Alemanha e na Rússia. O objetivo é mostrar como essa imagem espacial foi interpretada em sociedades tidas como periféricas,* freqüentemente aproximadas ao caso brasileiro. Discuto como uma lógica espacializante não implica uma resistência à modernização, mas aponta para a caracterização de distintas formas de ajuste social ao capitalismo e ao Ocidente. Em seguida, traço uma breve história da imaginação espacial brasileira, destacando os temas mais recorrentes e as tensões que estruturam a reflexão sobre a terra. Oriento-me aqui pelas seguintes questões: o que é a terra em formações modernas não-originárias? Qual o seu significado? Significaria o predomínio de uma visão espacial avessa ao dinamismo temporal do capital, uma visão recessiva, capaz de transformar o lugar em um ponto de resistência? Nesses termos, a terra seria lugar de um essencialismo tingido de cores românticas e destinado a ser empunhado como bandeira particularista?

---

* A associação dos Estados Unidos à "periferia" pode provocar estranhamento, mas justifica-se quando se quer delimitar sociedades cujos processos de modernização encontraram outros caminhos quando comparados aos países da Europa Ocidental – região nativa da vida moderna. Ademais, os Estados Unidos apareciam, nas primeiras décadas do século XX, como uma região nova aos olhos dos intelectuais aqui estudados. O uso eventual do termo "periferia" não implica a adoção de um modelo interpretativo tributário das teorias do imperialismo, nem a atribuição de quaisquer juízos de valor aos processos de modernização descritos.

Sustento que um exame do significado da imaginação espacial em outras sociedades favorece a caracterização de uma matriz civilizatória alternativa. Assim, as alegorias espaciais possuem a qualidade de localizar nessas formações personagens e formas de vida dinâmicas que, diferentemente do cânone liberal, também puderam operar pontos de passagem para a modernidade. Não se trata, portanto, de ver nessas formas apenas essências desajustadas ao ritmo do tempo, como se o espaço fosse expressão de uma resistência à uniformização.

Serão analisados os casos alemão, norte-americano, russo e brasileiro. Nos três primeiros, valho-me da apresentação de três personagens modelares na imaginação intelectual dessas sociedades – Max Weber, Frederick Turner e V.I. Lênin, respectivamente –, tomando-os como representantes "documentais" que auxiliaram na conformação de narrativas sobre a modernização que tinham a terra como eixo. Outros analistas, mais próximos do cenário das ciências sociais contemporâneas, são também aqui incorporados. A reflexão sobre o Brasil segue caminho semelhante, mas com uma presença mais significativa de estudos contemporâneos.

## Alemanha, Estados Unidos e Rússia

O tema da terra na cultura alemã guarda significados e implicações que certamente escapam ao escopo deste livro. Afinal, a Alemanha é o território no qual a associação entre Romantismo, natureza e anticapitalismo ganhou tons mais fortes, ocupando boa parte do pensamento político nacional ao longo do século XIX e início do XX. Em seu livro sobre paisagem e memória, Simon Schama mostra como a presença da floresta na imaginação alemã é antiga, remontando às construções que recuperavam o sentido "bárbaro" da floresta, a fim de ressaltar as qualidades de formação não romana. Posteriormente, a floresta teria passado a ser identificada por seus habitantes como natural e virtuosa, perdendo sua conotação selvagem. Esse movimento culminaria na produção de uma etnografia sentimental alemã, cujo expoente no século XVIII teria sido Herder. Mais tarde, a tensão entre a cultura nacional, entendida como produção orgânica de uma comunidade assentada num espaço histórico, e a dinâmica temporal da modernidade ocidental constituiria um dos grandes problemas da inteligência alemã nos momentos decisivos da construção nacional dessa sociedade.

É esse dilema entre tempo e espaço, aliás, o problema de Max Weber no seu ensaio "Capitalismo e questão agrária na Alemanha". Nesse texto, Weber compara as regiões ocidentais e orientais da Alemanha, atentando para a compatibilidade entre a emergência de um moderno capitalismo e as configurações do mundo rural alemão. Nesses termos, o encaminhamento da questão passaria por um necessário enfrentamento com a metafísica da terra alemã. Ou seja, haveria que se responder como as relações capitalistas se assentariam no âmbito de formas de vida moldadas pela sociabilidade *junker*. Em que medida o dinamismo das novas relações representaria o esfacelamento das redes territoriais de poder de uma classe que se estabilizava por meio de um controle estrito sobre a hierarquia espacial? Na interpretação de Weber, o capitalismo em sociedades antigas como a alemã teria de lidar com questões desse tipo, dado o peso exercido pelas classes tradicionais e pelo próprio "fechamento" do território. Isto é, a dinâmica temporal própria do capitalismo teria efeitos diferentes em sociedades novas (abertas à expansão de fronteiras e sem pesadas camadas de tradição recobrindo o mundo agrário) e sociedades antigas, nas quais o espaço hierarquizado e regulado representaria uma tendência cultural oposta. Enfatizando a diferença entre essas duas lógicas, o sociólogo alemão diz:

> A velha ordem econômica perguntava: como eu posso extrair, deste pedaço de terra, trabalho e sustento para o maior número possível de homens? O capitalismo pergunta: partindo deste pedaço de terra, como eu posso produzir tantas colheitas quanto possíveis para o mercado usando o mínimo possível de homens?[1]

Nesta chave, a metafísica da terra na Alemanha poderia ser entendida como a resistência de um espaço tradicional à lógica temporal própria do capitalismo moderno, que incorporaria quaisquer áreas e regiões. Contudo, o estudo de Weber expressa não uma afirmação definitiva, mas a percepção de uma tensão constitutiva da experiência alemã. No caso, a terra seria "antiga", e o apego da imaginação alemã a ela expressaria a tensão resultante da implantação do capitalismo em áreas já densamente povoadas e reguladas. A inscrição do sociólogo alemão nos combates de seu tempo, em especial nas lutas referentes à definição da política do então recente Estado Nacional, evidencia que o problema da relação entre terra e modernização era tema central para a *intelligentsia* do período. Num momento posterior à morte de Weber, o problema ganharia uma solução radical, configurando uma determinada versão da relação entre espaço e modernidade.

Em seu trabalho sobre as paradoxais relações dos movimentos de direita alemã com o Iluminismo, Jeffrey Herf[2] argumenta que o chamado "Modernismo reacionário" alemão teria conciliado ideais românticos com forte apelo à tecnologia e ao progresso científico. Tratar-se-ia, portanto, de versão truncada do Iluminismo, na qual o natural não representaria escapismo ou rejeição, mas elemento dinamizador de uma cultura técnica nacional. Os porta-vozes dessa versão seriam os professores universitários de engenharia e colaboradores de revistas editadas por associações nacionais de classe, atores responsáveis pelo que Goebels teria classificado de "Romantismo de aço". Segundo Herf, a associação entre tecnologia e *Kultur* implicava uma abordagem da modernidade industrial que repelia o mundo liberal-capitalista, rejeitava a sociedade de trocas e negava a relação entre técnica e interesses privados. Engenharia, nesse caso, significaria uma espécie de artesanato orgânico. Analisando a atuação de um desses personagens, Herf afirma:

> Engenheiros tais como Hardensett repetiam e repetiam obsessivamente a afirmação de que a tecnologia era alemã, espiritual, cósmica, completa, total, permanente, organizada e metódica e, como tal, tinha consigo algo de pré-capitalista e/ou não capitalista. ... A tecnologia e o homem técnico eram as forças naturais.[3]

O estudo de Herf ilustra a configuração que terminou por resolver o dilema alemão e, conseqüentemente, a tensão entre tempo e espaço apresentada no início desta seção. Ao transformarem a natureza e as qualidades a ela atribuídas em fontes de um Modernismo nacional, os engenheiros e intelectuais alemães de direita descartaram uma versão antitética da relação entre natureza e modernidade, preferindo estabelecer as bases de uma apropriação seletiva do Iluminismo. Essa espécie de transformismo é apontada também por Norbert Elias,[4] em obra sobre a dinâmica civilizatória alemã. Ele argumenta que o *habitus* de sua sociedade teria passado por profundas mudanças ao longo dos séculos XIX e XX. Se antes o código moral burguês, sustentado por uma classe média ciosa de seus valores humanistas e fundamentado em idéias de igualdade social, era mobilizado como arma contra a corte, depois de 1871 o código guerreiro da aristocracia teria se espraiado nacionalmente, convertendo-se em *habitus* nacional e sendo adotado por vastas camadas médias e burguesas. Se o processo civilizador por meio do qual regras aristocráticas progressivamente eram adotadas por estratos inferiores era comum a outras sociedades européias, na Alemanha ele ganhava conteúdo específico, dada a configuração das redes de poder nesse país. Ecoando argumento de Weber a respeito da fragilidade da burguesia alemã diante do predomínio dos *junkers*, Elias afirma que o compromisso entre rei e nobreza na Prússia (região que conduziu a unificação alemã) serviu para que a máquina burocrática operasse como garantidora de privilégios, abrindo-se pouco para os interesses burgueses. Afirma o autor:

> Na Prússia, porém, com suas cidades comparativamente pobres, a proporção de poder entre a nobreza e a burguesia era relativamente desigual e favorável à aristocracia, enquanto a tensão social entre os dois estados permanecia, como na maior parte da Alemanha, bastante elevada. Assim, o equilíbrio de tensões entre as três concentrações centrais de poder – rei/nobreza/burguesia – fixou-se numa figuração que se avizinhou de um compromisso tácito entre a nobreza e o rei.[5]

Essa posição favorável, associada a uma constante mobilização militar exigida pelas conflituosas relações de fronteiras, fez com que o código aristocrático prussiano ganhasse fortes tonalidades guerreiras e, progressivamente, se expandisse por outros estratos sociais. Nesse sentido, Elias, assim como

Herf, narra um processo modernizador no qual as elites nacionais teriam se valido de suas fontes de poder e significação cultural tradicionais para empreender uma inscrição seletiva na dinâmica temporal do Ocidente. Mobilizando essa interpretação a partir do quadro apresentado por Weber, pode-se dizer que a tensão entre terra e modernização na Alemanha não permaneceu balizada pela reiteração de uma antítese própria do Romantismo, mas foi resolvida com a incorporação da primeira como reserva de poder e significado tanto para as elites tradicionais – os prussianos guerreiros de Elias – quanto para a inteligência universitária – os engenheiros estudados por Herf. O parentesco entre nobres prussianos e engenheiros universitários pode parecer, à primeira vista, algo forçado. Contudo, o estudo de Fritz Ringer[6] mostra como a inteligência universitária alemã terminou encastelando-se numa posição refratária ao mundo dos novos interesses que emergia com a industrialização e a modernização alemãs. Nesse sentido, o autor fala de um "mandarinato" cioso da posição hierárquica superior supostamente garantida pela defesa de uma *Kultur* orgânica e qualitativamente diversa do positivismo anglo-saxão.

No caso norte-americano, o problema é exatamente o oposto. Se seguirmos ainda o texto weberiano, veremos que, na sua perspectiva, os Estados Unidos representariam melhor que qualquer outro lugar a imagem de uma sociedade nova, em que a questão da terra não se encontra encapsulada pela tradição ou pela fixidez do espaço. Em suas palavras:

> Os Estados Unidos não conhecem ainda tais problemas. Essa nação provavelmente nunca conhecerá alguns deles. Ela não tem uma velha aristocracia; portanto, as tensões causadas pelo contraste entre tradição autoritária e o caráter puramente comercial das condições econômicas modernas não existe.[7]

Note-se que a temática espacial ocupa posição de relevo na própria mitologia fundacional dos Estados Unidos. No registro de Robert Bellah, as categorias de *wilderness* (deserto, região selvagem) e *paradise* (paraíso) eram dialeticamente intercambiadas pelos fervorosos protestantes que viam na então colônia a possibilidade de purificação moral e espiritual. Assim, o espaço vazio que se abria para o empreendimento civilizatório não seria necessariamente uma vastidão assustadora e tenebrosa, mas antes um jardim de promissão. Nas suas palavras: "Dadas as circunstâncias, *wilderness* não era de modo algum um conceito inteiramente negativo. Era um lugar de perigo e tentação, mas o 'jardim cercado' que aos santos que construíssem no meio do *wilderness* era em si mesmo uma amostra do paraíso."[8]

Essa visão religiosa da natureza norte-americana também é destacada por Simon Schama, que, em sua já citada obra, toma como objeto as chamadas "Grandes Árvores" americanas (sequóias e carvalhos) e as interpreta como documentos simbólicos que evidenciam analogia entre ciclo vegetal e teologia de sacrifício. A floresta surgiria como uma espécie de doação divina, encarnação de uma propriedade civilizatória inventiva e nova. Assim, natureza, divindade e liberdade se associariam numa fabulação que encontraria sua garantia de excepcionalidade nessas típicas árvores do país. Como afirma: "As florestas, portanto, proclamavam a constituição natural da América livre, diante da qual um documento elaborado pelo homem não passava de uma arvorezinha produzida pela invenção filosófica."[9]

Se a natureza e as florestas foram desde sempre referências fortes do mito fundacional dos Estados Unidos, foi a fronteira – como símbolo da terra livre – que ocupou posição de destaque na imaginação norte-americana do final do século XIX até boa parte do século XX. Desde a publicação, em 1893, do clássico de Frederick Jackson Turner, *The Significance of the Frontier in American History*, essa geografia tornou-se tema obrigatório para a decifração da cultura daquela sociedade. Segundo Richard Bartlett, a historiografia clássica consagrou uma versão triunfante do tema, sem atentar para as sutilezas do processo histórico real: "1893 foi de fato um tempo adequado para um historiador apresentar tal tese; e por quase 40 anos, até a depressão da década de 1930, a tese de Turner teve poucos críticos e muitos defensores."[10]

Nesses debates, invariavelmente se destacava a associação entre espaço aberto, ativismo empreendedor, capitalismo e democracia, como se a experiência da fronteira sintetizasse o caráter horizontal, democrático e inventivo que marcaria a sociabilidade dos pioneiros. Nesse registro, os Estados Unidos representariam a sociedade geográfica por excelência. No dizer de Lúcia L. Oliveira, que recupera a trajetória dessa discussão:

> Daí que, para Turner, a democracia nasceu sem sonhos teóricos. O espaço americano era como terra virgem, uma manifestação direta do estado da natureza, em oposição à história. ... Não teria sido a Constituição, mas a terra livre, a base necessária à construção do tipo democrático de sociedade na América.[11]

Robert Wegner segue caminho semelhante ao de Oliveira, ao destacar que o núcleo da tese de Turner diz respeito ao papel das terras livres na formação cultural americana, e não a um ideário anglo-saxão já pré-formado. Nessa perspectiva, o encontro com o *wilderness* representaria o processo de constituição de uma nova nação. Segundo Wegner:

> Portanto, os valores norte-americanos são gerados, conjuntamente – e aqui percebe-se como a tese é permeada por aquele duplo sentido que a palavra fronteira adquire nos Estados Unidos (e, também, o próprio termo *wilderness*) –, pelas novas oportunidades oferecidas pelas terras livres e pelo constante reencontro com a natureza e o mundo primitivo.[12]

Obviamente, essa poderosa imaginação espacial teria de lidar com o problema do esgotamento das fronteiras. O fim do pioneirismo significaria o próprio esgotamento das energias democráticas norte-americanas? Como conciliar a imagem de uma democracia agrária jacksoniana com a emergência de uma complexa vida industrial? Na visão de Oliveira, a fronteira no século XX teria sido requalificada pelo discurso imperialista de Theodor Roosevelt, que localizou na expansão sobre as Américas a possibilidade de ampliação contínua de um processo fechado internamente. Numa perspectiva teórica mais larga, como a desenvolvida por Antonio Negri, esse problema seria estruturante do republicanismo americano e não encontraria solução que escapasse à institucionalização do poder. Ou seja, a contínua atividade colonizadora que teria desbravado o espaço norte-americano e identificado propriedade e liberdade encontraria sua antítese na regulação constitucional dessa energia radical. Nesses termos, o poder constituído seria a fronteira final da energia aparentemente infinita do poder constituinte "geográfico" do período de Jefferson. Impossível, portanto, alimentar uma dinâmica temporal que se nutrisse do mito de uma democracia de pequenos proprietários. No dizer de Negri:

> A democracia jeffersoniana experimenta um destino não menos perverso. Em seu conceito expansivo da liberdade que se projeta sobre a fronteira, ressoam inicialmente os grandes ecos de um continente a ser conquistado. A história dos primeiros tempos do jeffersonianismo é a história da liberação de uma imensa multidão de homens e mulheres, uma saga inédita de apropriação heróica dos espaços. Também aqui, porém, a contradição se manifesta: ela está na descoberta da finitude daquele espaço que se acreditava infinito.[13]

Como se pode perceber, a metafísica da terra norte-americana guarda sentido oposto ao do caso alemão. Se este localiza no espaço uma projeção do que Weber chama de *backwardness* (atraso), aquela vê a terra como originalmente espaço livre, propriedade eternamente juvenil destinada a ser conquistada pelos pioneiros. Mesmo Negri, crítico do edifício constitucional que moderou o ímpeto revolucionário norte-americano, vislumbra na narrativa que associa espaço e liberdade um dos pilares do americanismo.

O caso russo, por sua vez, talvez seja um dos exemplos mais impactantes de construção de uma sociedade moderna a partir de uma matriz cultural que se debatia incessantemente sobre sua própria filiação ao Ocidente. Afinal, a Revolução de Outubro de 1917, conduzida sob a égide de uma ideologia nascida em sociedades industriais da Europa, prosperou numa formação social cuja intelectualidade, ao longo do século XIX, buscou alcançar o melhor da promessa iluminista – liberdade e progresso –, lançando mão de uma afirmação radical da singularidade. Essa estratégia, consagrada pelo movimento *narodnik* (o populismo russo) terminou superada, durante os primeiros anos do século XX, por um movimento político que usou o atraso como tática revolucionária, e não valor a ser cultivado. Nesses termos, o encaminhamento da questão agrária ganhou contornos dramáticos nesse país. Como se resolveu o problema da terra na Rússia? Para responder a essa pergunta, faz-se necessário recuperar brevemente certos episódios da história intelectual russa, tomando como eixo a polêmica entre Lênin e os populistas, ambos intérpretes por excelência do dilema que opunha terra e modernização naquela sociedade.

No século XIX, as possibilidades revolucionárias abertas nas décadas de 1830 e 1840 na Europa seduziam boa parte da intelectualidade russa. Para os ocidentalistas, o caminho para a afirmação do moderno na Rússia passaria por um choque civilizatório sob o influxo de um programa ocidentalizante. Tratar-se-ia, portanto, da consolidação de reformas que constitucionalizassem o país e abolissem a servidão, desviando a Rússia do caminho feudal que insistia em amarrá-la. A derrota das grandes jornadas européias de 1848 desestabilizou e isolou esse grupo, que se voltou para as questões internas russas e, sob intensa repressão, buscou construir uma poderosa vontade moral e política. Segundo Isaiah Berlin,[14] o nascimento do populismo russo pode ser datado na grande efervescência que se seguiu à morte do czar Nicolau I e à derrota na Guerra da Criméia. Ao contrário dos eslavófilos, corrente política que se aferrava à tradição russa como refúgio para uma posição quietista e até reacionária, os populistas viam nessa mesma tradição elementos que poderiam alimentar uma estratégia para a construção de um caminho alternativo ao moderno. Na raiz desse problema estão a questão camponesa russa e o tema da terra.

O problema da servidão na Rússia era tido por todos (até por membros da burocracia czarista) como crucial para o desenvolvimento econômico do país. As dúvidas sobre a forma como esse problema deveria ser equacionado eram muitas, já que a terra na cultura camponesa russa era indissociável de quem a cultivava. Caberia libertar os camponeses e transformá-los em assalariados, ou preservar a posse da terra na forma de pequenas propriedades rurais? Como deveria ser feita a emancipação? Esse problema de ordem prática indicava uma questão política de alcance maior e que alimentava boa parte da reflexão que ficou conhecida como "populista". Aferrados cada vez mais ao socialismo, os populistas mostravam-se avessos ao caminho clássico vivenciado pelo proletariado europeu e rejeitavam as conseqüências da organização industrial capitalista. A Rússia lhes parecia oferecer possibilidades de construir uma alternativa socialista mais humana, que possibilitasse uma entrada menos traumática no reino da liberdade e da igualdade. A *obshina*, instituição do mundo rural que organizava as relações sociais e de trabalho entre os lavradores, assumia uma posição ambígua. Embora estivesse vinculada ao mundo feudal que organizava as relações entre patrões e servos, parecia também guardar a semente de uma solidariedade camponesa que muito se assemelhava às pregações socialistas originárias. O populismo nasce desse certo desencanto com a estratégia revolucionária ocidental, cuja vitalidade parecia esmagada entre as instituições representativas liberais e o complexo mundo das relações de classe numa ordem industrial. Ao mencionar a trajetória intelectual de Alexander Herzen, figura singular que resumia as mudanças de orientação no seio da intelectualidade russa (de um ocidentalismo socialista inspirado no legado "dezembrista" ao populismo *narodnik* que grassou nos anos 1970), Franco Venturi afirma:

> Os pontos fundamentais do populismo russo – a desconfiança ante toda democracia genérica, a crença em um possível desenvolvimento autônomo do socialismo na Rússia, a fé nas futuras possibilidades da *obshina*, a necessidade de criar tipos revolucionários que rompessem individualmente os laços com o mundo circundante para se dedicarem ao povo e penetrar nele –, estas eram as conclusões que Herzen retirava de sua experiência de 1848, este era o fruto que criava para a nova geração.[15]

Percebe-se que o legado desse grupo intelectual foi uma resoluta vontade de chegar ao Ocidente por um caminho dinamizado pela tradição, localizada no meio agrário. Não se tratava, certamente, do caminho espacial norte-americano, no qual a terra seria uma fronteira aberta para o pioneirismo, território a ser organizado por personagens móveis. Também não se identificava com o caso alemão, no qual o espaço agrário representaria uma geografia reticente à dinamização temporal do capital, produzindo uma tensão entre o novo e a tradição que só seria resolvida recorrendo-se a uma incorporação seletiva, própria do Modernismo reacionário. A metafísica populista russa da terra via no espaço uma tradição que serviria de energia revolucionária. A terra não seria espaço vazio, mas antes expressão de uma profunda relação dos camponeses com suas formas de vida tradicionais, relação que não deveria ser mantida em contradição com o novo, mas potencializada pela idéia e pela vontade política.

As versões oficiais da Revolução Russa gostam de demarcar de forma rígida as diferenças entre os populistas e os bolcheviques. Os embates entre os bolcheviques e os herdeiros do populismo eram freqüentes e boa parte dos escritos de Lênin era dedicada à crítica dss formulações desse grupo. O Capítulo 1 do seu *O desenvolvimento do capitalismo na Rússia* é intitulado "Os erros teóricos dos economistas populistas". Nele, Lênin investe contra a visão que esses economistas alimentavam a respeito da expansão do capitalismo na Rússia, tida por eles como uma ameaça à *obshina* e às tradições comunais do campesinato. Na visão leninista, essa expansão era progressista e contribuía para a formação de um mercado interno de massas. Além disso, as relações capitalistas já teriam penetrado a geografia social russa, o que tornaria uma quimera regressista a pregação populista. Vale lembrar ainda que a estratégia política defendida pelos bolcheviques até 1917 era uma revolução de corte democrático-radical, que permitisse a completa dinamização da ordem capitalista em território russo, contando com a direção do proletariado. Esse era um figurino tipicamente ocidental e representava o coroamento da análise teórica que Lênin fazia das possibilidades de modernização social.

O resultado final de 1917 não foi esse. Sob a ação voluntariosa de agentes políticos, o tempo revolucionário se comprimiu. Nesse registro, a terra foi atrelada a um dinamismo político distinto do caminho americano descrito por Lênin, mas também afastada da metafísica alimentada pelos populistas. Essa, contudo, permaneceu como uma moldura que alimentou sonhos revolucionários em diversos continentes. Afinal, como não ver em José Carlos Mariátegui* e seu socialismo indigenista o poder dessa visão?

As três metafísicas comentadas nos parágrafos anteriores constituem processos modernizadores modelares que escapam às suas geografias restritas e podem ser operados como eixos comparativos. Percebe-se que, em todas, a terra é vislumbrada não como mera resistência espacial ao dinamismo temporal da modernidade, já que as distintas configurações analisadas lograram combinar terra e modernização. No caso alemão, a tensão apontada no ensaio de Weber foi resolvida num arranjo transformista que plasmou uma espécie paradoxal de modernismo. O caso norte-americano consagrou uma configuração que associou espaço, liberdade e propriedade, a despeito das inevitáveis tensões advindas com a dinamização do progresso industrial e o próprio esgotamento material da fronteira. A Rússia representa a ponta revolucionária da equação terra/modernização, em que a tradição associada ao espaço ganhou impulso utópico e forjou uma visão intelectual avessa a acomodações.

A despeito de suas diferenças, os exemplos russo e norte-americano apontam para um campo que guarda certos elementos convergentes. Afinal, nessas duas formações sociais, a terra foi a imagem principal de fabulações que buscavam um caminho inventivo e aberto para o processo civilizador, que não repetisse os códigos tradicionais do Velho Mundo e fornecesse aos seus povos a possibilidade de se recriarem de maneira flexível. É certo que as vivências específicas desses espaços eram bastante distintas (afinal, o que unificaria um *farmer* pioneiro na fronteira oeste dos Estados Unidos, animado pelo puritanismo, e um mujique russo, enredado numa religiosidade milenarista e fatalista?), mas os intelectuais que se debruçaram sobre essas metafísicas singulares destacaram a radical potência inventiva dessas novas geografias, de chegada recente ao mundo moderno. Segundo o historiador Mark Bassin,[16] algumas das visões russas sobre a Sibéria ao longo do século XIX incorporaram uma idéia americanista de fronteira, que localizava no leste distante um espaço novo e revigorante, síntese da potência constitutiva da jovem Rússia. Para homens como Alexander Herzen, Rússia e Estados Unidos aproximar-se-iam justamente por serem nações novas e distantes das configurações civilizatórias do Velho Mundo. Tem-se aí, portanto, a possibilidade de se postular uma geografia que aproxime socieda-

---

* José Carlos Mariátegui (1894-1930) foi jornalista, escritor e ativista peruano, considerado um dos mais originais pensadores socialistas da América do Sul.

des nos contornos do Ocidente. Mas e o caso brasileiro, como se situa nessa imaginação espacial periférica?

## Brasil

O tema do espaço na imaginação brasileira remonta ao início da aventura civilizatória nativa, o que lhe marcou com o signo da *origem*. Isto é, a incessante busca dos brasileiros pela sua identidade nacional invariavelmente esbarrou no problema da nossa "essência", ou de alguma qualidade atemporal e estável que resistiria ao ritmo do tempo e nos forneceria alguma segurança ontológica. Entretanto, o espaço brasileiro também foi associado à novidade, ao desconhecido e ao futuro, como se a vastidão territorial implicasse a descoberta constante de novas identidades e formas de vida. Se é verdade que boa parte da literatura dedicada ao tema associa espaço e *permanência*, também é possível destacar interpretações que conduzem a um registro mais próximo da *invenção*, numa leitura que destaca a modernidade inconclusa e aberta de nossa formação.

As primeiras narrativas que interpretam o Brasil sob o prisma de uma imagem espacial associada à natureza têm como eixo o tema do paraíso. Em trabalho clássico sobre o tema, Sérgio Buarque de Holanda[17] mostra como as Américas teriam sido formadas simbolicamente por distintas visões sobre o espaço natural do Novo Mundo. Enquanto ao norte a busca dos peregrinos por redenção moral os teria levado a localizar na natureza a matéria a ser moldada e racionalizada pela ação social, ao sul esse mesmo mundo natural teria sido prisioneiro de concepções mágicas sobre o Éden.

Holanda também argumenta que as versões de Portugal e Castela sobre o "maravilhoso" Novo Mundo teriam algumas diferenças, a começar pelo gosto hispânico pelo maravilhoso e fantástico, que teria alimentado numerosas narrativas lendárias sobre Eldorado, Amazonas etc. Os portugueses, por sua vez, mais realistas e econômicos na sua versão sobre o novo, seriam menos propensos a essas construções da imaginação, embora não escapassem da teologia medieval que impregnava o imaginário dos colonizadores. Essa teologia postulava uma teoria da decadência do mundo marcada pelo consumo da Terra e pela imersão dos homens no pecado e no castigo. Ao mesmo tempo, o Éden descrito no *Gênesis* não seria propriamente um lugar perdido no tempo, mas sim no espaço, passível de ser descoberto. Esse tipo de visão orientou a compreensão da natureza da América como uma espécie de livro aberto do divino, em que

> cada animal, sem exclusão dos malignos, viciosos ou torpes na aparência ou nos hábitos, mas principalmente os que por este ou aquele motivo parecem fugir ao comum, é como um artigo do código moral que a natureza nos propõe, uma lição à Humanidade, a fim de que siga os caminhos do bem e se aparte dos erros que só poderia levar à desdita eterna.[18]

Assim, a "visão do paraíso" alimentada pelos ibéricos (malgrado as diferenças entre hispânicos e lusitanos*) via a natureza como uma espécie de personagem viva, repleta de significados e signos religiosos. Essa perspectiva contrastava com o caminho percorrido pelo classicismo francês, por exemplo, que teria povoado a natureza de animais exemplares, localizando no mundo natural um espaço propício para uma economia moral burguesa, conferindo lições sobre virtudes, boas e más ações etc. A domesticada natureza de Esopo e La Fontaine seria distinta, portanto, da natureza maravilhosa da América. Esta seria espaço insubmisso a uma ação instrumental orientada por uma consciência racionalizadora.

Finalmente, Holanda argumenta que as diferentes "intensidades" de espanhóis e portugueses no que se refere ao gosto pelo fantástico encontrariam correspondência em duas formas distintas de colonização. A idéia da Reconquista teria alimentado em Castela uma vocação imperial profunda que, somada a uma visão fantástica, teria impulsionado o esquadrinhamento meticuloso do Novo Mundo em busca de riquezas e tesouros escondidos. Em comparação, a colonização portuguesa teria preferido permanecer no litoral, de forma dispersa e fragmentada, ao mesmo tempo em que resguardava à coroa o poder de arbitrar e controlar a empresa individual. É possível deduzir, portanto, que a crença comum na natureza americana como livro divino povoado de signos a serem decifrados não teria implicado uma tentativa idêntica de conhecer e inquirir por completo esse mundo.

Um ponto importante a ser destacado na análise de Holanda diz respeito ao tema da produção da América pelo imaginário europeu, pois o novo continente só poderia ser concebido quando enquadrado na cosmologia medieval e nas estruturas mentais do período. Sobre esse aspecto, fundamental para compreender a natureza da América, a referência obrigatória é o trabalho de Edmundo O'Gorman.[19] No livro publicado em meados do século XX, o historiador mexicano questiona o absurdo encerrado na tese da "descoberta da América", afirmando que esta, alternativamente, teria sido inventada. Nesse sentido, as navegações de Colombo não o levaram a um continente cujo "ser" estivesse, desde sempre, pronto para ser revelado. Fiel a uma concepção hegeliana da história, O'Gorman sustenta que a invenção de América seria decorrente de profundas mudanças na estrutura mental dos europeus da época, produzidas pelo choque de descobertas físicas que desafiavam as concepções que alimentavam a idéia medieval do mundo. Esta era a morada finita do homem, estável e ordenada pela vontade divina, e assentava-se geograficamente na "Ilha da Terra".

---

* A diferença entre espanhóis de Castela e lusitanos na explicação de Holanda pode ser resumida na categoria *atenuações plausíveis* mobilizada pelo autor, que faria os segundos traduzirem o fantástico em linguagem mais familiar, refreando a produção de narrativas maravilhosas.

A questão do novo mundo teria se colocado como grande desafio intelectual e filosófico para os homens de então. Afinal, aquelas terras eram continentes ignorados, fora da geografia divina conhecida, ou apenas territórios novos, porém partes integrantes da morada humana? Nessa dualidade constitutiva, O'Gorman localiza o "ser" americano – incorporação nova ao concerto civilizatório humano e contribuição decisiva para o espírito, pois rompia com a idéia de um mundo estável que encarcerava o homem e lhe conferia um papel ativo e conquistador, agora incentivado a se assenhorear livremente do mundo. O mundo americano representaria um novo momento histórico, no qual todos os homens poderiam se afirmar como sujeitos construtores plenos, já que os limites que os constrangiam a abandonar a "morada divina" teriam sido quebrados.

Para além do modelo hegeliano que sustenta a pesquisa histórica de O'Gorman, é necessário reconhecer que o autor consegue localizar a produção histórica de uma ontologia americana, desde sempre contida no seu "Outro", a Europa. Essa ontologia é esvaziada de premissas substancialistas e realizar-se-ia no devir histórico e no processo de tomada de consciência dos homens. Ora, a realização plena dessa potência poderia se dar por duas vertentes, como desenha o autor:

> Mas de imediato constatam-se alternativas nesse particular, pois o programa se cumprirá ou adaptando as novas circunstâncias à imagem do modelo, considerado pois arquétipo, ou adaptando o modelo às circunstâncias, isto é, admitindo-o como ponto de partida de um desenvolvimento histórico empreendido por conta própria. Têm-se, pois, dois caminhos: o da imitação ou da originalidade.[20]

Se O'Gorman associa o tema americano ao problema da liberdade e do futuro – e, portanto, da invenção –, e Holanda o vê sob o signo do Paraíso, ambos localizam na América uma produção do espírito europeu. Note-se, contudo, que há duas dimensões do tema: ou a América é um Paraíso carregado de significados, uma natureza simbólica, ou um espaço livre, cuja essência estaria na própria liberdade. Como se percebe, esta é uma visão mais matizada que a da identificação entre fronteira e espaço livre tal como formulada no caso norte-americano, já mencionado.

As discussões sobre o territorialismo ibérico também são marcadas por tensões que traduzem, em novos termos, o dilema entre origem e invenção. Moraes[21] aponta para a relação intrínseca entre sociedades produzidas pela dinâmica de expansão colonial e construções simbólicas nas quais o espaço é o eixo estruturador da identidade nacional. Tais sociedades nasceriam sob o signo do territorialismo, como subprodutos de uma lógica de expansão que privilegiaria a aquisição constante de novos espaços. Nesse registro, a espacialização da reflexão e da atividade simbólica estaria vinculada a um projeto estatal ordenador, como se a reificação operada pelo argumento geográfico permitisse a identificação imediata entre Estado e terra, obscurecendo os personagens concretos enredados na aventura civilizadora – indígenas, negros e outros subalternos. Assim, inevitável é a conclusão de tal raciocínio: a dinâmica espacializante guardaria significativo sabor autoritário, pois encobriria a historicidade das formações sociais e a problemática das identidades nascidas nesses espaços. Não foram poucos os intérpretes que notaram o simbolismo presente no ato de nomeação desse território pela dinâmica expansionista lusitana. Ao instituir, em um espaço novo, o signo de um bem natural – o pau-brasil –, os portugueses teriam, desde então, marcado nosso destino como uma sociedade em que o tema espacial ganharia predominância. Esse é o argumento de José Augusto Pádua,[22] um estudioso do pensamento ecológico brasileiro, para quem esse gesto fundador evidenciaria a crueza da exploração predatória que marcaria a formação político-econômica do território.

Seguindo por esta vertente interpretativa, chega-se a um julgamento eminentemente crítico a respeito do tema geográfico no processo de construção nacional, numa forte condenação de argumentos naturalistas. O mesmo Moraes, ao analisar a difusão desses argumentos no Brasil a partir do processo de Independência, observa que

> Neste quadro de formação social tem-se um território a ocupar e um Estado em construção, mas a população disponível não se ajusta à identificação de uma *nação* conforme os modelos identitários vigentes nos centros hegemônicos. No contexto, ao abandonar-se o caminho de construção da nacionalidade proposto por José Bonifácio (cujo eixo repousava na gradativa abolição das relações escravistas), começa a tomar corpo uma concepção que vai identificar o país não com sua sociedade, mas com seu território. Isto é, o Brasil não será concebido como um povo e sim como uma porção do espaço terrestre, não uma comunidade de indivíduos mas como um âmbito espacial.[23]

Nessa chave, o Brasil teria sido produzido por uma lógica territorialista, e nossas auto-interpretações subsumiriam a história à geografia, como se o espaço suprisse a ausência de uma tradição cultural consensual. Afinal, o escravismo e o complexo de relações raciais e sociais excessivamente hierarquizadas tornariam tarefa inglória a formatação de uma totalidade que pudesse representar a necessária ficção democrática do "povo soberano". Tal seria a sina das sociedades periféricas, desde que concebidas como espaços.

Em formulação mais sofisticada, Giovanni Arrighi explora a lógica territorialista e a diferença da lógica capitalista de poder, enfatizando que, enquanto esta privilegia a expansão geográfica como meio para a finalidade de acumulação do capital, aquela vê o espaço como fim em si, objetivo final de sua estrutura de poder e gestão. Nas suas palavras:

A diferença entre essas duas lógicas também pode ser expressa pela metáfora que define os Estados como "continentes de poder" (Giddens, 1987). Os governantes territorialistas tendem a aumentar seu poder expandindo as dimensões de seu "continente". Os governantes capitalistas, em contraste, tendem a aumentar seu poder acumulando riqueza dentro de um pequeno "continente", e a só aumentar as dimensões deste último se isso for justificável pelos requisitos de acumulação de capital.[24]

Ressalte-se, contudo, que Arrighi evita identificar o territorialismo como uma lógica intrinsecamente autoritária, como parece argumentar Moraes. Segundo o primeiro, a antinomia entre territorialismo e capitalismo nada diz sobre a intensidade da coerção estatal. Como exemplo, escolhe a república veneziana, que, segundo ele, "no auge de seu poder, era, ao mesmo tempo, a mais clara encarnação de uma lógica capitalista do poder e de uma formação estatal intensamente coercitiva".[25]

Outra é a interpretação do impacto cultural dessa lógica territorialista na formação do Brasil elaborada por Rubem Barboza Filho.[26] Em sua obra, o barroco é analisado como o grande código que teria permitido que a aventura colonial ibérica fosse operada por uma matriz civilizatória alternativa àquela que teria orientado a civilização da Europa Ocidental. Enquanto esta teria encontrado no individualismo e na racionalização do mundo as grandes âncoras para o processo de subjetivação que teria surgido na aurora do moderno, a Ibéria teria se apegado a formas centralizadoras e comunitaristas que teriam permitido a sobrevivência de sua sociedade como expressão ordenada de uma vontade soberana. Assim, a economia racionalista do indivíduo protestante teria um contraponto na celebração extática do barroco ibérico, com seu cortejo de rituais e ordenações que preservariam os diversos "lugares sociais" sob a guarda de um Estado com vontade própria, não mera expressão contratual animada pela lógica dos interesses privados.

Nesse complexo cultural, a América seria o território onde o barroco teria se encontrado com outras tradições e se transformado no choque com a aventura liberal e com as identidades nativas. Assim, a fundação espacial americana é associada a uma transplantação da matriz barroca, que reafirma a lógica ibérica de manutenção hierárquica de espaços distintos, mas radicaliza o potencial inventivo associado ao exercício do poder soberano. A persistência de narrativas maravilhosas sobre a vastidão e os mistérios da natureza americana seria evidência de um barroco particular, que ultrapassa a função meramente reprodutora da tradição – inexistente, no caso colonial – para se configurar como um código moderno propício à produção inventiva de novas identidades sociais.

Para Barboza Filho, o tema espacial na imaginação brasileira deve muito a esse código civilizatório ibérico, graças ao gosto dos peninsulares – homens formados na *soledad* – pelo maravilhoso e pelo incognoscível, que os fazia ver a natureza como personagem grandioso que os engolfaria. Como uma civilização que resistia a abandonar suas formas de vida tradicionais e extinguir seus espaços sociais diante da voracidade temporal do capitalismo racional ocidental, a Ibéria teria legado aos americanos o apreço pelos "lugares", rejeitando a visão da natureza como mero vazio a ser plasmado pela ação humana.* Segundo esse autor:

> Sarmiento não deixará de registrar sociologicamente e lamentar esta eficácia da natureza, desenhando os habitantes dos *pampas* argentinos como produtos de uma natureza que convidava ao ócio e ao asiatismo, ou seja, à improdutividade e à ausência de história. Num outro registro, Euclides da Cunha revelará aos atônitos brasileiros de um litoral aparentemente civilizado as profundas e barrocas vinculações do homem do sertão com seu hábitat. Temática semelhante à de Gallegos com seu *Canaima*, onde a natureza americana surge como espaço indomável pelas utopias européias, devendo buscar a sua transformação em tempo, em história, mandamento redentor que Carpentier cuida de realçar ao afirmar a necessidade do americano de vencer o espaço – monstro da pura imensidão – e criar o seu tempo, sua história. ... O barroco fez da natureza, madrasta ou mãe generosa, um elemento ativo na formação americana.[27]

A versão de Barboza Filho sobre a relação entre barroco e espacialidade na América encontra correspondência na interpretação de Werneck Vianna sobre a dinâmica do territorialismo brasileiro. Ao destacar as características da revolução passiva, este último aponta para a importância da razão territorialista na formação do Brasil, que teria encontrado sua fórmula política na precedência do Estado sobre a sociedade. Diz ele:

> Para as elites políticas do novo Estado-Nação a primazia da razão política sobre outras racionalidades se traduz em outros objetivos: preservação e expansão do território e controle sobre população. A Ibéria, em sua singularidade, ressurgiria melhor na América portuguesa do que na hispânica, onde o liberalismo teve força mais dissolvente por ter sido a ideologia que informou as revoluções nacional-libertadoras contra o domínio colonial. E a Ibéria é territorialista, como o será o Estado brasileiro – nisto, inteiramente distante dos demais países da sua região

---

* A idéia que associa americanismo e espacialidade, defendida com ardor por Barboza Filho, encontra eco neste livro. Contudo, a decifração dessa espacialidade pelo recurso exclusivo ao barroco é aqui vista com reservas, já que a própria construção da natureza americana é resultante de uma espécie de diálogo atlântico, no qual a visão de viajantes ingleses e alemães (e, aqui, a lembrança das viagens americanas de Humboldt é inescapável) foi determinante. Esse argumento é bem defendido por Mary Prat em seu artigo "Humboldt e a reinvenção da América". O naturalismo que prosperou no Brasil no quartel final do século XIX paga tributo a essas tradições, por assim dizer, "alemãs". Ademais, no primeiro capítulo deste livro, já explorei a idéia de que a produção de imagens espaciais como alegorias de sociabilidade humana seria propriedade de uma certa imaginação que não se reduziria à catedral barroca – Montesquieu seria o exemplo mais claro disso.

continental –, predominantemente voltado para a expansão dos seus domínios e da sua população sobre eles – a economia seria concebida como uma dimensão instrumental aos seus propósitos políticos.[28]

Essas formulações enfatizam, de distintas maneiras, a centralidade do tema espacial na formação das sociedades americanas, em particular daquelas situadas no centro-sul do continente. Qualquer investigação sobre temas da nossa imaginação espacial deve atentar para os nexos entre essa forma de produção simbólica e a condição periférica que marcou nossa aventura civilizadora. Contudo, a associação dessa imaginação com o travo do autoritarismo, tal como explicitada na formulação de Moraes, não esgota as interpretações a respeito do tema. Pelo contrário, tende a obscurecer aspectos relevantes do mesmo. Sigo, portanto, a sugestão de Barboza Filho e Werneck Vianna, que vêem na nossa lógica territorial uma expressão civilizatória própria, que merece ser desvendada em sua inteireza e que associa a espacialidade ao registro da *invenção*. Como pensar essas questões no âmbito de outra linguagem político-literária característica do processo civilizador brasileiro, o Romantismo?

São conhecidas as interpretações que localizam no culto à natureza uma marca fundamental do Romantismo europeu. Quando tratei do caso alemão, trabalhei brevemente esse ponto, no qual a terra ganha fortes contornos anticapitalistas. Na perspectiva brasileira, esse quadro parece não ter se repetido. Na visão de um estudioso do pensamento ecológico,[29] o Romantismo aqui não teria essa marca rebelde, o que teria feito com que sua construção da natureza não estivesse informada por uma forte retórica antiurbana e anticapitalista. Nesse registro, o mundo natural seria território da melancolia e do sentimentalismo, mas não de um refúgio com colorações utópicas. Em semelhante linha, José Guilherme Merquior afirma:

> O Romantismo ocidental foi, como assinalamos, um movimento de crítica da civilização, de protesto cultural; ao passo que os nossos românticos, vivendo numa sociedade culturalmente periférica, de estruturas nada idênticas e muito pouco análogas às da Europa da Revolução Industrial, dificilmente poderiam explorar as potencialidades da poética romântica num sentido de aprofundamento da visão crítica do homem e da comunidade. Em conseqüência, o conjunto da nossa produção romântica permaneceu, filosófica e psicologicamente, num plano mais superficial, mais conformado às convenções burguesas: a consciência do nosso Romantismo foi, bem mais que crítica, uma consciência ingênua.[30]

Em outra interpretação, Carvalho argumenta que o Romantismo brasileiro teria se impregnado com o tema da origem, numa busca constante pela fundação atemporal de uma civilização nos trópicos. Ao contrário do Romantismo europeu, no qual a afirmação livre de subjetividades criativas e desejantes seria expressão de uma sensibilidade avessa ao "congelamento", nosso romantismo seria pautado pela afirmação de um ordenamento anterior aos indivíduos, que encontraria sua instância fundadora no Estado. Nessa chave, o Romantismo "à brasileira" encontraria na natureza o espaço por excelência que representaria, de forma alegórica, a identidade transcendental nacional. No lugar da história como força transformadora, uma geografia encantada e "presentista". Curioso notar que Carvalho já sugere a importância da cultura barroca nessa formulação, antecipando-se à construção de Barboza Filho. Nas palavras da autora:

> Sob o Império, entretanto, o chamado Romantismo brasileiro encaminhou-se para a reedição da cultura medieval da Ibéria – de que o mito do paraíso terrestre fora um emblema. De modo que, no Brasil do século XIX, se assiste ainda à persistência da capacidade operatória do mito do paraíso terrestre – já, agora, atualizado como um tópico literário –, ao qual se superpôs uma agenda explicitamente política, caracterizada pela exigência de um princípio de ordem, de uma razão estratégica que encontra na vontade do príncipe ideal sua possibilidade de materialização em instituições e personagens.[31]

Essa vinculação entre espaço e origem também é trabalhada por Flora Sussekind, que sustenta que a prosa de ficção dos anos 30 e 40 do século XIX poderia ser entendida como uma expressão de uma viagem do narrador a uma fundação distante, que se pretende natural. Nesses termos, a mobilização das crônicas dos viajantes e de outros relatos sobre o território nacional por parte desses primeiros ficcionalistas não obedeceria a uma pulsão revolucionária que partia em busca de uma experiência social mais autêntica e livre, mas sim a uma tentativa de fixar a identidade nacional como se esta fosse algo sempre presente na nossa trajetória. Ou seja, se a viagem, tal como concebida no Romantismo europeu, pressupunha a transformação radical do sujeito-narrador depois de um percurso marcado pela auto-reflexão e pelo questionamento, as jornadas dos primeiros prosadores brasileiros se assemelhariam a uma espécie de regresso que propiciasse uma origem estável e atemporal. Mesmo a incorporação de um estilo historiográfico, característico da prosa romântica brasileira na segunda metade do século XIX (da qual Sussekind acredita ser José de Alencar nosso maior representante), não implicaria uma desestabilização desse procedimento, dado que a confecção de mapas e cronologias que configurariam um cenário fixo e avesso à corrosão temporal garantiria o domínio do narrador sobre o tema da identidade nacional. No registro da autora:

> De modo quase programático afirmava-se então uma linha direta com a Natureza, um primado inconsciente da observação das peculiaridades locais – com a finalidade de se produzirem obras "brasileiras" e "originais" –, mas ao mesmo tempo era preciso "não ver" a paisagem. Porque sua razão e seu desenho já estavam pré-dados.[32]

Incorporando as interpretações de Carvalho e Sussekind à perspectiva deste livro, percebe-se a predominância da associação entre natureza e origem na tradição romântica brasileira, configurando uma poderosa matriz interpretativa da nossa imaginação espacial, assentada numa idéia essencialista. Se as primeiras versões tomavam o mundo natural como encantado, nosso Romantismo reservaria à natureza papel ordenador, como princípio inquestionável que conferiria identidade a uma jovem nação. Em trabalho sobre assunto correlato, Manoel Guimarães[33] argumenta que o principal órgão encarregado dessa tarefa de civilizar o país, o IHGB (Instituto Histórico e Geográfico Brasileiro), mostrar-se-ia extremamente preocupado com a definição de uma identidade "física" para o Brasil, o que explicaria a obsessão dos historiadores imperiais com as populações ameríndias. Nesse sentido, a historiografia imperial estaria desde sempre marcada pelo entrelaçamento entre história e geografia.

Contudo, para compreender melhor o estatuto da natureza no Oitocentos brasileiro não basta nos atermos à postulação do nosso "Romantismo fraco" e da conformação do mundo natural numa lógica conservadora e fortemente marcada pelo tema da identidade. Há que se atentar para a influência dos escritos de Humboldt, que moldaram certa visão do continente americano e de sua espacialidade, e que tanto influenciaram um dos personagens deste livro – Euclides da Cunha.

O universo intelectual de Humboldt rejeitava o completo desencantamento da natureza e não via na ciência um instrumento meramente objetivo, responsável pela decomposição analítica do mundo físico e sua classificação metódica. Na perspectiva do naturalista alemão, a ciência deveria ser capaz de transmitir aos homens a totalidade da experiência envolvida no conhecimento do mundo resguardando forte componente estético. Suas viagens pela América foram de grande valia para a mobilização desse instrumental "romântico-científico" e para a produção de uma América como um território em que o espaço parecia ganhar perspectivas maravilhosas e exóticas. Em trabalho sobre o tema, Mary Pratt mostra como a América descrita por Humboldt em *Quadros da natureza* combinaria a opulência da natureza com a ausência de protagonismo histórico de atores reais. Nas palavras da autora: "Realmente, a ausência de seres humanos torna-se essencial na visão americana de Humboldt."[34] Nessa perspectiva, Pratt interpreta o esforço humboldtiano como parte integrante de uma estratégia que associa poder e espacialidade para construir um território no qual o natural ultrapassa e vence o humano. Nesse sentido, o tema histórico seria deslocado em prol de uma versão hegeliana da América como quadro infantil da humanidade. Nas palavras da autora:

> É a estratégia de apresentar a América como um mundo primitivo da natureza, um Outro que não é inimigo; um espaço que contém plantas e animais

(alguns humanos), não organizados em sociedades e economias; um espaço cuja única história é a que está por começar; um espaço sem estrutura para ser representado em um discurso de acumulações, um catálogo depois estruturado e historiado.[35]

A própria Pratt,[36] entretanto, abre outra perspectiva para a questão. Em trabalho mais amplo, a pesquisadora sustenta que o olhar "imperial", que foi a marca dos viajantes estrangeiros pelos espaços sul-americanos, teria sido ressemantizado pelos escritores e intelectuais nativos. Pratt mobiliza o conceito de "zonas de contato" para dar conta dessa troca civilizatória, em que as representações que operavam como signos das assimetrias entre impérios e colônias seriam transformadas em narrativas fundadoras de nações independentes. O espaço "humboldtiano", presentista e desvinculado da história, transfigura-se pela ação dos sul-americanos em símbolo e expressão de formas de vivência originais, numa espécie de auto-etnografia nativa. Em perspectiva semelhante, James Clifford[37] mostra como os espaços percorridos por viajantes coloniais constituíam-se também como áreas de reinvenção, negociação e trocas, e não somente como geografias submissas aos saberes centrais. Assim, as sugestões de Pratt e Clifford permitem vislumbrar, nas viagens e expedições realizadas pelos homens do Oitocentos pelos espaços brasileiros, experiências mais matizadas e abertas.

Percebe-se, portanto, como a tensão entre permanência e inovação, ou entre origem e reinvenção, também marcou esse capítulo da nossa imaginação espacial. Faz-se necessário, portanto, desvendar os caminhos que essa imaginação tomou nos estertores do Romantismo e no pensamento social na Primeira República.

No Brasil, a segunda metade do século XIX foi marcada pela emergência do que se convencionou chamar de geração de 1870. Esse grupo heterogêneo foi abundantemente estudado na historiografia das idéias nacionais como exemplar do olhar cientificista que teria vincado o debate intelectual durante a crise do Império. Spencer e Comte formariam a dupla mobilizada por novos personagens avessos à sensibilidade política e estética do Segundo Reinado. Nesse registro, homens como Sílvio Romero, Tobias Barreto, Alberto Salles e outros se aferrariam às novas tendências científicas que dominavam a Europa, incluindo toda uma plêiade de autores maiores e menores.

Nesse ambiente, a imaginação espacial ganhou novos contornos, dados pelo recurso a autores europeus que recorreriam fortemente ao argumento geográfico. São constantes no período as referências às teorias deterministas de Buckle e às formulações de Taine. Na preocupação determinista que animava a nova intelectualidade brasileira, a recuperação da influência do meio na conformação moral dos homens atingiu níveis obsessivos. Essa busca pelo domínio científico das variáveis que poderiam explicar os fenômenos sociais certamente se nutria do positivismo, que já se expandia no Brasil antes mesmo da geração de 1870.* Para o que me interessa, esse "bando de idéias novas" significaria, então, o desencantamento final do tema espacial no Brasil, e sua submissão aos ditames de uma racionalidade científica que se limitava a verificar na terra os condicionantes físicos objetivos que pudessem explicar os fenômenos morais. Depois da natureza como paraíso perdido e origem de uma ontologia brasileira, a natureza como ente do mundo físico, apenas.

No plano estético, a melhor expressão desta virada estaria no Naturalismo, feroz incursão literária no mundo da observação científica e objetiva do mundo, com destaque privilegiado para a delimitação precisa dos cenários, compreendidos como forças sociais que moldariam comportamentos. É aqui, contudo, que podemos perceber como o tema espacial permanece, de certa forma, insubmisso, recusando-se a ser tratado apenas como variável científica. Exemplar neste ponto é a interpretação que Antonio Candido[38] faz da obra de Aluísio Azevedo, *O cortiço*. Ao analisar a estrutura interna do romance, o crítico paulista nota que o cortiço não seria apenas o meio físico contingente, organizado em torno de leis biológicas que determinam de forma inelutável a moralidade que ali floresce. Tratar-se-ia, na verdade, de uma alegoria do Brasil, construída a partir de uma imagem espacial bem delimitada – o cortiço.

Na nova fase da história da terra na imaginação espacial brasileira, o cenário já é distinto dos anteriores e a terra ganha outros contornos. Ela está associada a questões que dizem respeito ao lugar do Brasil na civilização e à modernização liberal que varria a Europa. Não se trata apenas de revelar o sertão em busca da autenticidade, mas de pensar as possibilidades civilizatórias de uma sociedade periférica. A tensão entre origem e invenção alcança novo patamar. Como a literatura tem tratado essa discussão?

O tema da americanidade da nossa formação é constantemente reforçado pelos intérpretes contemporâneos. Se atentarmos para a já citada comparação feita por Lúcia L. Oliveira sobre a construção de identidades nacionais no Brasil e nos Estados Unidos, perceberemos que a centralidade do tema espacial não necessariamente conduz à fórmula do "espacialismo autoritário", ou à do territorialismo ibérico. Afinal, diz a autora: "Minha hipótese de investigação era a de que, nesses dois países, a geografia teria fornecido o mais forte embasamento para a construção de modelos de identidade na-

---

* Segundo Ivan Lins, em *História do positivismo no Brasil*, a data da grande repercussão do positivismo no Brasil pode ser estabelecida no ano de 1850, quando as doutrinas comteanas iniciam sua penetração no meio intelectual do Rio de Janeiro, encontrando guarida posteriormente no Colégio Pedro II, na Escola Politécnica e na Escola Normal.

cional que tiveram maior êxito."[39] Seguindo esta hipótese, a autora mostra a importância do tópico da fronteira na experiência norte-americana e a tradução deste tema com sabor sertanista, na imaginação intelectual brasileira republicana, apontando as diversas configurações do nosso americanismo. O ponto é exatamente a forte presença de narrativas geográficas na conformação das identidades nacionais dos respectivos países. Nesta aproximação, o tema espacial parece ser próprio de sociedades coloniais novas – tema do Novo Mundo.

Em registro semelhante, Nísia Lima[40] procura decifrar o conteúdo da oposição geográfica que seria a marca determinante do pensamento social na Primeira República, centrada nos pólos sertão e litoral. Ao fazê-lo, argumenta que o sertão estaria associado a um tipo de experiência americana que caracterizaria a sociedade brasileira autêntica, enquanto o litoral expressaria nossa fronteira européia. O sertão seria uma expressão ambígua, oscilando entre lugar de desespero e abandono a ser incorporado e expressão máxima de nossa autenticidade.

Nísia Lima sustenta, juntamente com Lúcia L. Oliveira, que o tema espacial no Brasil estaria vinculado a narrativas ambíguas em torno de nossas origens, pensadas ora em registro positivo, ora em negativo. Nesses termos, o sertão seria a idéia básica perseguida por inúmeros escritores, sertanistas, engenheiros e higienistas da Primeira República, que se voltaram para a "redescoberta do Brasil" num movimento típico de uma *intelligentsia* internamente desenraizada.

Como se pode ver, boa parte dos estudos dedicados à decifração dos significados das "imagens espaciais" no pensamento republicano brasileiro orientam-se para o sertão e para sua relação com certa americanidade de nossa formação. Todavia, essa relação é geralmente pensada a partir do tema da autenticidade, restringindo as possibilidades comparativas delineadas pelos próprios intérpretes. Faz-se necessário, portanto, investigar o problema da terra na imaginação ilustrada do período tendo como referência o mapa construído ao longo deste capítulo, que destaca a associação inventiva entre espaço e modernidade periférica.

Inicio assim essa discussão analisando os principais nomes e atores do Modernismo no Rio de Janeiro e interpretando as imagens espaciais que circulavam nesse universo. O objetivo é desvendar a cartografia intelectual dos pensadores do período, destacando os sentidos assumidos pelo "americanismo", as ambigüidades e tensões entre permanência e inovação presentes nas interpretações sobre a terra e a movimentação social dos agentes. Esse caminho é fundamental para entender um contexto discursivo que situava o Brasil numa nova geografia civilizatória e alimentava os personagens do presente estudo.

# 2 | Terra, Americanismo e Modernismo

A Primeira República foi pródiga em fabulações que procuravam rearticular os temas da terra e da construção da nacionalidade. Dois livros, escritos no mesmo ano, funcionaram como portas de entrada para a discussão sobre a natureza de nossa geografia americana e seu papel na invenção de uma sociedade moderna, inscrita na dinâmica temporal do Ocidente: *Canaã*, de Graça Aranha, e *Os sertões*, de Euclides da Cunha. Embora a fortuna crítica dessas duas obras tenha sido muito diversa nos decênios posteriores, é inegável que os dois autores exerceram forte impacto tanto sobre seus contemporâneos quanto sobre gerações mais novas, representando, por assim dizer, forças intelectuais constitutivas do Modernismo brasileiro. Não me refiro apenas ao movimento literário cuja delimitação de origem estaria na Semana de 22, mas a um conjunto global de obras, interpretações, escritos e análises sobre o fenômeno da modernidade no Brasil. Nesse sentido, a Semana e seus personagens principais seriam partes centrais desse processo, mas de modo nenhum esgotariam seus limites (a produção historiográfica mais recente[1] sobre o tema parece cada vez mais problematizar o conceito de "pré-Modernismo").

Interpreto um determinado veio dessa tradição, representado, de um lado, por Graça Aranha e por um de seus discípulos, o poeta e ensaísta Ronald de Carvalho, e, de outro, pelo grupo simbolista católico organizado em torno da revista *Festa*. A escolha dos personagens não é gratuita. Os dois primeiros foram figuras importantes nos anos 1920, quando diversas produções tributárias da ruptura moderna floresceram. Graça Aranha foi um dos principais membros da "velha geração" – integrante da Academia Brasileira de Letras (ABL), escritor reconhecido ainda nas primeiras décadas do século – a avalizar a Semana de 22, tendo escrito um livro – *A estética da vida* – que, na visão de alguns intérpretes, constitui escrito seminal para a decifração daquele momento. Ronald de Carvalho era figura de proa entre os modernistas cariocas, representando o espírito de um grupo que teria feito a ponte entre o Simbolismo e a estética dos anos 1920.[2] Já o grupo simbolista-católico, organizado por Andrade Murici e Tasso da Silveira, representava uma ramificação peculiar, mas importante, do Modernismo carioca, pois encarnava a "reação espiritualista" personificada por Jackson de Figueiredo e outros. Interessa-me não uma apresentação do perfil intelectual desses personagens, mas uma interpretação do tema do qual este livro se ocupa no seio de uma produção intelectual oposta ao que se convencionou chamar de Naturalismo. Em tudo diferentes dos sertanistas, higienistas e engenheiros que varreram os sertões republicanos, Graça Aranha, Ronald de Carvalho e os modernos católicos produziram reflexões sobre a natureza de nossa terra, incorporando-as a preocupações sobre o problema da afirmação da civilização numa sociedade cujas tradições pareciam refratárias ao ritmo moderno. Qual o sentido da terra nessa ampla tradição?

A presença desse tema na obra dos autores citados revela: 1) o reconhecimento de uma dimensão americana da formação brasileira, que nos asseguraria uma tradição específica, freqüentemente associada a uma ontologia étnica singular; 2) a ambigüidade com a qual essa dimensão americana é avaliada, uma vez que os personagens que a identificavam possuíam uma inscrição na vida intelectual brasileira ainda tributária de padrões europeizantes. Tal inscrição conformava certo *ethos* próprio dos salões literários do período que, por vezes, incompatibilizava seus personagens com o que acreditavam ser uma tradição americana "melancólica".

Argumento que há, nesse universo, uma constante tensão entre a postulação de uma ontologia nacional, assentada num discurso sobre a fundação étnica do país, que configuraria uma espécie de tradição, e a necessidade de incorporar o Brasil ao reino das civilizações modernas. Segue daí um dilema que envolve a superação ou a integração dessa matriz, e que é, vale lembrar, também o dilema de outras civilizações que enfrentaram problemas correlatos. Afinal, se essa natureza é americana, seria ela expressão de uma propriedade democratizante nova, aberta para invenção e criação? Ou seria a tradução de uma geografia bárbara e pouco afeita à organização da vida civil? Quais os sentidos conferidos a essa americanidade, e como eles se relacionam com a construção de uma nação moderna? Mostro como essa tensão não resolvida pode ser explicada recorrendo-se ao desvendamento das experiências sociais e intelectuais concretas desses personagens na Primeira República. Analiso, portanto, a construção desses agentes como intelectuais e situo o problema "intelectuais-terra" à luz do quadro comparativo desenhado neste livro.

## Um breve panorama da Primeira República

Não é simples o panorama intelectual da Primeira República, em especial no que se refere à distinção entre os diversos projetos nacionalistas que então germinavam no cenário político-intelectual. Em tese sobre o assunto, Lúcia L. Oliveira[3] mostra como o próprio sentido da tradição – elemento tão central para qualquer nacionalismo – era ponto de discórdia. Afinal, em que se assemelhavam o nacionalismo antiamericanista e monárquico de Eduardo Prado, tão cioso da junção entre Estado imperial e catolicismo, e o nacionalismo jacobino e antilusitano inspirado pelo florianismo, que via com desconfiança essa mesma fórmula? Segundo a autora, entretanto, seria possível notar a presença de um ideário católico, tributário do pensamento conservador francês, que buscaria reabilitar religião e modernidade, organizando uma versão da nação que recebesse de forma mais generosa o tema da tradição.

Lúcia L. Oliveira argumenta que teria havido uma progressiva associação entre catolicismo e nacionalismo, representada por duas vertentes: uma ligada a Jackson de Figueiredo e outra denominada Ação Social Nacionalista. Enquanto esta, capitaneada pelo conde Afonso Celso, filiar-se-ia a certas concepções fascistas, aquela conheceria desenvolvimento na linhagem de um Alceu Amoroso Lima, por exemplo. O tema desse nacionalismo seria a "renovação espiritual" e a percepção crítica de que o século XX, representado pelas emergentes sociedades americanas e russas, seria o século do materialismo e do pragmatismo. Não haveria lugar para entusiasmados arroubos americanistas, mas para uma tentativa de reclamar o Império como força constitutiva da nacionalidade e como forma de impor um dique ao avanço do mundo dos interesses. Note-se que o caldo cultural que informava esse nacionalismo era dado, fundamentalmente, por De Maistre – afinal o pensamento católico francês vivia, desde a década de 90 do século XIX, um momento de aproximação com a República.

Ao lado desse movimento, associações impregnadas de nativismo e entusiasmo reformador buscavam no civismo a força capaz de organizar e dar substância a uma República que parecia anêmica. De Olavo Bilac a Álvaro Bomílcar, o tema era a salvação do Brasil pelo recurso a ferramentas modernas: educação e saúde. A Primeira Guerra Mundial, é claro, teve grande impacto sobre esses movimentos republicanos. No dizer de Lúcia L. Oliveira:

> Após a Primeira Guerra, novos modelos de identidade nacional passam a existir e competir entre si. No Rio de Janeiro, o nacionalismo defendido e proposto por Álvaro Bomílcar e pelo movimento Propaganda Nativista faz renascer o ideário jacobino dos republicanos. O antilusitanismo, a pregação contra a Europa decadente e a revalorização do americanismo marcam presença no cenário intelectual.[4]

Em outro trabalho, Ângela de Castro Gomes argumenta que o catolicismo militante era uma marca forte do cenário intelectual carioca no período, e que teria formado, ao lado da herança simbolista, uma tradição a ser interpretada pelos modernos da cidade. A despeito de catolicismo e Simbolismo não se confundirem, a autora afirma:

> Essa tradição, mística e espiritualista, contudo, não pode ser mecanicamente associada ao *boom* de militância católica que então começa a se desenvolver. Entretanto, seria impossível não assinalar a convergência, bem como os laços que passam a unir as trajetórias de alguns intelectuais simbolistas e de algumas das mais importantes lideranças leigas da militância católica de então. São tais conexões que nos permitem transitar do catolicismo ao Modernismo.[5]

Esse confuso ambiente, povoado de católicos renovados, republicanos em batalha contra tradições reais e inventadas, modernos que se valiam da herança simbolista e um fundo embate em torno da natureza americana de nossa formação social, prepara a chegada dos anos 1920. Interessa destacar alguns aspectos desse cenário: a existência de um nacionalismo católico renovado, disposto a entrar no mundo moderno e a travar o combate no seu interior; as diversas vertentes do nacionalismo, que passam tanto por Alberto Torres quanto por Jackson de Figueiredo; a delimitação de um Modernismo carioca que remetia à herança simbolista e que não se enquadrava nos limites das vanguardas paulistas dinamizadas pela Semana de 22. Soma-se a isso a presença no Rio de Janeiro da ABL, com seus personagens organizadores da vida intelectual local, e os inúmeros espaços de sociabilidade boêmia que aglutinavam escritores, cronistas, literatos, aspirantes e jornalistas. Essas diversas dimensões organizavam o que Ângela de Castro Gomes chamará de "tradições intelectuais", que estruturariam o universo intelectual no qual foram geradas as reflexões aqui analisadas. É nessa cidade que transita Graça Aranha, figura de destaque nas letras na Primeira República e autor de obras e escritos que interessam diretamente ao tema trabalhado neste livro. Também no Rio, mais especificamente nos salões simbolistas, Ronald de Carvalho atuará como importante elo do Modernismo. Veremos, por conseguinte, como um personagem enredado nas tramas e discussões que emolduravam o confuso cenário moderno carioca pensava a relação entre terra e modernidade, para depois voltar ao cenário intelectual aqui apresentado.

## Graça Aranha – de *Canaã* ao *Espírito moderno*

Em 1902, Graça Aranha lançava um livro que exerceria grande impacto na imaginação brasileira e que ocupa até hoje a função de marco. *Canaã* punha em cena, por meio de uma história de imigração, preconceito e amor, temas caros a essa tradição de reflexão: o problema da identidade do Brasil e de sua relação com o mundo, o tema novomundista do meio e sua ação criadora sobre os homens e a discussão em torno da mestiçagem. Por esse motivo, muitos classificam *Canaã* como um "romance de idéias", novidade no Brasil de então, desacostumado com uma criação romanesca que utilizasse a matéria-prima literária com o intuito de discutir temas filosóficos mais amplos. A despeito de sua importância, ressalte-se que não são muitas as opiniões críticas que julgam favoravelmente as qualidades literárias da obra. Ao comentar as tensões e dualidades que terminariam por enfraquecer *Canaã*, Alfredo Bosi afirma: "A dualidade, não resolvida por um poderoso talento artístico, criou graves desequilíbrios na estrutura da obra, cujo valor, enquanto romance, é ainda hoje posto em dúvida por mais de um crítico respeitável."[6]

A história é razoavelmente simples e algo esquemática. Numa localidade do Sul do Brasil, dois imigrantes alemães, Milkau e Lenz, chegam em busca de um recomeço de vida numa terra estrangeira. Diversos em temperamento e espírito, eles envolvem-se de forma diferenciada com a vida local, e, no conflito eminentemente dialógico estruturado pelo autor, evidenciam concepções diferentes sobre as possibilidades civilizatórias do novo país. Milkau, mais otimista, vê no Brasil uma chance de redenção para uma humanidade cansada da velha Europa, já que o encontro entre povos e civilizações poderia representar uma oportunidade de superação da longa história de tragédias que teria marcado o gênero humano. Graça Aranha "fala" por meio de Milkau, e é possível detectar nos longos discursos do personagem ecos de concepções filosóficas que ganhariam tratamento completo em *A estética da vida*, de 1921. Lenz é o cético, o agressivo alemão que encarna o espírito patriota e guerreiro de sua gente – tal como visto por Graça Aranha, é claro –, e que vê com pessimismo a mestiçagem e os tipos étnicos brasileiros. Os demais personagens apresentados ao longo do texto seguem essa modelagem básica e expressam, quase didaticamente, as principais obsessões intelectuais nacionais no período. Logo na primeira parte do livro, Milkau tece o seguinte comentário, referente ao impacto causado pela natureza brasileira sobre seu espírito:

> Aqui o espírito é esmagado pela estupenda majestade da natureza. Nós nos dissolvemos na contemplação. E, afinal, aquele que se perde na adoração é o escravo de uma hipnose: a personalidade se escapa para difundir na alma do Todo. A floresta no Brasil é sombria e trágica. Ela tem em si o tédio das coisas eternas.[7]

Nessa breve passagem, Graça Aranha-Milkau expõe de forma resumida um tema recorrente na obra do modernista: a "metafísica do horror" que caracterizaria a relação entre homem e natureza no Brasil. Nesse registro, a imaginação brasileira seria incapaz de controlar, organizar e superar o assombro da imensidão produzido nos trópicos, e permaneceria de certa forma eternamente encantada. O tema, que surgirá de forma mais trabalhada nos seus escritos posteriores, retomava tradicionais idéias sobre o poder opressor da natureza tropical luxuriante, e a enquadrava numa moldura filosófica que tinha como eixo a possibilidade de ligação entre os indivíduos e o Todo. Poucas linhas depois vemos o estabelecimento de uma questão crucial:

> Passado algum tempo, Lentz exprimiu alto o que estava pensando:
> — Não é possível haver civilização neste país. A terra por si, com esta violência, esta exuberância, é um embaraço imenso...
> — Ora – interrompeu Milkau –, tu sabes bem como se tem vencido aqui a natureza, como o homem vai triunfando...
> — Mas o que se tem feito é quase nada, e ainda assim é o esforço do europeu. O homem brasileiro não é um fator do progresso: é um híbrido. E a civilização não se dará jamais nas raças inferiores. Vê, a história...[8]

Neste diálogo, evidencia-se o debate em torno da civilização no meio tropical. Para Milkau, os brasileiros estariam conseguindo vencer o assombro e organizar uma vida ativa, enquanto Lenz fixava-se na composição étnica nacional, supostamente improdutiva para a civilização. Como se vê, o tema se estrutura literariamente em torno do par natureza/raça, que ganha conotações ambíguas no pensamento do autor. Num diálogo subseqüente, Milkau afirma: "Um dos erros dos intérpretes da história está no preconceito aristocrático com que concebem a idéia de raça. Ninguém, até hoje, soube definir a raça e ainda menos como se distinguem umas das outras."[9] Contudo, diante da recusa de Lenz em abandonar suas idéias sobre hierarquia racial, Graça Aranha-Milkau se lança numa discussão sobre as virtudes dos encontros entre raças "selvagens, virgens" com os "povos superiores", enfatizando o potencial democratizador desses encontros. Como se percebe, o tema raça permanece um incômodo, ora ganhando contornos negativos, ora positivos.\* O "encontro de povos", este sim, tem uma conotação positiva, equivalendo, na formulação do autor, à própria caminhada da humanidade na direção de uma evolução cultural mais harmoniosa.

Diálogos como esses, freqüentes no livro, são invariavelmente operados a partir da dupla chave de entendimento natureza/raça. A natureza, por sinal,

---

\* Note-se que a raça não é necessariamente descrita segundo o modelo biologizante. Trata-se, aqui, de uma discussão sobre propriedades culturais. Uma confusão recorrente nos estudos de pensamento brasileiro é tomar essa categoria segundo os parâmetros que se acredita organizar uma discussão "determinista" e "cientifizante". Assim como este livro argumenta que a terra escapa aos limites de uma mera variável científica própria do arsenal da ciência geográfica do século XIX, poderíamos arriscar o mesmo a respeito da raça. Um tratamento crítico desse tema encontra-se no trabalho de Helga Gahyva sobre Arthur de Gobineaux, intitulado *O inimigo do século: Um estudo sobre Arthur de Gobineau (1816-1882)*.

é praticamente um personagem do romance, merecendo descrições que buscam o que haveria de telúrico na paisagem brasileira e, portanto, escaparia a uma economia naturalista na composição. Perseguindo aspecto semelhante, Alfredo Bosi associa tal naturalismo impressionista à própria experiência de Graça Aranha em Porto do Cachoeiro (localidade que teria servido de laboratório para Vila Feliz). Segundo Bosi:

> A observação da vida local, com seus patentes contrastes entre selva e cultura, trópico e mente germânica, era bem de molde a tentar um espírito propenso ao jogo das idéias e, ao mesmo tempo, sensível às formas e às cores da paisagem. Assim nasceu *Canaã*, retrato de algumas teses em choque e deleitação romântico-naturalista das realidades vitais.[10]

Mais adiante, Bosi comenta o quanto esse naturalismo escaparia à secura característica do movimento naturalista e se aproximaria de um tratamento estético refratário à mera reprodução fotográfica de um cenário dominado por um olhar científico. Ou seja: "As formas, as cores e os próprios aspectos luminosos do ambiente animam-se em torno da criatura que os recebe como impressões pejadas de sentido emocional."[11] Outro intérprete da obra associa o estilo de Graça Aranha a uma espécie de *art nouveau* literário, no qual o ornamento e as tinturas impressionistas usadas na descrição dos cenários não seriam apenas decorativos, ocupando função central na composição das idéias da obra. José Paulo Paes argumenta sobre a mediação exercida pelo autor entre ornamento e interioridade dos personagens: "As descrições de paisagem, reiterativas em *Canaã*, ainda que nada acrescentem ao progresso de enredo ou à caracterização dos personagens, servem para instituir, em nível ornamental, uma mediação simbólica entre a natureza brasileira e o projeto utópico de Milkau, protagonista do romance."[12]

Interessa notar a perspectiva de Paes sobre as idéias desenvolvidas no romance. Além da costumeira caracterização da influência da Escola do Recife e de sua peculiar recepção das idéias de Schopenhauer e de Haeckel, o autor aponta para o influxo de idéias nietzschianas e tolstóianas que marcavam a cena literária carioca no início de século XX. A pregação de Milkau em torno do amor e sua utópica visão a respeito de um novo futuro da humanidade se conjugam à perspectiva de Graça Aranha a respeito das possibilidades da civilização nos trópicos. A natureza, assim, não é vista meramente como uma força a ser controlada e superada, mas é incorporada num projeto reflexivo que a associa ao mundo trazido pela máquina e pelo ritmo moderno. Segundo Paes, poder-se-ia falar de uma "utopia-solar-fraterna", de alguma forma aproximada ao projeto marioandradiano desenhado em *Macunaíma*. A proximidade se daria pela busca comum das forças vivas e bárbaras que fundamentariam a experiência brasileira, associadas ao protagonismo da nossa terra. Ainda segundo o autor, *Canaã* encerraria uma forte percepção de uma dimensão pré-lógica dessa experiência, numa interpretação positiva da natureza. Novamente, é importante ressaltar a imagem produzida nessa literatura sobre o mundo natural, que escapa a uma economia descritiva desse mundo e constitui um desenho simbólico do que seria a singularidade de uma formação tropical trazida ao mundo em marcos distintos daqueles da Europa ocidental.

A associação entre as idéias de Graça Aranha e o projeto modernista dos anos 1920 não é exclusiva de Paes, mas é encampada também por Eduardo Jardim de Moraes,[13] que, no entanto, se apóia em outros escritos do autor. Torna-se necessário, portanto, analisar mais detidamente os textos posteriores de Graça Aranha, nos quais se alteram suas concepções sobre a natureza e sua relação com um projeto moderno.

O livro *A estética da vida* marcou a moderna reflexão brasileira e inspirou inúmeros intelectuais envolvidos na busca por uma nova concepção filosófica que fornecesse um acesso ao problema da identidade nacional e da relação do Brasil com as transformações que alteravam o cenário intelectual do Ocidente. Moraes argumenta que é impossível compreender o "surto de brasilidade de 1924" sem entender o papel central de Graça Aranha na história cultural do país. Para esse autor, a filosofia vitalista de Graça representaria o quadro filosófico que teria possibilitado o debate dos anos 1920 sobre a identidade brasileira, seu conteúdo e suas relações com a universalidade. Nesses termos, a discussão sobre a brasilidade não poderia ser compreendida como um raio no céu azul, mas antes como o desdobramento de uma discussão mais longa.

Segundo Moraes, a formação de Graça Aranha passa pela influência da Escola do Recife e de seu monismo filosófico, ou seja, a crítica dessa Escola à fragmentação produzida pela ciência, que decompõe e analisa o real, seria responsável por uma cisão entre homem e Todo, constituindo aí uma dualidade que originaria o terror de que Graça Aranha irá falar posteriormente. Nesses termos, duas categorias fundamentais para a compreensão da abordagem filosófica presente em *A estética da vida* seriam a "intuição" e a "integração". A primeira seria responsável pelo contato estético com o Todo, somente possível por essa ferramenta da ordem da sensibilidade. Descarta-se, assim, o exercício de um domínio racional técnico sobre o mundo como pré-condição para a possibilidade de atividade intelectual humana. A "integração" diria respeito à comunhão do eu com o Todo, ou com o cosmo, momento responsável pela resolução da cisão apontada anteriormente. A "integração" era a grande preocupação de Graça Aranha, e, segundo Moraes, orientava sua concepção filosófica. Mas qual o lugar da natureza e da terra nessas formulações?

No próprio livro de Graça Aranha está presente uma concepção espiritualista da terra. Esta seria o "centro espiritual de nossa atividade",[14] a qual deveríamos nos integrar de forma harmoniosa. No caso, a terra representaria a possibilidade de comunhão dos homens com sua cultura, desde que estes conseguissem romper a cisão que caracterizaria a época moderna e encontrassem um sentido (a expressão é minha) total, para além das suas vidas imediatas. Não poderia ser mais claro: "Aquele que se resigna à fatalidade cósmica, que se incorpora à Terra e aí busca a longínqua e perene raiz de nossa vida; aquele que se liga docemente aos outros seres, seus fugazes companheiros na ilusão universal, que se vão todos abismando no Nada, vive na perpétua alegria."[15]

Como enquadrar o Brasil nesse desenho vitalista? Segundo Graça Aranha, o problema brasileiro estaria na relação entre homem e natureza. De um lado, teríamos uma formação cultural marcada pelo "encontro das melancolias", na qual lusos – "os mais bisonhos dos bárbaros latinos"[16] –, negros – "como que permanecem em perpétua infantilidade"[17] – e indígenas – associados ao "pavor cósmico" e à "metafísica do Horror" – se amalgamariam para produzir um povo apartado do seu meio. Isso porque: "A Natureza é uma prodigiosa magia. E no Brasil ela manteve nas almas um perpétuo estado de deslumbramento e êxtase. ... No Brasil, o espírito do homem rude, que é o mais significativo, é a passagem moral, o reflexo da esplêndida e desordenada mata tropical."[18]

Percebe-se, portanto, que no lugar da comunhão entre homem e Todo, há o assombro – ou melhor, o "horror" – dos brasileiros diante da vastidão de uma natureza incompreensível. Essa é a tarefa que deveria ser vencida para que a acomodação fosse possível. Há nesse ponto uma retomada do tema clássico da natureza opressora, comum nas interpretações a respeito do Novo Mundo e suas possibilidades civilizatórias. Sobre o significado da experiência americana, Graça Aranha tem uma interessante visão: recusando-se a opor a "civilização de qualidade" (Europa) à "civilização de quantidade" (América), e apontando para a necessária presença simultânea dessas duas dimensões, ele argumenta que a visão da civilização americana como mera expressão de materialismo seria simplista. No caso, o Brasil deveria se esforçar para conciliar a "vibração" do seu espírito americano e as formas européias que alimentariam nossa inteligência. Não há lugar, assim, para a reiteração essencialista de um americanismo particular oposto ao legado europeu. Essa perspectiva era expressão dos esforços do modernista maranhense para incorporar as inúmeras discussões sobre a latinidade da experiência brasileira populares na Primeira República.

A interpretação de Moraes sugere que os elementos que configurariam a "alma brasileira" não seriam destinados à superação, mas à transformação. A resolução da "metafísica do horror" não implicaria uma rejeição simples, mas uma acomodação estética, passível de ser produzida pela arte. Essa interpretação volta-se para a sustentação de um argumento também defendido por Paes sobre *Canaã*, e que diz respeito à proximidade dessa reflexão com o projeto modernista da antropofagia. A idéia de que a afirmação moderna do Brasil mobilizaria recursos próprios da nossa experiência tropical e bárbara encontraria ressonância na sugestão de Graça Aranha a respeito da integração com o Todo após a "tomada de consciência" a respeito da natureza. Note-se, contudo, que Paes não subscreve essa idéia de Moraes, argumentando que *A estética da vida* desenvolve argumentos opostos àqueles de *Canaã*. Na verdade, sustento que os textos posteriores do escritor radicalizam a necessidade de superação da "metafísica do horror", mas não implicam um descarte definitivo do que seria a experiência original traduzida pela idéia de natureza. É possível que a mobilização do autor para um combate mais veemente ao lado das hostes modernistas tenha representado uma radicalização estratégica de suas visões sobre a construção moderna do país,* mas não significou uma definitiva resolução da tensão entre civilização moderna e "utopia tropical". No lugar da passagem da "integração" para "superação", há uma tensão constitutiva, jamais claramente resolvida e explicável pelas experiências intelectuais e sociais concretas do autor.

Por um lado, o chamado "objetivismo dinâmico" defendido por Graça Aranha significaria um decidido ataque a nossa tradição romântica e lírica, e uma postura intelectual voltada para a defesa da experiência moderna e de seu repertório de criações e objetos. Assim, as páginas de *O espírito moderno* estão povoadas de referências à "superação da natureza" e à necessidade de encontrarmos um panteísmo que descartasse esse elemento. Nesses termos, realizar o espírito moderno implicaria subjugar o mundo natural de forma definitiva. Por outro lado, passagens como as citadas a seguir parecem exprimir a necessidade de esse processo de "superação" ser realizado a partir das próprias marcas deixadas pela nossa experiência originária: "A cultura européia deve servir não para prolongar a Europa, não para obra de imitação, sim como instrumento para criar coisa nova com os elementos, que vêm da terra, das gentes, da própria selvageria inicial e persistente."[19] Ou ainda: "Subjugaremos a Natureza, para impor-lhe o nosso ritmo haurido nela própria. Não se trata somente de criação material, de um tipo de civilização exterior. Aspira-se à criação interior, espiritual e física, de que a civilização exterior das arquiteturas, dos maquinismos, das indústrias, dos trabalhos e de toda a vida prática seja o reflexo."[20]

Como se percebe, o tema da superação da nossa experiência e da incorporação do Brasil ao ritmo do tempo não descarta, de forma definitiva, os

---

* Importa ressaltar que as conferências de *O espírito moderno* foram produzidas por um acadêmico da ABL, discursando dentro da própria Academia, numa derradeira tentativa de arrastá-la para o "bom combate". No caso, a estratégia retórica não pode ser minimizada. A conferência, como se sabe, terminou de forma confusa, com apupos, apartes e jovens carregando o escritor maranhense nos braços.

"ritmos da terra". O problema parece ser o paradoxo criado pela postulação de uma reinvenção do Brasil e a percepção, cada vez mais forte, da singularidade de nossa experiência, exemplificada pela própria dificuldade de se desconstruir o par natureza/raça. No caso, a mobilização dessa imagem espacial nos escritos de Graça Aranha serve como expressão de uma ontologia brasileira que encontra dificuldade para ser traduzida na vida moderna. Afinal, o mesmo autor que faz o elogio dos venturosos portugueses aponta a raiz melancólica e assombrada da nossa fundação étnica e proclama a necessidade de seguirmos o ritmo da terra para subjugarmos a natureza! Uma dúbia relação com nossa tradição americana se apresenta, uma vez que esta é vista ora como fonte de renovação civilizatória, ora como expressão de nosso assombro e incapacidade de organização moderna. Este veio deve ser mais bem explorado, por meio do recurso à obra de outro modernista carioca, Ronald de Carvalho.

## Ronald de Carvalho nas bárbaras terras americanas

Num dos poemas que compõe seu livro *Toda América*, publicado em 1926, Ronald de Carvalho escreve: "Eu ouço a terra que estala no ventre quente do Nordeste, a terra que ferve na planta do pé de bronze do cangaceiro, a terra que se esboroa e rola em surdas bolas pelas estradas do Juazeiro, e quebra-se em crostas secas, esturricadas no Crato Chato."[21]

Num texto publicado anos antes, em 1919, presente na obra *Pequena história da literatura brasileira*, o poeta e diplomata carioca caracteriza da seguinte maneira a civilização moderna: "A civilização moderna é a civilização da máquina, a civilização do aço, do carvão, do petróleo e do ferro."[22]

Essas frases parecem proferidas por personagens distintos, mas ambas foram escritas pela mesma pessoa – Ronald de Carvalho. A primeira, um verso do poema "Advertência", evoca uma concepção naturalista-romântica da natureza brasileira, na qual a terra ganha contornos vivos e se assemelha a uma entidade vital que seria expressão da formação cultural brasileira. Estaríamos diante da visão positiva da barbárie, se a entendermos como essa espécie de energia social associada ao poder do mundo natural nos trópicos. A outra, presente nas considerações finais de Ronald a respeito do caráter que a arte moderna no Brasil deveria assumir, indica uma veemente adesão aos valores industriais que organizariam a modernidade capitalista, o que aproximaria o autor de uma espécie de futurismo ianque. Se o tema da natureza em Graça Aranha estrutura-se numa tensa combinação entre "integração" e "superação", o problema da terra em Ronald de Carvalho também não escapa a destino semelhante.

Ronald de Carvalho era um historiador da literatura que via sua tarefa como a forma, por excelência, de autocompreensão de uma sociedade, e não apenas como um ofício direcionado para a estética em si. Ele retomava uma tradição que vinha de Sílvio Romero, outro obcecado por essa hermenêutica do nacional. Na mesma linha do polêmico intelectual sergipano, sua *Pequena história da literatura brasileira* iniciava-se com uma discussão sobre a natureza das terras nas quais nossa literatura teria surgido. Ronald de Carvalho trabalha, portanto, com as clássicas discussões sobre a influência do meio na cultura, trazendo para seu texto inúmeros estudos sobre geografia e geologia, entre os quais se situava o já então polêmico estudo de Buckle sobre a história da Inglaterra combatido por Sílvio Romero. Após criticar a ênfase excessiva dada por alguns intérpretes à geografia, sugerindo que se levassem em conta fatores "étnicos históricos", Ronald abandonava uma apresentação científica das diversas teorias sobre a terra americana para postular uma narrativa sobre a formação nacional na qual o tema das raças surgia com força – tema que, aliás, nunca abandonará –, num registro mais literário que científico. Em seus termos:

> A raça mais ousada do velho continente, aquela que, pela força dos músculos, pela audácia cavalheirosa e sagacidade política, dominou os mares e varou as landes ignoradas, enquanto, na Itália e na França, os homens se entretinham em serões galantes ou em pequenas intrigas venenosas, trouxe para o mundo novo último raio de seu resplendor, prestes a desaparecer.[23]

Os temas do encontro das raças e da identificação do lusitanismo com o signo da aventura marcarão virtualmente toda as formulações do autor. A teoria clássica de Taine sobre o meio como chave de explicação dos fenômenos sociais (na conhecida fórmula "raça", "meio", "momento") também ganha contornos mais amplos na reflexão de Ronald. Segundo ele:

> Aquelas célebres fronteiras da "lei do meio", de Taine, devem ser dilatadas, porque, na verdade, são muito mais largas do que parecem. O meio não é apenas o ambiente, o momento e a raça. O meio é toda civilização, é a humanidade inteira, são todas as reações estéticas e sociais, todas as aspirações, todas as dúvidas e todos os enganos, todas as verdades e todos os erros, o meio é o Universo.[24]

Nessa passagem, o poeta carioca incorpora, de certo modo, a concepção de Graça Aranha a respeito da terra, algo mística e identificada com o cosmo, como uma representação da possibilidade de identificação do homem com o Todo. Contudo, nas seções finais da obra, Ronald de Carvalho recupera o clássico tema da relação entre natureza e homem no Brasil, também tratado em *A estética da vida*.* E é no Capítulo 11, dedicado à análise das tendências

---

* Note-se que este livro de Ronald é anterior em três anos à *Estética da vida*, mas boa parte das idéias de Graça já se encontrava, de alguma forma, em *Canaã*.

modernas, que o autor de *Toda América* mostra-se mais firme na postulação de uma superação completa da "metafísica do horror" trabalhada pelo modernista maranhense. Se, na Introdução, Ronald de Carvalho elogia o caráter aventureiro e idealista do português, agora parece considerar outros caminhos para sua narrativa "fundacional". Ao comentar os trabalhos e reflexões de escritores e intelectuais ainda marcados por essa tradição, associa a "voz da terra" a uma qualidade melancólica que se refletiria no pensamento do brasileiro.

A melancolia ilustra sua visão a respeito do Romantismo no Brasil, exemplificada, segundo ele, pelos escritos de Joaquim Nabuco sobre Massangana.* Tais escritos seriam produto dessa gente "rude, mística e fundamentalmente conservadora do campo",[25] em tudo diversa dos personagens que seriam trazidos pelo avanço da industrialização e da urbanização do Brasil, em especial os imigrantes. Assim, permite-se falar de um "povo em gestação", mais afeito ao ritmo da vida moderna e de seus elementos. Esteticamente, esse novo momento poderia ser exemplificado pela conjugação entre arte e máquina, esta última entendida como síntese da capacidade moderna de criação, arranjo de forças e organização de energias. A missão final, em última instância, seria: "Vencer a natureza pela disciplina na inteligência, eis a primeira lei que a realidade brasileira impõe ao homem moderno. Ele está farto do artifício da nossa existência social."[26]

Percebe-se assim uma tensão entre uma visão positiva da nossa fundação étnica e uma perspectiva que postule a superação dessa fundação como tarefa dos modernos. Se, em Graça Aranha, a superação da "metafísica do Horror" implicaria algum tipo de domínio sobre a natureza, essas passagens finais do seu discípulo Ronald de Carvalho indicam uma radicalização da formulação, e uma verdadeira tomada de posição em favor da civilização moderna, definida nos moldes da segunda citação. A perspectiva integradora desenvolvida pelo autor de *Canaã* parece abordar essa questão com mais cuidado, destacando a presença de elementos fundadores que deveriam ser incorporados na produção de um modernismo brasileiro.** Exemplar disso é a sua tentativa de conciliar a "vibração" do nosso espírito americano com a grande tradição européia, que Ronald parece querer jogar por terra.

Seguindo esse raciocínio, parece que, de Graça Aranha a Ronald de Carvalho, presenciaríamos uma certa racionalização da natureza e seu progressivo

---

* Ronald se refere ao capítulo intitulado "Massangana", um dos mais célebres de *Minha formação*.
** É por isso que Eduardo Jardim de Moraes busca destacar a presença intelectual nuclear de Graça Aranha para os desdobramentos do Modernismo nacional, incluindo os paulistas e toda a discussão de "brasilidade" que produziu inúmeros manifestos e revistas (*Pau-Brasil, Manifesto Antropofágico, Anta* etc.).

desencantamento total. Ou, dito de outra forma, a negação de algo que pudesse ser caracterizado como nossa tradição, se a entendermos como uma ontologia étnica tributária do par terra/raça. Mas a questão não é tão simples assim.

Em 1922, Ronald de Carvalho publicava um livro intitulado *Espelho de Ariel*. Nele, a referência clássica à figura do espírito era evocada para nomear um conjunto de ensaios nos quais a crítica estética ocupava lugar central. E, como se sabe, a estética não era um reino divorciado da política e da produção de interpretações sobre o sentido da experiência civilizatória brasileira. No caso de *Espelho de Ariel*, essa conjunção é marcante. Comecemos, pois, por um belo e curto ensaio intitulado "As vozes da terra", no qual o poeta escreve:

> Para exprimir o que somos, é mister uma série de requintes que um ocidental da Europa não compreenderia facilmente. Estamos em contato com um ambiente singular. O caráter da civilização que vamos formando é, por enquanto, contraditório e especioso. Sua complexidade, contudo, não lhe esconde a marca profunda, que é o instinto da terra. Nossa arte, nosso pensamento, nossas maneiras, nossos costumes estão intimamente ligados à terra em que pisamos. Não somos nem seremos uma sociedade de salões, de intrigas amáveis, de solertes disfarces. Quem foram os nossos mais puros fidalgos, os que fundaram a nacionalidade? Antes do mais, homens de ação, idealistas é certo, mas cheios de belos entusiasmo que só os horizontes vastos da terra sabem despertar.[27]

Qual é a natureza desse "instinto da terra"? Para entendê-la, é necessário decifrar o sentido mais geral da reflexão do autor sobre problemas clássicos da vida cultural no Ocidente. Essa perspectiva integradora, que organiza os diversos ensaios que compõem o livro, é analisada por André Botelho.[28] Segundo ele, os juízos críticos e filosóficos de Ronald de Carvalho podem ser compreendidos a partir de uma certa matriz cética, desconfiada das promessas racionalistas do Iluminismo e tributária de um espiritualismo refratário ao mundo organizado de acordo com a razão liberal. A visada cultural partilhada pelo simbolista carioca veria na produção estética a arma para o alargamento da inteligência e para a dinamização dos sentidos e da vida do espírito. Não à toa, um dos heróis filosóficos do modernista carioca era o pensador francês Henri Bergson, que desfiava o primado positivista com uma ardorosa defesa da intuição como chave de acesso ao real. Segundo Botelho: "A experiência intuitiva concorreria de modo loquaz tanto para o reconhecimento dos limites do racionalismo científico quanto para a aproximação da imaginação poética à experiência mística, tão importantes para o ideário estético e ideológico simbolista e para a obra dos anos 1920 de Ronald de Carvalho."[29]

Interessa notar que a perspectiva de Ronald de Carvalho não implica uma atitude essencialmente conservadora. Seu ceticismo diante do avanço da racionalidade sobre o mundo e sobre as formas estéticas não o leva a uma glorificação do que se perdeu, mas antes a uma busca de vitalidade que seria própria da civilização ocidental. No ensaio "A lógica dos vencidos", o poeta analisa a herança grega e busca ressaltar a dimensão dos sentidos. Nos seus termos: "A Grécia não é, pois, unicamente Platão, é ainda Anacreonte, não é apenas o luminoso banquete da razão, é também a festa deliciosa dos sentidos."[30] Ronald busca se filiar a essa matriz da civilização latina, a mesma, por sinal, que o uruguaio José Enrique Rodó identifica com o espírito de Ariel.

Tal é a moldura intelectual que vai organizar a reflexão de Ronald de Carvalho sobre o fenômeno do americanismo e, mais especificamente, sobre o caráter do "instinto de terra" de que fala o texto mencionado. No ensaio intitulado "Aurora de Castro Alves", Ronald de Carvalho destaca a capacidade demonstrada pelo poeta baiano na composição de uma obra que mobiliza a dimensão bárbara de nossa experiência americana. Ou seja, a poética que nos seria própria deveria seguir guias outros que não os do equilíbrio e da frieza racional. Sua visão sobre o caráter "desmedido" da nossa natureza surge por meio da constatação de que o americanismo se pautaria por um barbarismo avesso à economia moral do Velho Mundo. Nas suas palavras:

> Poesia, para nós, quer dizer eloqüência. ... A própria natureza que nos rodeia, banhada nos fulgores da luz tropical, é uma festa perene de claridades excitantes. As coisas se mostram aqui em toda sua nitidez. ... Diante da nossa natureza, para não ficar diminuído como o encontrou Buckle, o homem procura sobrelevar-se a si mesmo, atingir a mais alta expressão de seu poder criador. Não podemos ser discretos e sóbrios como os gregos. A terra em que pisamos é aclivosa e áspera, e, como a terra, o homem aqui não conhece aquela justa medida tão louvada pelos antigos.[31]

Novamente, o tema da terra. Nessa passagem, ele ganha um sinal positivo, associado ao que seria a marca profunda de nossa civilização, e que teria grande impacto sobre nossa produção estética e intelectual. No lugar da cultura e da civilidade "de salão", teríamos um repertório valorativo animado pelo tema da ação e do desprendimento dado por esse "instinto da terra". A presença confessa nesta reflexão é Graça Aranha – "Esse problema fundamental que, entre outros, o sr. Graça Aranha apontou integralmente no seu ensaio intitulado *Metafísica brasileira*"[32] –, mas a notação de um ativismo característico da formação nacional parece levar para um lugar distante das reflexões analisadas anteriormente. Afinal, o tema da natureza em Graça Aranha está relacionado a uma concepção crítica sobre a cisão entre homens e Todo, que seria representada, no caso brasileiro, pelo assombro mágico dos personagens nativos diante da vastidão e do descontrole da vida natural. Esse tratamento da questão produz uma espécie de concepção "letárgica" da nossa experiência, em tudo distante dessa vitalidade quase juvenil apontada por Ronald de Carvalho. Os matizes expressam a própria natureza dúbia do americanismo dos personagens estudados, que transitam entre o entusiasmo pela energia bárbara e jovem de nossa sociedade e a visão negativa do que seria uma vida social pouco afeita à modernidade.

Essa posição poderia ser enfatizada pelo recurso ao tema do "barbarismo", lido numa chave positiva e em associação com o "instinto da terra", como na seguinte passagem: "A nossa paisagem pede uma rapsódia, mas uma rapsódia entrecortada de inflexões bárbaras e sutis, em que, ao clangor dos instrumentos selvagens, das tubas, dos maracás e dos borés, se misturasse o canto melodioso da harpa, do órgão e do violino."[33]

Contudo, Ronald de Carvalho segue as interpretações de Graça Aranha sobre nosso "terror cósmico", dando-lhe novo colorido:

> Ensina a experiência, confirmada pela história, que os povos habitantes de largas porções de terra são, geralmente, melancólicos. A Índia, a China, a Rússia ilustram à saciedade essa tese. Nossa melancolia não é somente fruto do "terror cósmico", segundo a profunda ponderação do sr. Graça Aranha, mas, por igual, do sentimento obscuro e instintivo do destino imenso e complexo que a enormidade do meio sugere. Decorre daí o culto exagerado e irrefreável da imaginação, o transbordamento das qualidades afetivas sobre as racionais. Ao invés de dominar a terra, é o homem absorvido por ela.[34]

Nesta passagem, a retomada clara do pensamento de Graça Aranha sobre a relação algo encantada entre homens e natureza situa Ronald de Carvalho na mesma linhagem do maranhense, com a interessante adição de uma perspectiva comparada, no caso, a inserção do Brasil num conjunto de sociedades em que o tema espacial exerce efeito semelhante, produzindo um sentimento melancólico próprio de povos que não conseguem domar a natureza. Tem-se, portanto, uma espécie de orientalismo (que evoca o clássico tema de Montesquieu sobre a geografia do despotismo) que se casa com o entusiasmo americanista.

Não obstante, o ardor americano do escritor carioca não o leva a caracterizar a sociedade brasileira apenas pelo recurso ao "novo", já que uma preocupação constante de sua obra é a busca de uma espécie de ontologia do país, que não poderia prescindir de alguma idéia de tradição. Tal busca estaria vinculada às próprias matrizes intelectuais do seu pensamento, como afirma Botelho:

> Não se deve perder de vista, contudo, que a tendência de concentrar os juízos históricos na representação individual subjetivada está diretamente relacionada, no seu caso, a sua socialização estética e intelectual nos ideários simbolista, espiritualista e historicista, os quais, como estou sugerindo, encontram unidade intelectual na premissa metafísica de uma origem ontológica da nacionalidade brasileira que fundamenta sua obra.[35]

As reflexões americanistas do autor, portanto, não estão dissociadas de uma concepção historicista da cultura nacional, que abre importante porta para o tema ontológico do "encontro de raças tristes". Como afirma Botelho, o tema da cultura em Ronald de Carvalho tem contornos políticos que envolvem a delimitação de uma tradição passível de ser empenhada no processo de afirmação moderna do Brasil. Nesses termos, a corrente espiritualista, que organizava uma parte significativa do campo moderno carioca no período, tinha preocupação especial com o problema da formação de elites capazes de conduzir esse processo e mobilizar essa espécie de "reserva civilizacional". O "instinto da terra" diria respeito a uma experiência de corte americano – bárbara, desmedida e pouco afeita aos padrões do refinamento que organizariam a sociabilidade européia –, mas também abriria espaço para o reconhecimento de uma tradição a ser valorizada.

Apresenta-se aqui uma questão semelhante àquela apontada como uma tensão no pensamento de Graça Aranha. Ronald de Carvalho não abandona o "ardor americanista" pela terra: para ele, a terra é delineada como expressão de uma fundação distinta daquela que marcaria o velho continente. Se encararmos Castro Alves como um tipo americano, entenderemos que esse tipo não se pauta pela autocontenção e pela economia moral própria do sujeito por excelência do Iluminismo. Nesses termos, o americanismo harmoniza-se com a crítica do intelectual carioca aos limites do racionalismo – o "ceticismo" de que fala Botelho – e constitui uma espécie de forma alternativa de Ocidente. Todavia, a ontologia étnica que lastreia suas narrativas é, para dizer o mínimo, ambígua. Afinal, o "encontro das raças tristes" parece configurar uma forma de sociabilidade desajustada ao ritmo moderno. É nesse sentido que se poderia entender a pregação já citada do autor contra as "vozes da Terra", exemplificadas por personagens melancólicos e refratários à "civilização da máquina". O que, portanto, deveríamos resgatar da nossa experiência americana, e qual a conjugação possível dela com a vida moderna? A terra e suas vozes são entraves ou forças a serem mobilizadas?

Segundo Botelho, o projeto de Ronald de Carvalho envolvia um ideário antiliberal, de inspiração conservadora, que olhava para a fundação brasileira em busca das matrizes da nossa experiência, que deveriam ser compreendidas para a construção cultural e política moderna do país. Não creio, contudo, que esse projeto encontre resolução tão segura, dada a dificuldade de lidar com a tensão produzida pela "voz da Terra". Afinal, o próprio legado ibérico – aventura portuguesa – é desafiado por Ronald, diante da percepção da emergência de novos grupos étnicos mais habituados ao "carvão e ao aço". Novamente, a associação da imagem espacial a uma narrativa com tintas étnico-culturalistas produz uma tensão entre o ritmo do tempo e uma ontologia que exige solução: preservação, descarte ou reinvenção?

A despeito da centralidade da figura de Ronald de Carvalho, suas formulações não foram as únicas a exprimir esse peculiar veio simbolista-moderno do Rio de Janeiro. Outros grupos, mais próximos ainda do catolicismo, deram outras versões do problema da terra. Vejamos um deles.

## *Festa* – catolicismo, Modernismo e "força da terra"

O grupo reunido em torno da revista *Festa* tinha já alguma história na cena intelectual do Rio de Janeiro. Andrade Murici e Tasso da Silveira estiveram envolvidos em outros projetos, como a revista *América Latina*, marcados pela influência filosófica de Jackson de Figueiredo. Mobilizados pela tradição do Simbolismo carioca – com as peculiaridades já apontadas –, esses dois personagens foram centrais na confecção de um modernismo (se é que se pode chamá-lo assim) distinto tanto das vanguardas paulistas quanto das fabulações de Graça Aranha, por demais comprometidas com um combate radical. Na versão de uma intérprete do Modernismo carioca:

> Certamente não se trata de falar de um modernismo, mas de assinalar uma inflexão no pensamento social e artístico que articula nacionalismo, na vertente conservadora capitaneada por Alberto Torres, com espiritualismo católico, cujo expoente é Jackson de Figueiredo, e cujo objetivo é inovar e reformar, sem abandonar as tradições, sobretudo a da literatura simbolista, mas não apenas dela.[36]

Sobre *Festa*, que combinava inovações gráficas que a aproximavam de experimentos mais afinados com o Modernismo, como a revista *Klaxon*, e conteúdo diverso do radicalismo que animaria os paulistas, a mesma intérprete afirma:

> Trata-se de ser moderno e nacionalista, mas de forma distinta de outros nacionalismos modernistas e, em especial, dos paulistas. Estes, sobretudo na versão da antropofagia, são considerados muito radicais e tão somente destruidores. São pouco sérios e por demais materialistas, derivando dos naturalistas e realistas do século XIX. Por contraste, o grupo de *Festa* assume o espiritualismo e o universalismo na arte, não renegando o epíteto de novos simbolistas e procurando capitalizar a tradição que vinha do Romantismo. Nacionalistas – leitores-admiradores de Alberto Torres e Euclides da Cunha – e universalistas; subjetivistas que, sob sugestão de Proust, trabalhavam o objetivismo; modernos e tradicionalistas; enfim, "modernistas espiritualistas" como se designavam, para demarcar o seu espaço.[37]

Neusa Caccese, uma estudiosa da revista *Festa*,* mostra como o diagnóstico de uma crise espiritual pautada pela desumanização e pela máqui-

---

* Segundo a autora, a revista foi publicada em duas fases: a primeira, de outubro de 1927 a setembro de 1928; a segunda, de julho de 1934 a agosto de 1935. *Festa* tentava se colocar como uma

na encontraria na expressão "força da terra" um dos caminhos da salvação para a nacionalidade brasileira. Segundo a autora, a crítica ao materialismo moderno, exemplificado por sociedades como a Rússia e os Estados Unidos, seria acompanhada de uma pregação espiritualista pela renovação brasileira. Se a redescoberta da alegria divina era um caminho óbvio, o outro seria

> o do respeito à "verdadeira Tradição" e "força da Terra". *Festa* relaciona sempre a tradição de um povo com os valores do espírito, inclusive em termos de Eternidade, já que uma das manifestações do Eterno é a corrente que se estabelece entre a atuação do homem de hoje e a de seus sucessores. Os conceitos de Tradição, Terra, Raça estão intimamente ligados, sobretudo quando a revista analisa os problemas no âmbito puramente nacional. ... Lembrando que da Terra nasceu o mundo latino, que na Terra Prometida Israel viu a salvação de sua gente, a revista sente, na "força da Terra", a possibilidade de renascimento do Espírito no Brasil, através do indianismo, por exemplo, uma da formas pela qual ela aqui se manifesta.[38]

Como se percebe, a entrada do grupo de *Festa* no Modernismo carioca está ancorada no espiritualismo e na estética simbolista, com forte referência em Cruz e Sousa. Segundo a autora, esse grupo rejeitava o lado *clown* do Modernismo paulista e tinha como heróis no seu panteão literário nomes como Maeterlinck, Tagore, Ruskin, Maritain e Whitman – este último, poeta da predileção de Ronald de Carvalho.

Nota-se, nessas interpretações, a forte presença de um nacionalismo de corte católico, que tinha grande publicidade no Rio de Janeiro da Primeira República. Curiosa, portanto, a filiação modernista da revista, a despeito da trajetória simbolista de seus principais articuladores. O ponto a ser destacado diz respeito à percepção de que a busca por elementos que configurassem um obstáculo ao primado do materialismo não se traduzia apenas na pregação da tradição *per se*. A "força da terra", por assim dizer, não representaria apenas um conteúdo essencialista a ser empunhado como uma barreira particularista, mas antes a expressão de formas espirituais que deveriam nortear a moderna construção do Brasil. Essa reação espiritualista era, como disse, destinada ao combate no espírito do tempo. Vejamos, então, um artigo-manifesto escrito por Tasso da Silveira para a revista em 1927, publicado quatro anos depois, em *Definição do Modernismo brasileiro*:

> Só há duas genuínas espécies de romance. O romance do homem e da cidade. O romance do homem ainda em profunda comunhão com a terra. No primei-

---

"terceira tendência" no Modernismo, distinta tanto do grupo paulista quanto do campo inspirado por Graça Aranha e seu "dinamismo objetivista". Entre os nomes principais do grupo, a autora destaca Andrade Murici e Tasso Silveira. Alfredo Bosi parece concordar com essa idéia, falando de um nacionalismo místico, distinto tanto das vanguardas futuristas quanto das formulações ancoradas no primitivismo, e cita o grupo *Festa* como um agrupamento "à parte".

ro caso, a luta da inteligência que se isolou de Deus para erguer as suas audazes construções. E por isso sente mais forte o sopro rijo das tremendas agonias. No segundo caso, a pulsação viva das forças primordiais envolvendo ainda o espírito. A grande voz da terra que se insinua na dos homens. Que se funde na dos homens. Que vence, quase, a dos homens.[39]

Após delimitar os principais intérpretes e escritores associados a essas duas famílias de romances, o literato paranaense destaca a necessidade de se encontrarem vozes que interpelem a terra. Afinal,

porque, não obstante as suas duas ou três cidades grandes, e as suas 20 ou 30 cidades que vão crescendo, e as suas 50 cidades mortas e as suas novecentas cidades crianças, – o Brasil é ainda a terra ardente e prodigiosa que magnetiza e domina o homem, dando-lhe a voz com que ele fala e inoculando-lhe no espírito e no sangue o sonho obscuro e atormentado das suas prodigiosas forças elementares.[40]

O texto conclui destacando que os intérpretes da terra podem ser encontrados no grupo modernista de que participa – a terceira corrente do movimento –, único capaz de identificar essa geografia singular às forças da tradição. Como afirma Tasso:

os espiritualistas querem, também, a expressão virgem e luminosa de nossa alma profunda, afirmada perante os outros povos como uma realidade digna de existir. Mas as indicações mais altas das virtualidades íntimas dessa alma, pretendem eles bebê-las na fonte viva da tradição. E além disso consideram a realidade brasileira integrada na realidade universal, co-participando dessa perene permuta de forças interiores entre os povos, que faz a complexa grandeza do mundo de nossos dias.[41]

Note-se que a temática desse grupo combinava um interesse pela americanidade da formação brasileira – tanto Tasso quanto Tristão de Ataíde (pseudônimo de Alceu Amoroso Lima) escreveram sobre americanismo nos números 1 e 3 de *Terra do Sol* – aliado a uma preocupação com a integração nos quadros espirituais da civilização ocidental. Interessante é destacar também como a delimitação das civilizações "materialistas" – Rússia e Estados Unidos – era acompanhada de uma argumentação que incorporava o tema da "força da terra", expressão com forte lastro na cultura e nas letras russas. Essa expressão se identifica mais claramente com as noções de raça e tradição, ganhando, portanto, um conteúdo claro. Se, em Graça Aranha e Ronald de Carvalho, a tensão produzida pela mobilização da terra era muito acentuada, no caso dos espiritualistas de *Festa* ela não gerava tanta ambigüidade. Por outro lado, permitia pouco espaço para a incorporação do Brasil ao reino das civilizações modernas, enfatizando em demasia a pregação antimaterialista. Faz-se necessário, então, desvendar as experiências que moldaram essas visões sobre a terra.

## Intelectuais e experiência americana

Em 1924, Tristão de Ataíde escrevia um ensaio intitulado "Política e letras", presente no célebre *À margem da história da República*, organizado por Vicente Licínio Cardoso. Tristão estudava o significado do americanismo na experiência intelectual brasileira e seu impacto sobre a cultura e a política, além de comparar os "tempos" da história brasileira – Império e República. Ao analisar alguns personagens da nossa vida republicana, o autor comparava Rui Barbosa – nosso "europeu" – ao senador Pinheiro Machado, representante do "espírito americano". Ao idealismo de Rui, contrapunha "a intuição de homens, a razão da experiência, a paixão nativa da liberdade como instinto – mas a necessidade humana da autoridade, e daí a força, os golpes políticos maquiavélicos, o espírito realista da formação brasileira".[42]

A aguçada percepção do intelectual católico desvenda duas formas distintas de modelagem intelectual na Primeira República, que exemplificam a dificuldade de lidar com nossa "americanidade", tão proclamada e sempre assumida, como vimos antes. O que seriam, exatamente, "homens americanos", como se quer Ronald de Carvalho, e, em menor escala, Graça Aranha? Indivíduos viscerais, pouco afeitos ao jogo cortesão da intelectualidade brasileira, homens despreendidos, "bárbaros" em alguma medida, e que cultivam o espírito da liberdade? Nesse sentido, estariam identificados com a terra americana desenhada pelo poeta carioca em ensaio sobre Castro Alves, configurando, portanto, um sinal da nossa formação e, por que não dizer, da nossa tradição. Ora, mas é esse mesmo Ronald de Carvalho que recusa os personagens – românticos, líricos, melancólicos – paridos por essa terra tão americana, e que prega por uma nova floração intelectual, mais condizente com o mundo das máquinas e da civilização industrial.

Já Graça Aranha dedicara um pequeno livro a Machado de Assis e Joaquim Nabuco – homens tão pouco americanos –, e suas relações de amizade e sociabilidade passavam por lugares como a ABL e o Itamaraty. Sugiro que, no desvendamento das experiências sociais e intelectuais que moldaram Ronald e Graça está uma chave de entendimento para a decifração da tensão existente nas suas reflexões sobre a terra e americanidade. A questão central é o modo problemático como ambos lidam com o que entenderiam como a tradição presente na experiência brasileira.

Valho-me de sugestões desenvolvidas por Raymond Williams no seu trabalho sobre o campo e a cidade na imaginação inglesa. Esse autor disseca as representações literárias produzidas na sociedade inglesa ao longo dos séculos XVIII, XIX e XX, mostrando como as imagens espaciais do campo e da cidade seriam forjadas num ambiente marcado pelo desenvolvimento do capitalismo e pela subordinação do meio rural ao urbano. Nesse registro, a imagem idílica e bucólica do campo, mobilizada pela *gentry* inglesa, representaria uma estrutura de sentimentos pautada pela percepção de uma tradição quase clássica que sobreviveria de forma nostálgica nos personagens assustados com a vida urbana, mas que não identificavam a dimensão espoliadora presente no trabalho rural. O campo era uma imagem trabalhada a partir de novas sensibilidades que buscavam ordenar o sentido da experiência histórica inglesa diante do desafio da modernização capitalista. No dizer de Williams:

> Em todas essas relações sociais concretas e formas de consciência, concepções do campo e da cidade, muitas vezes de um tipo mais antigo, continuam a atuar como intérpretes parciais. Mas nem sempre percebemos que, em seu direcionamento geral, elas representam posicionamentos em relação a um sistema social global. Particularmente a partir da Revolução Industrial, mas, a meu ver, já desde os primórdios do modo capitalista de produção agrícola, as poderosas imagens que temos da cidade e do campo constituem maneiras de nos colocarmos diante de todo um desenvolvimento social.[43]

Nos termos trabalhados neste livro, a terra e a natureza eram as imagens espaciais associadas a uma dúbia tradição americana, que inquietava personagens oriundos de seguras posições nos figurinos da vida urbana carioca, e que se viam desafiados pelo problema do Modernismo. Deste modo, torna-se imprescindível analisar, mesmo que brevemente, as experiências intelectuais e sociais desses agentes, como forma de decifrar o sentido dessa ambígua relação com a nossa terra americana. Não se trata, portanto, de postular uma mecânica explicação externalista para a questão, mas de destacar como o americanismo não se restringia a um problema de ordem teórico-conceitual, configurando uma forma de vivência almejada.

Graça Aranha era um maranhense criado no seio de uma família abastada de São Luís, o que, desde logo, lhe teria propiciado oportunidades escolares, intelectuais e sociais mais amplas. Evidências disso são suas constantes viagens para a Europa, sua precoce amizade com Joaquim Nabuco e sua entrada para a ABL, auxiliada pelo conhecido amigo. Sobre esse fato, seu amigo de geração, Alceu Amoroso Lima, é taxativo: "Graça Aranha entrou para a Academia sem obra, por pressão de Joaquim Nabuco, seu grande amigo e chefe em missões diplomáticas. Vinha do Maranhão."[44] Essa capacidade de circulação pelas principais agências que organizavam a vida intelectual carioca é atestada por Alceu, que não economiza críticas a respeito da capacidade do escritor. Segundo ele:

> Ao regressar da Europa, em 1921, Graça trouxe em sua bagagem o seu livro *A estética da vida*, onde desenvolvia o panteísmo e a sua "concepção espetacular do universo". Publicado no ano seguinte, discordei radicalmente, através das colunas de *O Jornal*, das teses por ele defendidas nessa sua obra, fraca como tudo quanto escreveu sobre estética e filosofia. Graça não era um homem de gabinete, nem

tampouco dado a muitas leituras. Certa vez disse-me que só leu muito quando promotor público no interior do Maranhão. Teria então lido por toda a vida. Era antes um intuitivo, um improvisador.[45]

Essa percepção crítica é também anotada por um estudioso do Modernismo. Ao destacar a reação da opinião paulista à presença de Graça Aranha na Semana de 1922, Afrânio Coutinho afirma: "Sugeriu-se, na ocasião, que a presença de Graça Aranha na Semana de Arte Moderna deveu-se, sobretudo, a negócios que ele e Paulo Prado, da firma comissionária Prado, Chaves e Cia, tinham em comum, referente ao café retido em Hamburgo durante a guerra."[46] O registro dessa maledicência atesta duas coisas: a disseminação de uma visão negativa a respeito das reais capacidades literárias do escritor maranhense e a força de sua rede de relações nos círculos mais abastados de São Paulo (no caso, a família Prado).

Impressão semelhante revela Gilberto Amado em seu volume de memórias. Ao mesmo tempo que atesta o papel catalisador que Graça Aranha exercia sobre os jovens literatos brasileiros, graças ao seu livro de estréia, a sua desenvoltura no trato com figuras de renome e as constantes viagens européias, Amado afirma:

> Graça Aranha conservou no seu espírito novidadeiro muito do estreante das letras de que no fundo nunca passou. Suas admirações e leituras variavam ao sabor da moda; refletiam as ondulações da crítica. Seu contato, porém, era estimulante. Sobre Joaquim Nabuco, seu modelo social, sombra que o perseguia, nada me disse de interessante, pois sua capacidade de olhar para dentro das pessoas – como assinalei no *Minha formação em Recife* – era nula. Suas manifestações não passavam do entusiasmo e da exclamação: "Oh, Nabuco!".[47]

O curso de direito – opção preferencial para a maioria dos segmentos de elite no período – foi feito no Recife, sob influência de Tobias Barreto, e sua trajetória profissional alternou-se entre o trabalho jurídico e a carreira diplomática. Nesse universo, comum a outros possuidores das necessárias credenciais para esse trânsito "leve" entre cargos na alta burocracia, produção literária e mundanismo, o cosmopolitismo era uma experiência acessível e quase natural. Destarte, as constantes viagens de Graça Aranha para a Europa o puseram em contato constante com as novas tendências nos campos da filosofia e das artes em geral, possibilitando que ele retornasse ao Brasil, já na efervescência moderna, com o necessário estoque que o legitimasse diante dos jovens. Segundo o mesmo Alceu, o escritor de *Canaã* já o provocava, em 1913, a respeito da necessidade de se renovar o cenário das letras no Brasil. Ademais, sua produção literária datada do início do século, tida como inovadora na forma e na temática, já o credenciava como um "renovador". Entende-se assim a posição que alcança durante o início dos anos de 1920, e que o impulsiona para um posto de liderança na Semana de 22, a despeito dos inúmeros atritos que teria com os jovens modernistas nos anos subseqüentes.

Como se vê, a automodelagem de Graça Aranha foi animada por diversos "espíritos", para usar a expressão fornecida por Tristão de Ataíde. Ao mesmo tempo em que se encantava com a possibilidade de se enredar socialmente pelos ambientes da vida acadêmica estabelecida no Rio, graças a sua forte amizade com José Veríssimo, mostrava-se fascinado pelo espírito rebelde e inquieto dos homens da Escola do Recife, *outsiders* e polemistas ao melhor estilo de Sílvio Romero. No dizer de uma biógrafa:

> Josué Montello assinalou com propriedade que a vida e a obra de Graça Aranha oscilaram entre dois mundos, no plano de valores intelectuais, desde a sua juventude, quando estudou no Recife, e dali trouxe a fascinação pela rebeldia de Tobias Barreto, e quando ingressou na carreira diplomática, ajustando-se ao equilíbro exemplar de Joaquim Nabuco.[48]

Interessa retomar aqui a abordagem de Roberto Ventura[49] sobre o estilo de atuação intelectual de Sílvio Romero. Em seu trabalho, Ventura usa a categoria "estilo tropical" para associar as formulações intelectuais de Romero ao seu desempenho na arena dos embates intelectuais do período, na qual o intelectual pernambucano procurava sobressair manejando a polêmica, a virulência e o sarcasmo destemperado. Não se pautaria, portanto, pelas sutilezas de um jogo intelectual que identificava a "rua do Ouvidor" – metonímia romeriana do Brasil "oficial" – como eixo estruturador dos salões literários do período. Nesses termos, a postulação de um Brasil outro, assentado numa experiência americana da qual acreditava ser o hermeneuta por excelência, passaria pela modelagem de homens intelectuais de outro tipo. Assim, pode-se dizer que essa modelagem era o desafio colocado diante de Graça Aranha.

O famoso episódio da conferência sobre o Modernismo, proferida em 1924 na ABL, é atestado dessa autoconstrução. Ao atacar, em *O espírito moderno*, o passadismo da Academia e pregar uma renovação imediata do quadro de referência da literatura brasileira, Graça Aranha provocou grande tumulto na assistência. Ao final, foi ovacionado pelos jovens literatos presentes, sendo carregado nos braços de alguns deles, numa minipasseata. O ano de 1924 marcou também a cisão definitiva entre o maranhense e outros grupos modernistas, em especial os paulistas. Restringiu-se ele ao seu círculo mais íntimo, composto por Ronald de Carvalho e Renato Teixeira, principalmente. A seqüência ilustra bem essa dupla face, que combinava um irrequieto "espírito americano" – propenso a polêmicas e disputas que reorganizassem o cenário nacional – com uma consolidada posição nos meios mais consagrados nos quais essas mesmas disputas se travavam. Dito de outra maneira, é como se essas batalhas só funcionassem pela capacidade de Graça Aranha circular com desenvoltura nas redes de sociabilidades modernistas que ecoavam sua posição segura. O exercício de uma liderança natural no movimento por parte de um personagem sobre o qual sobravam dúvidas a respeito do potencial literário é evidência justamente desse largo espaço de movimentação social. Sobre a relação entre Graça e o Modernismo, Afrânio Coutinho afirma: "De qualquer modo, mesmo não compartilhando, de todo, do seu pensamento, Graça Aranha era um espírito inquieto, tinha prestígio nos melhores círculos intelectuais, vinha da diplomacia, pertencia à Academia Brasileira de Letras, e, sobretudo, estava ansioso por agitar o ambiente culto do país."[50]

As investidas políticas de Graça Aranha limitaram-se a um arranjo com um grupo oligárquico de origem maranhense, que combatia Pinheiro Machado, identificado pelo escritor como o representante por excelência do caudilhismo sul-americano, das forças destrutivas etc. Por mais que seja tentador identificar essa recusa do "espírito americano" como uma mera concessão episódica, um constrangedor momento de "aluguel da pena", outras evidências sugerem uma extrema dificuldade para lidar com o seu pertencimento a uma tradição brasileiro-americana. Sua insistência em combinar latinidade e americanismo é apontada por Maria Helena Castro Azevedo, que mostra como o elogio ao legado ibérico – "O domínio português torna-se o aval do nosso parentesco com a raça e a espiritualidade latina"[51] – convivia com a pregação pela combinação da "latinidade" com o que chamava de "civilização da quantidade" – os Estados Unidos.

Seguindo a sugestão de Raymond Williams – para o qual as imagens e categorias simbólicas expressam estruturas de sentimento concretas vivenciadas por intelectuais e literatos –, pode-se dizer que a relação de Graça Aranha com a natureza – expressão do nosso horror e da nossa "metafísica" – denotava sua trajetória segura na vida intelectual do período, mas ao mesmo tempo sequiosa de "rebeldia". Em tudo distante da terra, e do que se poderia considerar como fundamentos da nossa experiência, vislumbrava nela uma centelha que lhe parecia inspiradora, mas ao mesmo tempo assustadora e pouco civilizada. Desta forma, pode-se entender a seguinte afirmação de sua biógrafa: "É sugestivo notar como o escritor empresta ao brasileiro um traço que considera característico dele próprio, a imaginação excessiva."[52]

Se, de acordo com Ângela de Castro Gomes, a geração de intelectuais cariocas nos anos 1920 era marcada por uma forte herança simbolista (que remontava ao início do século XX) que estava sendo reprocessada, Ronald de Carvalho era figura central nesse grupo. Essa centralidade é destacada por Botelho, que comenta sobre a forte presença do poeta no movimento modernista:

> Até aquele momento, as principais relações entre Simbolismo e Modernismo, bem como entre modernistas estabelecidos no Rio de Janeiro e os de São Paulo, foram mediadas por Ronald de Carvalho. Não por acaso, ... ele podia mobilizar

os elementos que o destacavam no seu círculo intelectual e o valorizavam frente aos outros membros: sua formação humanista, seus contatos pessoais, sua prolixa participação na imprensa, sua experiência com as vanguardas européias, sua posição no Itamaraty etc.[53]

O mesmo intérprete não tem muitas dificuldades em desenhar o perfil antiliberal de Ronald e sua vocação para um programa político-intelectual escorado numa concepção culturalista da história, que via o projeto moderno como um programa de "cultura política". Tratar-se-ia, portanto, de organizar uma nação com base numa construção, e não meramente reiterando uma suposta tradição. Daí o acerto de contas com o legado ibérico – a "voz da terra" – e a dubiedade diante dessa nossa terra "desmedida" – por um lado, ardor americanista, por outro, pregação pelo domínio disciplinado desse espaço. Ora, mas sua versão sobre a fundação da experiência brasileira é ambígua. Se o grande idealismo ibérico é associado ao tema da aventura e do desprendimento, elementos incorporados à poética modernista encampada por Ronald de Carvalho – que se nutria também fortemente de Whitman –, e o "instinto da terra" nos levaria para uma estética generosa e próxima de uma sensibilidade não regulada pelos protocolos de cortesãos, a fabulação sobre as raças melancólicas evidencia como é difícil operar a dissociação terra/raça, na qual a última ainda surge como problema. Nesses termos, a terra é elemento a ser disciplinado, na civilização da máquina, pelos novos personagens produzidos no Brasil moderno, como nas passagens finais de seu estudo sobre a história da literatura brasileira. Botelho percebe bem a questão, ao afirmar:

> Nesse sentido, penso ser possível falar em "programa intelectual politicamente relevante" em relação à obra de Ronald de Carvalho dos anos 1920 não apenas porque o autor formula um diagnóstico da sociedade, propõe um prognóstico político e define os seus atores sociais de modo relativamente integrado, mas também pelos problemas suscitados por seu esforço. De fato, assim procedendo, Ronald de Carvalho coloca, observados do ponto de vista sociológico, alguns problemas centrais – e ainda não completamente equacionados – não apenas da teoria social, como da própria sociedade brasileira. Penso, em primeiro lugar, na tensão entre as formas de solidariedade particulares, de que parece necessitar a afirmação da nacionalidade, e as relações sociais indeterminadas, individuais e competitivas associadas à modernidade.[54]

Reaparece assim a questão de como lidar com o "espírito americano". O poeta carioca, cujo salão era um dos epicentros da intelectualidade do período, era um homem marcado pelos ritos próprios a um homem da sua formação: bacharel em direito, viagens à Europa, circulação na alta esfera da vida cultural etc. Sobre a inscrição de Ronald do ambiente cultural da cidade, seu amigo Alceu Amoroso Lima afirma:

Ronald de Carvalho, desde cedo, mostrou-se possuído de grande ambição, desejando *brûler les étapes*; com uma grande vocação conservadora em matéria de vida literária, visou desde cedo a Academia Brasileira de Letras. A *Pequena história da literatura brasileira*, escrita por ele a galope, é dotada de inegável brilho e senso estético. Mas quando examinamos a terceira edição dessa obra verificamos que aí já não figuram os nomes de muitos acadêmicos citados por ele na primeira. É contudo inegável que Ronald de Carvalho era uma vocação poética.[55]

Ronald de Carvalho compunha com Graça Aranha uma dupla de prestígio no modernismo carioca, pois combinavam algumas credenciais literárias a uma vasta de rede de contatos e conhecimentos que lhes permitia circular entre os diversos grupos, tanto no Rio de Janeiro quanto em São Paulo. Ambos tinham uma produção relevante antes dos anos 1920, em especial o poeta carioca. Afrânio Coutinho identifica-o como um dos principais poetas do chamado "penumbrismo", estilo de transição, marcada pela recuperação da tradição simbolista e por um forte tom intimista. Interessa notar que Alceu, amigo íntimo de ambos, percebe a estranha liderança exercida pela dupla, ao ressaltar que nem um nem outro eram propriamente escritores modernistas. Entretanto, desde sua estréia em 1913, com *Luz gloriosa*, Ronald de Carvalho vinha conseguindo notoriedade e consagração. Seu livro *Poemas e sonetos* recebeu um prêmio da ABL, e, aos 27 anos, ele já conseguia circular nas rodas literárias de Brasil e Portugal, além de trabalhar no Itamaraty e ostentar a láurea de poeta premiado.

Em certo sentido, Ronald de Carvalho era um dos homens com espírito cortesão, tão distante do modelo "Castro Alves" por ele elaborado. Se há um genuíno interesse pela americanidade, que se expande pela sua obra poética – o livro *Toda América*, de 1926, é um exemplo disso –, o universo social e intelectual no qual se movia com leveza e naturalidade não propiciava muitos figurinos "americanos". A própria compreensão do que seria nossa tradição americana parecia algo complicado, dada a necessidade de narrar uma fundação ontológica que levasse em conta nossas raças e suas características – ou melhor, as propriedades civilizacionais associadas a elas. Ao poeta carioca, a terra parecia uma imagem espacial por demais povoada, difícil de ser acessada facilmente por um espírito moderno simbolista, tão próximo da "reação espiritualista" dos anos 1920, e que não poderia admitir um protagonismo dos personagens gerados por essa geografia social.

A resolução encontrada por Ronald de Carvalho foi, como se sabe, o Estado, mais exatamente a chefia da Casa Civil de Getúlio Vargas, que ocupou até 1935, quando faleceu em acidente de automóvel. Na experiência de 1930, ele parece ter encontrado a melhor forma de encaminhar seu projeto político-cultural de reorganizar a nação, em moldes avessos à fundamentação racionalista-liberal e com o controle exato sobre o barbarismo da nossa americanidade. Curiosamente, as "vozes da terra" estavam sob controle de elites estranhas ao mundo da civilização "do ferro e do aço", nesse singular amálgama que foi a Revolução de 30.

Note-se, também, que outro figurino americano não parecia atrair tanto esses personagens. Refiro-me ao alargamento do cenário intelectual carioca ocorrido ao longo da Primeira República, em especial nos anos 1920. Em reflexão sobre o tema, Sergio Miceli[56] mostra como o mercado editorial se ampliava, assim como conheciam grande crescimento as funções mais especializadas demandadas pelo trabalho na cultura. Nesse panorama americanizado, animado pela formação de novas instâncias de produção e difusão de bens culturais, as opções de colocação multiplicavam-se para os novos especialistas que lentamente ocupavam jornais, revistas e editoras. A "civilização da quantidade" descrita por Graça Aranha ameaçava assim a tradicional estruturação da vida intelectual nativa, na qual os personagens analisados trafegavam com naturalidade. Não seria essa a tradução cultural da nova floração da "civilização das máquinas" proclamada por Ronald? Não me parece, contudo, que esse novo território – que iria florescer nos anos 1930, mas já sob a égide estatal – não tenha empolgado Graça Aranha nem Ronald de Carvalho. E quanto aos espiritualistas de *Festa*?

Tasso da Silveira e Andrade Muricy eram os principais responsáveis pela edição de *Festa* e ocupavam posição de liderança no grupo que se organizava em redor da revista. Segundo Ângela de Castro Gomes, mais de 40% dos artigos eram assinados pela dupla, responsável também por outros empreendimentos literários no Rio de Janeiro, como *América Latina* (editada em 1919), *Árvore Nova* (1922) e *Terra de Sol* (1924). Assim como Graça Aranha, os dois escritores espiritualistas eram originários de cenas literárias periféricas. No caso, eram filhos diletos da elite intelectual paranaense, reunida no famoso grupo *Cenáculo* (revista que foi editada durante três anos em Curitiba), sob orientação do crítico Nestor Vitor. Tanto Tasso quanto Muricy eram filhos de escritores paranaenses (Tasso já trabalhava na imprensa local aos 14 anos), e passaram pelos mesmos bancos da Faculdade de Direito. A progressiva chegada desses personagens ao Rio de Janeiro deu-se forma razoavelmente segura, a se confiar na informação de Ângela de Castro Gomes:

> Tasso iria trabalhar nos telégrafos e na política, fundando com Muricy, em 1924, a Federação Cultural Brasileira. Muricy viveria como crítico de música (no *Jornal do Commercio*, desde 1917, onde escreve mais de 1.200 textos) e de literatura, tendo herdado de Nestor Vitor, morto em 1932, a missão de guardião da memória do Simbolismo brasileiro.[57]

Essa ancoragem no campo da política e na grande imprensa não franqueou à dupla espaço garantido e mesmo prestígio imediato. Tasso sofreu dificuldades financeiras, e as revistas que editou em conjunto com o amigo de infância nunca prescindiram de forte mecenato. Sobre o fato, Ângela de Castro Gomes afirma:

As subscrições dos proprietários não eram relevantes, e a renda recolhida com anúncios nunca chegou a ter um peso real. Entre os anunciantes estava a Casa Guimarães (lotérica), Manteiga Passos, as lâmpadas Edison e a casa de objetos de arte Ao Grão Turco, pertencente ao pai de Adelino Magalhães, membro do grupo, e local onde se faziam freqüentes reuniões.[58]

A revista, segundo a autora, sobreviveu graças ao mecenato do médico paranaense Moisés Marcondes, amigo de Nestor Vitor. Percebe-se, portanto, que a patronagem exercida por Nestor Vitor e a própria ligação da dupla com Jackson de Figueiredo* e seu grupo contribuíram para uma inscrição razoavelmente confortável no cenário carioca. A frenética atividade dos jovens paranaenses — atestada pelas constantes iniciativas editoriais — evidencia essa busca por um lugar reconhecido na cidade, assim como suas próprias produções posteriores.** Em 1931 Tasso da Silveira edita seu já citado *Definição do Modernismo brasileiro*, coletânea de artigos publicados ao longo de 1927 na revista *Festa*, em que procura legitimar sua "terceira corrente", diferenciada tanto dos dinamistas (Graça Aranha e seus colegas), quanto dos primitivistas paulistas. A edição da obra é mais um passo nessa tentativa de enraizar no solo da tradição literária do Rio de Janeiro a produção cultural da dupla e do grupo a ela associado.

O tema americano estava fortemente presente na produção cultural associada à dupla, relacionado à "terra". Entretanto, isso não implicava a incorporação de um modelo de atuação intelectual que significasse uma mudança do tradicional ethos que marcava os literatos estabelecidos do Rio de Janeiro. A ligação de Tasso da Silveira e Andrade Muricy a personagens como Jackson de Figueiredo e Ronald de Carvalho, assim como as constantes tentativas de organizar um grupo legatário do movimento simbolista, comprovam a recusa desses modernistas singulares de se pensarem se não como uma vanguarda, ao menos como uma *intelligentsia* de novo tipo. Permaneceram, assim como Ronald de Carvalho e Graça Aranha, na condição de homens encantados com o americanismo, mas alheios às possibilidades que a vivência concreta desse conceito poderia oferecer. Nos termos de Raymond Williams, a produção simbólica da terra expressou exatamente essa estrutura de sentimentos, marcada pelo desejo de inscrição segura nas agências e instituições que organizam o cenário literário carioca.

---

* Foi nas páginas de *América Latina* que Jackson publicou o famoso ensaio "Pascal e a inquietação moderna".
**Décadas depois (mais exatamente em 1952), Andrade Muricy iria publicar *Panorama do movimento simbolista brasileiro*, finalizando o processo de transmissão de posto do "guardião" do Simbolismo.

## Geografias modernistas

Na experiência norte-americana, a terra surge pelo tema da fronteira e desconhece lugares sociais, ordenações e encontros de raças que produzam uma essência estranha ao agir livre dos homens que desbravam o *hinterland*. A tradição, por sua vez, encontra terra na Rússia e na Alemanha, e ganha distintas formulações. No caso dos personagens abordados neste capítulo, nossa terra americana parece distante desse paradigma de liberdade e prosperidade que pautaria a experiência dos ianques, encerrando-se numa espécie de tradição que, inicialmente, talvez guarde semelhança com o caso russo. No dizer de um estudioso estrangeiro do Modernismo brasileiro, Y.N. Guírin:

> Ao extrapolar a conhecida antinomia russa "eslavófilos" *vs.* "ocidentalistas" (e na cultura hispano-americana: "americanismo" *vs.* "europeísmo") para o caso brasileiro, observamos que prevaleceu a tendência etnocêntrica em sua manifestacão ultratelúrica, quase biológica. ... A dolorosa sensação de falta de identidade, caráter e integridade plasmados na imagem de Macunaíma, "herói sem nenhum caráter", exigia enfaticamente auto-identificação massiva com uma representação ou uma mitologia etnocultural que tivesse caráter íntegro, total e comumente válido. A ânsia de totalização nacional, da auto-expressão íntegra e definitiva supunha, segundo se pode julgar pelas publicações da revista *Festa* relativas ao ano de 1928, apelação a "verdadeira Tradição" e "força da Terra", com a particularidade de que os conceitos de Tradição, Terra e Raça apareciam intimamente ligados.[59]

Guírin, ciente das aproximações entre Brasil e Rússia, não hesita em comparar os dois projetos modernistas pela chave de sua "radicalidade". No seu registro, ambas as sociedades seriam marcadas pelo caráter "periférico" de suas civilizações, pelas enormes populações camponesas com vocação utópico-milenarista e pelo predomínio de largos espaços geográficos não controlados ou racionalizados administrativamente. Lugares da "força da terra", pode-se acrescentar. Lugares nos quais a tensão resultante da percepção do processo civilizador moderno e da busca por uma afirmação nacional que lide, de alguma forma, com as matrizes originais dessas sociedades levou a uma mobilização do espaço como forma de reflexão. No caso brasileiro, o tema da natureza ou do "instinto da terra" impregnou nossa imaginação republicana, sequiosa de formas que pudessem alicerçar alguma tradição e sustentar um projeto de renovação que produziria nossa integração nacional e nossa própria comunhão com o humano. Invariavelmente, o tema da raça também foi mobilizado em fina sintonia com o problema da terra, evidenciando a ânsia por uma ontologia étnica que nos desse uma origem – a referência aqui é o Romantismo de corte brasileiro.

Ao mesmo tempo, os homens que sustentaram essa fórmula – representados por Graça Aranha e Ronald de Carvalho, além do grupo católico de *Festa* – organizaram suas experiências intelectuais em moldes diversos daqueles que orientaram a *intelligentsia* do século XIX e os próprios revolucionários do século XX. Suas redes de sociabilidade, o repertório de figurinos intelectuais disponíveis, as narrativas que os inspiravam, tudo os impedia de empenhar uma espécie de "ida ao povo" na qual cortassem seus vínculos com a vida social mundana. Isso fazia com que a "terra" fosse pensada como uma tradição difícil, assim como a própria natureza da experiência americana. No caso dos católicos espiritualistas, a questão parecia ganhar contornos mais simples. Afinal, tanto o universo simbolista no qual transitavam Tasso da Silveira e Andrade Muricy quanto suas posições periféricas no caldo de radicalização que varreu o movimento moderno nos seus primeiros anos parecem ter jogado esse grupo em direção a versões refratárias ao mundo da máquina e do aço, para usar as expressões de Ronald de Carvalho. É certo que as principais versões do chamado populismo russo também nutriam forte aversão pelo clássico caminho percorrido pela Europa ocidental, marcado pelas patologias da vida urbano-fabril. Contudo, a disposição desses intelectuais não era meramente renovadora, mas profundamente utópica. No caso aqui analisado, a "força da terra", a despeito de sua filiação russa, permanecia como uma energia espiritual por demais vinculada à tradição, e não se abria como instrumento de energia revolucionária.*

Não estamos, portanto, na geografia intelectual do populismo russo, na qual a terra é pensada como energia revolucionária, tradição a ser projetada como fonte de ruptura e alimento para utopia. Os seus atores, como se sabe, incorporaram o figurino de uma *intelligentsia* que rejeitava a acomodação nos quadros da vida funcional moderna – salões, academia –, preferindo o ambiente claustrofóbico dos círculos conspiratórios e dos grupos de ação direta. No caso dos personagens apresentados neste capítulo, estamos mais próximos da geografia da terra como tensão – o caso alemão. A "reação espiritualista" encontraria seus próprios caminhos no Estado de Vargas, e a expressão "via prussiana" talvez exemplifique, de forma simples, o significado da terra nessa tradição intelectual – uma tradição encapsulada e lentamente dinamizada sob o ritmo passivo de uma revolução que se fazia pela ação do Estado e de suas elites "não americanas". Nesse sentido, a trajetória de Ronald de

---

* Interessa notar que um dos intelectuais modernistas mais dispostos a empunhar a categoria "revolução", mesmo que de forma retórica, era Paulo Prado, um dileto filho da aristocracia paulista do café. Sua obra mais consagrada, *Retrato do Brasil*, é permeada por uma visão extremamente negativa da natureza americana, identificada à degradação que teria atingido os personagens aventureiros que colonizaram o país, originalmente animados pela chama da aventura renascentista. Nesses termos, luxúria, cobiça, melancolia e barbarismo bandeirante seriam os eixos estruturadores da sociabilidade ditada por essa terra, passíveis de superação apenas pela "revolução" completa, como consta no *Post scriptum* da obra.

Carvalho torna-se compreensível, assim como a progressiva acomodação de setores da Igreja ao tipo de Modernismo encampado na década seguinte – compromisso cujo melhor exemplo estava na reforma educacional de Francisco Campos.

Percebe-se, portanto, a presença de uma versão do tema terra/americanismo. Graça Aranha, Ronald de Carvalho e o grupo dos simbolistas católicos identificavam a relação entre espaço e americanidade na nossa formação social, extraindo, contudo, conclusões dúbias sobre esse fato. Ora a nossa América lhes parecia uma terra criativamente bárbara e fonte de renovação da civilização ocidental, ora era identificada a uma tradição metafísica associada a símbolos negativos – melancolia, horror etc. – e, portanto, desequipada para a civilização da máquina. É visível a persistência de uma perspectiva étnico-essencialista nessa versão, que faz com que o par terra/americanidade seja freqüentemente localizado numa ontologia brasileira – por exemplo, o "encontro das raças tristes", fabulado por Ronald de Carvalho. A tensão entre modernidade e tradição nacional é explicada pela própria inscrição dos personagens na vida social carioca do período, uma vez que a acomodação nas funções e papéis intelectuais então existentes lhes impedia assumir uma versão mais democratizante do americanismo.

As formulações de Graça Aranha e Ronald de Carvalho foram muito influentes, configurando um contexto discursivo partilhado por inúmeros intelectuais. Expressões como "força da terra" seriam mobilizadas das mais diferentes maneiras, o que evidencia a dimensão não unívoca de categorias como esta. Resta averiguar como tal discussão pode conhecer outros caminhos, desvinculados de narrativas sobre a ontologia brasileira e a identidade cultural nacional. A rota perseguida por Euclides da Cunha e Vicente Licínio Cardoso explora essa perspectiva, ao mesmo tempo que dialoga com as categorias e imagens comuns aos modernistas cariocas. Faz-se necessário, portanto, decifrar a inscrição desses dois personagens no ambiente intelectual da Primeira República.

# 3 Engenharia e Terra

Dedico-me aqui a investigar o sentido da experiência intelectual de engenheiros que se voltaram para a "terra". É possível desvendar aspectos significativos de uma imaginação geográfica recorrendo à inscrição sociológica de personagens formados numa cultura técnica que lhes propiciava uma entrada singular no mundo social da Primeira República. Nesse sentido, o significado da engenharia, nesse universo, ilumina as tensões produzidas pela combinação entre ciência, positivismo e uma sociedade desorganizada pela dinâmica dos interesses, libertada pelo movimento de 1889. Não se trata de empreender uma análise da profissão, mas de decifrar uma determinada experiência social marcada pela combinação entre formação científica, positivismo como código moral e necessidade de "interpretação do Brasil". Assim, a análise da engenharia no Brasil e dos diferentes padrões de organização intelectual associados a ela no panorama moderno ocidental tem por objetivo ajudar na composição do cenário no qual Euclides da Cunha e Vicente Licínio realizaram suas trajetórias. A hipótese trabalhada diz respeito à formação de um ethos marcado pelo que chamo de "americanismo positivista"*, que conduziu a uma outra fabulação a respeito do tema da terra, distinta daquela analisada no capítulo anterior – embora nutra-se de um diálogo com ela especialmente por parte de Vicente Licínio.

---

* Devo essa interpretação do positivismo como um código moral da intelectualidade brasileira republicana a uma sugestão de Luís Werneck Vianna.

Segundo Simon Schwartzman,[1] há uma certa forma de imaginação social própria da engenharia brasileira que ressaltaria a prioridade da ciência na reorganização da vida social e na produção de mecanismos sociais capazes de controlar aspectos do comportamento humano. Os seus maiores representantes seriam os politécnicos, ciosos de suas próprias vocações e assentados numa sólida cultura científica geral. Como entender personagens nutridos dessa forte cultura técnica, mas que se voltavam constantemente para um espaço povoado de referências alheias ao mundo industrial-urbano? Como compreender a inscrição sociológica de personagens que transitaram da engenharia para a literatura ensaística, eternamente em batalha contra seus próprios destinos dados pela ciência? O que significa exatamente esse caldo intelectual que combinava positivismo, crença na organização científica da vida e atração por um espaço povoado de outros tipos de referência? O que significa essa "engenharia da terra"? E em que medida ela produz uma determinada forma de apropriação da temática espacial na imaginação brasileira? Estes são questionamentos que procuro analisar a seguir.

Inicialmente, cabe montar um quadro comparativo da relação entre engenheiros, cultura técnica e vida social em outras sociedades, destacando distintas configurações para a inscrição sociológica desses personagens. Depois, analisando o caso brasileiro, cumpre destacar os problemas para a afirmação dos engenheiros nacionais como "funcionários da produção" e a presença constante do modelo politécnico. Em seguida, a análise das trajetórias de Euclides da Cunha e Vicente Licínio permite identificar o sentido da experiência intelectual investigada neste livro e o impacto dessa experiência na produção de uma linhagem no pensamento brasileiro dedicada ao tema da terra.

## Engenharia e modernidade

Se há uma profissão profundamente ligada à emergência de uma civilização marcada pela técnica e pela vida fabril, esta é a engenharia. Personagens moldados para a construção e para a mobilização da ciência moderna, os engenheiros encontraram seus lugares em fábricas, laboratórios e institutos tecnológicos. Seriam, por assim dizer, os heróis do capitalismo, já que o espírito prático e o domínio da técnica os credenciariam para liderar o processo de afirmação de uma ordem marcada pela produção em massa. No seu ensaio sobre o fordismo, Antônio Gramsci[2] argumenta que o americanismo representaria outra matriz civilizatória, na qual a vida material e os interesses a ela ligados configurariam uma estrutura mais simples, despojada dos complexos arranjos políticos que marcariam a Europa. Nessa perspectiva, a fábrica seria o cenário para uma nova eticidade, na qual não haveria lugar para classes "parasitárias", desvinculadas da produção. Se seguirmos a sugestão de

Werneck Vianna,[3] para quem o americanismo não seria uma delimitação circunscrita à geografia, mas uma possibilidade de afirmação do moderno, seria possível localizar nos engenheiros os protagonistas desse mundo da técnica e da organização da vida material. Eles seriam, para continuar na terminologia gramsciana, intelectuais orgânicos, posto que surgidos no próprio contexto do desenvolvimento de uma camada social vinculada à economia capitalista, e não possuidores de credenciais da tradição. Os intelectuais próprios do "europeísmo" seriam, nessa chave, intérpretes da cultura num sentido geral, legitimados por sua posição estamental numa ordem ainda refratária ao nivelamento produzido pela cultura técnica.

Essa posição dos engenheiros como intelectuais de "novo tipo" encontra eco na paixão com a qual os modernistas se voltaram para o fenômeno da técnica industrial. Jeffrey Schnapp, um estudioso da relação engenharia/Modernismo, segue esse caminho no seu trabalho sobre o fascismo italiano. Segundo ele:

> Invocado como o emblema de uma sonhada ligação direta entre arte e vida, como que incorporando a nova norma a ser seguida por praticantes do pensamento e da arte menos equipados tecnicamente, e idealizado como agente de uma democratização ordeira, o engenheiro paira no centro das fantasias revolucionárias das vanguardas.[4]

O exemplo mais acabado dessa conjugação estaria no futurismo italiano e na busca de um registro poético capaz de captar a velocidade das máquinas e a nova temporalidade moderna, mas é possível citar também a arquitetura de Le Corbuisier e a escola da Bauhaus. Na perspectiva das vanguardas européias, o engenheiro seria o personagem que melhor representaria a afirmação de um homem mobilizado pela ciência, pela técnica e pelo desejo de inventar. Nesses termos, não seria meramente um homem comum, confinado à mera operação de dispositivos, mas uma espécie de artesão contemporâneo. Novamente, é Schnapp que situa a questão de maneira clara:

> O movimento moderno consagrou a passagem do engenheiro – levada a cabo durante a segunda metade do século XIX – da periferia para o centro do mundo industrial, do status de um mero técnico, o implementador passivo das visões de outros (poetas, políticos, generais, reformadores) para a condição de visionário sociopolítico, de uma só vez criador e protagonista dos tempos modernos.[5]

Esse padrão de inscrição sociológica dos engenheiros ganha cores fortes nos casos alemão e italiano. Neste último, analisado por Schnapp através de uma biografia histórico-sociológica do engenheiro Gaetano Ciocca, fica evidente o dilema vivido pelos engenheiros italianos: como conciliar civilização e cultura? Ou melhor, como incorporar o desenvolvimento material proporcionado pela modernização econômica com o cultivo espiritual, ameaçado pelo materialismo avassalador do século XX? Schnapp mostra como a imaginação técnica de Ciocca é pensada num triângulo, em que Rússia e Estados Unidos ocupam duas arestas, representando as possibilidades de conjugação entre técnica e organização política – Estado de capitalistas *versus* capitalismo de Estado. Assim, o terceiro caminho italiano evitaria tanto Moscou quanto Nova York, recorrendo a um modelo de Estado corporativo animado por um regime de massas cujo cenário seria a grandiosa arquitetura fascista. Nesse sentido, a imaginação de Ciocca estaria distante da visão da engenharia como uma funcionária da produção. Ela seria antes um *spiritual-technical eye* ("olhar técnico-espiritual"[6]) mobilizado por esses "políticos da prática".

O caso alemão seria ainda mais complexo. Um de seus melhores intérpretes, Herf[7] argumenta que o nazismo não significaria a vitória de uma filosofia romântica e antiiluminista que rejeitaria completamente a técnica e os valores da civilização industrial. Segundo o autor, os engenheiros alemães exemplificariam melhor que quaisquer outros grupos a adoção seletiva da cultura técnica ocidental. Nessa espécie de "Modernismo reacionário", a tecnologia seria vista como uma forma de expressividade, emanação material do cultivo que formataria a personalidade alemã. Desse modo, o ofício do engenheiro seria próprio de mentes marcadas pela vontade e pela imaginação criadora, distanciando-se do modelo do engenheiro como mero técnico. Essa poderosa idéia teórica afastaria a engenharia do mundo dos interesses e a envolveria no manto de um anticapitalismo distante do romantismo bucólico. Percebe-se, portanto, que a versão alemã da relação entre engenharia e modernidade é oposta àquela alimentada pelo fordismo norte-americano, atribuindo aos seus praticantes papéis sociais diversos. Para esses engenheiros, apóstolos do modernismo reacionário, os exemplos a serem evitados seriam os Estados Unidos e a Rússia, paradigmas do materialismo grosseiro. Como para Ciocca, no caso italiano.

Há uma terceira versão para se entender o problema. As reformas urbanas que remodelaram grandes capitais européias no século XIX (Paris e Viena, em especial) evidenciaram um outro padrão de atuação dos engenheiros como personagens da vida moderna. Distantes da imagem de "funcionários da produção", esses atores foram convocados para a vida pública como agentes da civilização. Seu lócus de atuação não foi a fábrica, mas o Estado e sua burocracia, num amálgama entre capital e racionalidade estatal que afastaria a engenharia da América e a jogaria na França. Nesse registro, a grande reforma operada por Haussman na Paris pós-Comuna encontrava seu significado não apenas na abertura de espaço para a livre circulação de mercadorias, mas no redesenho da malha urbana a partir de uma razão abstrata que buscava ordenar e higienizar o mundo das multidões. Ou seja, a relação entre engenharia e controle social, presente também para os engenheiros fordistas, ganhava contornos distintos daqueles do americanismo. Enquanto neste a expansão da vida fabril e de uma ordem fundada na disciplina moderna do operário garantiria a produção de um indivíduo moralizado a partir de sua inscrição sociológica na fábrica, no "padrão Haussman" o controle era produzido a partir de uma radicalização do pressuposto iluminista e da entronização dos engenheiros como funcionários do "universal", se entendermos este como expressão de civilidade. Essa diferenciação permite a um autor como Richard Sennett caracterizar a Paris de Haussman como uma cidade das multidões, e não de indivíduos mobilizados pelo interesse econômico. Em suas palavras, "a cidade ocupava o centro do poder governamental, mas sua economia era dependente de mil e uma futilidades que só interessavam à burocracia. Portanto, ao sentir a dor da desigualdade, o povo foi buscar alívio não na circulação de trabalho e capital, mas junto ao governo, única fonte de estabilidade visível".[8]

Análise semelhante é aquela delineada por Carl Schorske[9] a propósito da reforma de Viena e da criação da Ringstrasse. Segundo esse autor, a tensão entre arquitetos historicistas e modernistas na Viena *fin-de-siècle* expressaria o próprio caráter da ascensão burguesa na Áustria. As constantes batalhas intelectuais que localizavam o urbano como cenário expressivo de relações sociais seriam exemplos do padrão transformista da burguesia vienense, sequiosa de uma tradição aristocrática que não conseguia descartar.

Há, portanto, distintas versões da relação entre engenheiros e modernidade. Em uma delas, os engenheiros seriam os personagens de um regime do "homem comum", treinados na técnica e encontrando seu lugar na fábrica capitalista. Eles seriam intelectuais orgânicos, cuja posição não estaria garantida por virtudes escolásticas, mas pela capacidade de mobilização da ciência na organização e na direção de coletividades. A ênfase estaria em sua funcionalidade. Em outra versão, a perspectiva modernista atribui aos engenheiros tarefas mais próprias de uma ética missionária, como se a engenharia se assemelhasse a um artesanato cultural denso. Desse ponto de vista, os engenheiros teriam uma função que transcenderia os interesses e se organizaria no culto da tecnologia como uma forma de *Bildung*. Finalmente, a engenharia que organizou as grandes reformas urbanas da Europa do século XIX se constituía como um campo de intervenção da razão estatal sobre corpos e ruas. Nessa perspectiva, os engenheiros se aproximariam de uma burocracia ilustrada, mobilizada a partir de uma aliança "por cima" entre Estado e grande capital. Estas não são, por certo, dimensões opostas de todo, mas apontam para caminhos diferentes no que diz respeito à inserção desses personagens na vida moderna.

As tensões ganharam contornos ainda mais nítidos e dilacerantes em sociedades nas quais a afirmação da moderna vida capitalista se fazia numa geografia marcada por outras lógicas de operação. Qual era, por assim dizer, o lugar dos engenheiros? Como pensar essa nova camada, legitimada pela mobilização da técnica, num tecido social ainda marcado por travos hierárquicos fortes, ou em sociedades nas quais o trabalho prático guardava o estigma da subalternidade? Faz-se necessário, portanto, desvendar o caso brasileiro, mobilizando o quadro comparativo aqui apresentado.

## O caso brasileiro

No Brasil, o tema da engenharia é geralmente interpretado com recurso ao contexto de uma cultura bacharelesca avessa aos personagens e práticas da vida técnica. Este cenário organiza certa interpretação comum a respeito da vida intelectual brasileira entre o Segundo Reinado e a República de 1930, que invariavelmente destaca a ausência de real expressão ideológica e um ecletismo pouco produtivo. Essa leitura permite a Sérgio Buarque de Holanda tecer fortes críticas à intelectualidade nativa pelo seu suposto apego ao retórico e ao ornamental, que implicaria um total desprezo pela ética de trabalho metódico que animaria o especialista científico. Não à toa, o julgamento desse autor a respeito da linhagem americanista presente na cultura brasileira não é positivo. Segundo ele: "Se a forma de nossa cultura ainda permanece largamente ibérica e lusitana, deve atribuir-se tal fato sobretudo às insuficiências do 'americanismo', que se resume até agora, em grande parte, numa sorte de exacerbamento de manifestações estranhas, de decisões impostas de fora, exteriores à terra. O americanismo ainda é interiormente inexistente."[10]

Nesta formulação há uma notação pouco generosa da atividade intelectual no país, em especial se pensarmos que *Raízes do Brasil* foi uma obra escrita depois dos anos 1920, momento de grande energia e de profundas transformações na cultura nacional. No registro de Holanda, o intelectual brasileiro ainda encontraria seu tipo no bacharel de direito, mestre da oratória e detentor de uma erudição "de floreios verbais". Note-se que essa visão contaminou até mesmo boa parte das interpretações sobre o fenômeno do positivismo no Brasil, a julgar pela opinião de João Cruz Costa[11] em seu conhecido estudo sobre a Primeira República. Mas não são poucos os autores que localizam a emergência de uma nova floração intelectual que cresce com a República, e que estaria longe desse desenho "fora de lugar" que representaria os nossos "americanos". Em geral, toma-se a criação da Escola Politécnica, em 1874, como momento-chave para compreender a emergência de um novo estrato social no Segundo Reinado, supostamente mais propenso à atividade científica e à adoção de novas formas de interpretar e organizar o país (alguns autores, como Ângela Alonso,[12] chegam inclusive a caracterizar esse grupo como uma espécie de contra-elite imperial). Nesse registro, o surgimento progressivo de engenheiros e outros personagens formados na cultura técnica eivada de positivismo que marcava o cenário brasileiro encontraria ressonância no surgimento da geração de 1870. Os politécnicos seriam, portanto, figuras-chave na alteração da relação entre intelectuais e nação. Se a cultura romântica via na busca de uma origem mítica o elemento decisivo para a localização da identidade atemporal brasileira, os engenheiros seriam os apóstolos do progresso, mobilizados pela idéia de adequar o Brasil ao ritmo da civilização.

Ora, mas este não é o único cenário da engenharia brasileira no Império. Maria Alice Resende de Carvalho[13] mostra de que forma um americanista como André Rebouças teria se chocado com a máquina burocrática saquarema, que operava a partir de uma razão estratégica cujo lócus principal era o Estado. Para a autora, a engenharia imperial se organizaria a partir da confluência dos profissionais para a burocracia pública, afastando-os do mundo dos interesses e da dinâmica da vida civil. A associação direta da geração de 1870 e dos engenheiros com uma contra-elite imperial pode não ser incorreta, mas obscurece aspectos significativos do fenômeno. Afinal, os primeiros anos republicanos são marcados pela atuação do Clube de Engenharia, que não representa exatamente uma quebra do padrão burocrático de atuação dos engenheiros imperiais. Some-se a isso o próprio fato de que a Politécnica não era uma escola voltada para a vida fabril ou moderna dos engenheiros. De acordo com Isidoro Alves,[14] o modelo francês que lhe dava sustentação privilegiava uma formação completa, com forte ênfase nas ciências básicas e na aquisição de uma sólida fundamentação científica geral, o que permitiria falar em "engenheiros enciclopédicos". Mesmo a Escola de Minas de Ouro Preto, que sempre buscou se caracterizar como um centro formador de especialistas, não encontrava forte respaldo na dinâmica de interesses do mundo econômico. Segundo José Murilo de Carvalho,[15] os "engenheiros de minas" encontravam dificuldades para colocação no mercado, dado que a própria escola teria sido pensada a partir de uma lógica estratégica estatal. Percebe-se que investigar as possíveis inscrições sociológicas dos engenheiros na vida social brasileira do período por meio do quadro comparativo desenhado anteriormente é tarefa fundamental, pois só assim será possível delimitar os sentidos da engenharia como experiência intelectual significativa para um segmento de jovens de camadas médias urbanas.

## A forma francesa

A criação da Escola Politécnica é considerada um marco na história científica do país. Criada a partir da Escola Central, que por sua vez havia sido gerada na Escola Militar, a Politécnica organizou-se com base no modelo francês, que privilegiava a formação enciclopédica dos engenheiros. Nessa chave, os politécnicos não seriam especialistas, mas membros de uma elite científica com capacidade para operar em várias frentes e assumir distintos papéis na vida pública. No dizer de Isidoro Alves:

> É dessa forma que o espírito de corpo e o sentimento politécnico acionam tanto o ideário cientificista como o grau conferido pelo Estado. É interessante destacar ainda que a distinção entre especialistas e enciclopédicos tem a ver também com aquele sentimento, pois se os politécnicos se definiam pela condição de engenheiros, faziam-no também enquanto capazes de um "polimorfismo" pronto a levá-los a diferentes atividades, inclusive no exercício de cargos públicos.[16]

Como personagens da ciência, os politécnicos construíram uma identidade fortemente lastreada nas idéias-chave do positivismo. A relação entre conhecimento e intervenção social era direta, sem a mediação dos interesses civis e de outros grupos sociais. Segundo Luiz Ferreira,[17] essa moldura privilegiaria o tema da reorganização social, entendida como intervenção dos cientistas nas patologias do moderno e na reordenação da sociedade a partir de parâmetros fornecidos pela ciência positiva. Não havia lugar aqui para a figura do engenheiro como intelectual orgânico da fábrica e dos estratos sociais a ela ligados. Ainda segundo Alves:

> Na medida em que o Estado passa a atuar como força dirigente na remodelação física dos centros urbanos emergentes, os engenheiros logo exerceriam o seu papel no *boom* experimentado pela engenharia nacional nas últimas décadas do século XIX. Para além de um engenheiro, tratava-se de formar um *politécnico*, ou seja, tratava-se de construir uma categoria sociologicamente consistente e que pudesse servir como instância identificadora.[18]

Essa moldura francesa parece se repetir naquela instituição que se tornou paradigmática da atuação dos engenheiros nos primeiros anos republicanos: o Clube de Engenharia. Criado nos estertores do Império – mais exatamente em 1880 –, o Clube notabilizou-se por congregar a elite da engenharia carioca e nacional numa instituição civil com grande capilaridade na vida pública. O modelo de atuação da instituição caracterizava-se pelas funções de consultoria, aconselhamento, pareceres e execução de grandes obras, sempre a partir da convocação do Estado. Foi assim que se conduziu a grande reforma de Pereira Passos, durante a presidência institucional de Paulo de Frontin, que permaneceu no cargo até 1933. Para alguns intérpretes, isso permitiria o entendimento da atuação dos engenheiros como uma ação animada pelos interesses do grande capital. É essa, por exemplo, a perspectiva de Jayme Benchimol,[19] para quem o discurso civilizador desses personagens operaria como cortina de fumaça para uma lógica que buscava reordenar o espaço a fim de melhorar a circulação de mercadorias.

Outros analistas, como Simone Kropf,[20] preferem ver no Clube a encarnação de uma espécie de *intelligentsia* animada por uma vocação iluminista de intervenção na vida pública. Na segunda perspectiva, que me parece mais apropriada, o significado da engenharia não residiria no atendimento direto das demandas produzidas livremente no mercado – como se os engenheiros fossem intelectuais orgânicos da grande burguesia –, mas antes numa combinação entre elites científicas e vida pública cuja chancela fosse dada pelo Estado. Nesses termos, o sentido principal da ação desses personagens estaria na busca de uma sociabilidade civilizada, própria a uma nação desejosa de se integrar ao ritmo do tempo.

Uma melhor compreensão desse dilema está na comparação com o modelo de Haussman, no qual uma elite técnica é convocada pelo Estado para reordenar uma cidade convulsionada e avessa à regulação burguesa. Nesse ordenamento, os engenheiros operariam como intérpretes de uma vontade reformadora, mas infensa aos interesses subalternos. Seu espaço por excelência seria a cidade, e não a fábrica, e a sua vinculação com o capital se faria com a intermediação do aparato burocrático, numa espécie de modernização "por cima" – interessa notar que Oswaldo Porto Rocha,[21] outra referência para o estudo das grandes reformas urbanas no Rio da *belle époque*, argumenta que não era tão significativa a presença de elementos do mundo industrial nesses "arranjos haussmanianos" que organizaram a intervenção dos engenheiros. Segundo ele, predominavam interesses ligados ao comércio, construção civil, transportes e especulação imobiliária. Esse perfil, por sinal, parece encontrar sustentação no padrão de formação da Escola Politécnica. Simon Schwartzman percebe essa armação:

> A Politécnica também produziu empresários. O capitalismo brasileiro em São Paulo deriva principalmente da combinação do dinheiro das plantações de café com o impulso trazido pelos imigrantes europeus. O engenheiro oriundo da Politécnica do Rio de Janeiro vinha de outra linhagem. Tinha competência para saber onde encontrar as riquezas minerais do país ou que tipos de grandes projetos o governo poderia se interessar em empreender. Sabia francês, às vezes alemão e inglês, e era capaz de lidar com capitalistas e governos estrangeiros. ... Este tipo de empresário era, decididamente, um defensor da iniciativa privada, mas só tinha condições de se desenvolver à sombra do Estado.[22]

Deve-se ressaltar que a identificação entre ciência e cidade guardava outras facetas que não se reduzem à identificação entre Clube de Engenharia e Haussman. Em trabalho sobre ciência e vida pública nos Estados Unidos, Thomas Bender[23] mostra como se poderia falar de um "profissionalismo cívico" que teria germinado em cidades desprovidas de sólidas instituições acadêmicas, representado por agremiações, clubes e outras associações voltadas para temas comuns e para um público extra-acadêmico, delimitado pelas fronteiras da vida urbana educada. Nessa tradição, não haveria lugar para uma comunidade mertoniana propriamente dita, já que os atores da ciência não estariam dialogando entre pares, mas sim para os cidadãos. Embora Bender esteja escrevendo sobre a cultura científica dos Estados Unidos no século XIX, pode-se dizer que o Clube de Engenharia aproxima-se, em alguns aspectos, desse molde, o que suavizaria sua concepção iluminista haussmaniana. Afinal, era um órgão que buscava congregar cientistas e empresários, e mobilizava-se por questões surgidas no diálogo público. Era, por assim dizer, um clube dinamizado pela cultura urbana do período e pela constante tentativa de erigir um bloco burguês de novo tipo.

Contudo, a configuração sociológica do Rio de Janeiro constituía uma geografia avessa à consolidação dessa moldura. A pujança de uma vida popular em tudo distinta das concepções civilizadoras dos engenheiros e a inoperância dos mecanismos de mercado transformavam a cidade num tema particular, incapaz de incorporar os sujeitos subalternos. Nesse registro, o "profissionalismo cívico" do Clube de Engenharia encontrava sérias barreiras para se entranhar na vida social, permanecendo com forte marca intervencionista. A persistência da identificação de uma engenharia reformadora como *intelligentsia* encontraria caminhos outros na própria burocratização dos corpos técnicos citadinos nas décadas de 1920, 1930 e 1940, acompanhando o movimento da própria cidade, constantemente dilacerada entre vida urbana popular e instituições locais.

O tema da cidade na atuação da engenharia guarda outros contornos que merecem ser analisados. Como se sabe, a vida urbana é o espaço por excelência da reflexão moderna sobre a civilização. A recuperação desse tema numa cidade como o Rio de Janeiro marca uma reflexão sobre as condições para a afirmação de uma ordem civilizada numa sociedade periférica. Como bem notou Simone Kropf, o discurso dessa intelectualidade técnica ressaltava o andamento sociológico da modernização, se a entendermos como incremento tecnológico e aprimoramento da relação espaço-moralidade. Assim, os temas da reforma política e da alteração das relações sociais pelo recurso a uma vontade animada por temas da comunidade política – direitos, liberdade, justiça – perdiam lugar. Na passagem da política para a sociologia estaria a chave para a compreensão do significado da derrocada intelectual do Império.

Em texto sobre a emergência de uma nova linguagem no cenário francês, Robert Wokler[24] mostra como a sociologia teria ganhado espaço diante da política a partir do momento em que formulações e diagnósticos deixaram de lado considerações normativas sobre a experiência do indivíduo e sobre suas formas de ação no mundo, para incorporar investigações sobre o controle social. A passagem para uma sensibilidade sociológica encontraria correspondência discursiva no predomínio de visões sobre a influência do meio físico e sobre os constrangimentos (geográficos, públicos, coletivos etc.) que produziriam determinadas formas de sociabilidade. Nesse sentido, pode-se falar de um argumento sociológico especialmente caro aos engenheiros, que localizaria na "física" do espaço a força por excelência para explicar comportamentos e costumes. Segundo Nísia Lima,[25] a geração de 1870 teria contribuído para soterrar o individualismo metodológico que operaria como modelo teórico genérico da cultura intelectual do Império. Acrescento que os engenheiros precisaram melhor esse movimento ao mobilizarem um argumento sociológico espacial na chave descrita por Wokler.

Esse padrão intelectual da engenharia encontraria na cidade civilizada seu espaço correspondente, ou seja, sua idéia-força. E seus principais personagens moviam-se nos novos lugares de sociabilidade do Rio, sentindo-se perfeitamente à vontade nesse tecido mundano. O trabalho de Jeffrey Needell[26] evidencia a inscrição desses engenheiros nos salões e clubes que organizavam a dinâmica social da elite carioca na *belle époque*. Nessa perspectiva, entende-se a imaginação espacial dos personagens firmemente assentada na idéia de cidade civilizada a partir de suas próprias experiências pessoais, moldadas pela polidez e pela europeização refinada de hábitos e costumes. Se os salões cariocas tinham sido o espaço por excelência de uma oligarquia rural que habitava o campo e movia-se pela vida urbana da Corte, com o fim do Segundo Reinado eles se tornariam o lugar dos homens urbanos educados. Isto é, esses engenheiros, produtos da nova ordem citadina, não seriam "flores de estufa", ou membros de exóticas elites em tudo descoladas do mundo real, mas legítimos representantes da malha de sociabilidade carioca no período. Não é preciso reforçar o quanto essa imaginação espacial estava, por assim dizer, bem distante da terra.

## Sonhos americanos

Mas seria o modelo politécnico do Clube de Engenharia o único caminho possível para a afirmação da relação entre ciência, engenharia e sociedade? Creio que uma visão alternativa desse processo esteja na obra clássica de Gilberto Freyre, *Sobrados e mucambos*, na qual a análise do processo de desagregação do composto casa-grande/senzala é encaminhada a partir da descrição da "reeuropeização" do país no século XIX, processo exemplificado pelas profundas transformações na vida urbana. A investigação conduzida por Freyre reconstrói o universo de sociabilidade citadina e mostra como os novos hábitos de consumo, vestuário e decoração introduzidos no Brasil representavam a emergência de novos tipos sociais. Entre estes, além dos "bacharéis afrancesados", estariam os mulatos, essa "meia-raça" que se imiscuía na malha de serviços e tarefas própria da vida urbana. Para o autor, o problema da técnica e da máquina ganhava resolução em figuras liminares, que representariam a democratização da sociedade e a valorização de estratos sociais legitimados pela inteligência e pela capacidade operativa. Estaria aí, então, uma linhagem possivelmente americana que poderia dar sustentação a personagens animados pela produção e pelos interesses?

Ora, certamente o cenário imperial não se mostrava propício a essa associação. O trabalho de Maria Alice de Carvalho[27] mostra que o destino de uma vocação ianque na engenharia brasileira estaria fadado a se frustrar, dada a sólida configuração do arranjo burocrático saquarema. A República, por sua vez, poderia ser o regime ideal para esse florescimento. Inês Turazzi, em seu trabalho sobre as relações entre engenheiros e industriais na virada do século, mostra como a aliança entre saber técnico e capital teria ensejado a combinação entre taylorismo e positivismo, e de que forma essa combinação se nutriria de um liberalismo fordista que buscava controlar o operário por meio da disciplina fabril. Segundo a autora:

> O que se constata nos relatórios industriais é que a figura do engenheiro, vindo do exterior ou formado na Politécnica do Rio de Janeiro, tornava-se cada vez mais freqüente, a partir de fins do século passado, na direção e administração de empresas industriais e de serviços. Esse processo estava intimamente relacionado com o próprio crescimento industrial do país e do Rio de Janeiro em particular.[28]

A formação de um fordismo brasileiro, que garantisse novos papéis para os personagens oriundos da vida técnica, também é apontada por Werneck Vianna,[29] que localiza nos anos 1920 a consolidação de um bloco industrial (radicado principalmente em São Paulo) alimentado por tenaz ideologia liberal e reticente a quaisquer intervenções estatais nas relações de trabalho. Não teria aí o engenheiro um espaço significativo para o exercício de um papel norte-americano, mais próximo do mundo da produção e da fábrica?

Ao mesmo tempo, a incorporação dos engenheiros na administração pública caminhava lentamente no início da era republicana. De acordo com Gomes,[30] durante boa parte do Império o mais freqüente era a encomenda por parte do Estado de grandes obras, muitas vezes realizadas sem a presença majoritária de técnicos brasileiros. Em 1909 foram criados o Ministério de Viação e Obras Públicas e o Ministério da Agricultura, Indústria e Comércio, cujos órgãos subordinados iriam progressivamente incorporar engenheiros nas tarefas de fiscalização e gestão de obras civis de infra-estrutura. Nesse caso, uma seção administrativa que sempre contou com esses profissionais foi a Estrada de Ferro Central do Brasil, comandada por nomes de prestígio como Aarão Reis e Paulo de Frontin. Um dado interessante apontado pela autora é a forte conexão dos engenheiros com o Serviço Geológico e Mineralógico, criado em 1907, que consolidava a ligação deste com a Escola de Minas de Ouro Preto. Haveria, por assim dizer, uma tradição desse ramo da engenharia nacional, voltada para o aproveitamento dos recursos minerais e o conseqüente esquadrinhamento do território. Em seu já citado trabalho, José Murilo de

Carvalho mostra como a fundação da Escola de Minas de Ouro Preto, durante o Segundo Reinado, não encontraria eco em fortes interesses capitalistas, e se explicaria por uma resoluta vontade política. Ou seja, a engenharia de minas nacional se caracterizaria, antes, por um projeto animado politicamente, produzindo um corpo de técnicos que não seriam propriamente funcionários da produção, mas desbravadores e cientistas da nação.

Ângela de Castro Gomes argumenta, entretanto, que a formação de um corpo fixo e estável de engenheiros públicos só seria tarefa alcançada depois de 1930. Na cidade do Rio de Janeiro, o processo foi se consolidando desde o Plano Agache, e culminaria na expansão de uma elite burocrática treinada, não mais dependente de esporádicas encomendas estatais. Segundo Lúcia Pereira da Silva,[31] o período entre 1920 e 1945 compreenderia o momento histórico de formação de uma burocracia ligada ao processo de urbanização, inserida na máquina administrativa e voltada para o tema do urbanismo, o que, segundo a autora, implicaria o abandono da matriz higienista que nutriria a reflexão dos antigos engenheiros. A partir daí, os engenheiros definitivamente teriam se voltado para um padrão de atuação técnico-burocrático, não mais dependente do grande arranjo haussmaniano.

No caso de São Paulo, a engenharia politécnica parece ter encontrado outros caminhos. A figura de Roberto Simonsen exemplifica uma trajetória que logrou forte participação na vida pública aliada a uma sólida vinculação com os interesses do mundo fabril. Em tese sobre o tema, Fábio Maza[32] mostra como Simonsen, ainda na década de 1910, trabalhou em funções que reproduziam a estrutura das grandes obras que marcavam a atuação dos engenheiros na época, como no seu período à frente da Comissão de Melhoramentos do Município de Santos. Posteriormente, contudo, sua atuação teria se voltado de forma muito mais decidida para o mundo da fábrica e para as técnicas de organização do trabalho, escrevendo e promovendo conferências sobre taylorismo e, posteriormente, fordismo. Interessa notar que, segundo Maza, o próprio Simonsen reconhecia a parca presença de engenheiros nas atividades fabris, já que esses personagens prefeririam se concentrar no serviço público e na construção civil, funções mais nobres que aquelas ligadas à indústria. Nas suas palavras:

> Os nossos engenheiros, em sua maioria com elevada cultura técnica, capazes de serem eficientemente aproveitados em núcleos de alta civilização, sentem-se deslocados neste meio, e acorrem, por isso, em grande parte, para o funcionalismo ou para as empresas concessionárias de serviços públicos. A incompreensão dos fenômenos econômicos torna-os ainda queixosos dos poderes públicos, que não lhes proporcionam honorários em harmonia com suas aptidões técnicas.[33]

Corroborando o diagnóstico do engenheiro-industrial Simonsen – que vai de encontro à observação feita por Maria Inez Turazzi –, um grupo de engenheiros cariocas não encontraria na fábrica seus novos papéis modernos. Para homens como Heitor Lyra, Everardo Backheuser e Vicente Licínio Cardoso, os bancos da Politécnica encontrariam sua continuação nas associações educacionais. É conhecida essa movimentação dos engenheiros para o campo dos estudos sociais nos anos 1920, em especial para a educação e a pedagogia. Segundo Sergio Miceli:

> A presença dos engenheiros nas áreas de estudos sociais, do pensamento político, da produção de obras pedagógicas, no exercício de cargos administrativos em instituições escolares ou entidades e associações corporativas, ou, então, assumindo o trabalho executivo de implementar as reformas da instrução em curso explica-se, de um lado, pela formação humanista, e, de outro, pelas transformações por que passava o mercado de postos destinados aos detentores de diplomas superiores. Ante as resistências que vinham encontrando os projetos que visavam introduzir as ciências sociais no currículo de cursos jurídicos, os engenheiros dispunham de um mínimo de aptidões culturais para se lançar em novas especializações do trabalho intelectual, tidas como carreiras subalternas, incapazes de atrair os bacharéis em direito e desviá-los das carreiras tradicionais (a representação parlamentar, a magistratura, o magistério superior, o jornalismo).[34]

Essa explicação parte de um diagnóstico do "mercado de diplomas" no período, o que permite a compreensão da existência de um lugar para esses engenheiros, produzido pela dinamização da atividade cultural e pela produção de postos técnicos que demandariam um perfil intelectual metódico e treinado na pesquisa científica. Nesse espaço não coberto pelos bacharéis, os engenheiros teriam conseguido ocupar um nicho.

A explicação de Miceli desvenda com precisão o mecanismo que permitiu a entrada dos engenheiros nessa área, mas não diz muito sobre o porquê desse movimento. Essa resposta pode ser buscada por meio de uma associação entre o quadro que tracei antes sobre os padrões da engenharia brasileira e as trajetórias de Vicente Licínio Cardoso e Euclides da Cunha. Esse movimento teórico permite compreender não apenas o nexo citado, como as próprias formulações dos autores. Interessa entender, portanto, como uma cultura técnica forjada pelo positivismo politécnico encontra-se com uma forte atração intelectual pelo tema da "terra nova" e por um americanismo que, no resto da América Latina, foi terreno espiritualista guarnecido por personagens fortemente refratários ao comtismo.

## "Engenharia periférica": um americanismo positivista

Vicente Licínio Cardoso nasceu em berço positivista, em 1889. Seu pai, Licínio Atanásio, foi um engenheiro que ascendeu socialmente mobilizando os trunfos de uma cultura técnica fortemente marcada pela interpretação comteana. Oriundo de família pobre de Vila das Lavras, província de São Pedro do Rio Grande do Sul, Licínio Atanásio cursou escola pública e trabalhou como pedreiro, o que o aproximaria da modelagem de um *self-made man*. No Rio de Janeiro, fez o clássico trajeto para jovens de sua extração social, matriculando-se na Escola Militar em 1873 e formando-se pouco antes de 1880. Sua consagração foi o concurso prestado para a cadeira de mecânica racional da Politécnica, em 1887, quando derrotou seis outros candidatos, um deles afilhado da princesa Isabel.* Seus irmãos, Aníbal e Saturnino, também se formaram como engenheiros. Matemático de renome,** Licínio Atanásio exemplificava um estrato social urbano, de origem popular, que se tornou a clientela preferencial para as carreiras vinculadas à engenharia militar, ou apenas à engenharia. Segundo os biógrafos Sydnei dos Santos[35] e Castilhos Goycochea,[36] o jovem Vicente demonstrava inclinações literárias e estéticas na escola, mas seu pai praticamente forçou-o a se matricular na Escola Politécnica, esperançoso de que a forte base matemática e científica produzisse um espírito mais disciplinado. Nas palavras de Goycochea: "Entendendo, porém, que, para o estudo consciencioso das matérias componentes do curso exigido para o exercício de qualquer profissão – medicina ou direito –, é imprescindível uma preparação fundamental séria, quis que Vicente completasse o seu curso de humanidades com o curso geral da Escola Politécnica."[37]

Nos termos de Sergio Miceli, é como se Licínio Atanásio internalizasse as expectativas possíveis para seu filho, que não poderia e não deveria ser um bacharel, disputando espaço com filhos de nobres famílias oligárquicas. Note-se que a estabilidade lograda pela família foi notável, terminando os Licínio Cardoso por constituir um clã prestigioso do bairro de Botafogo e da cidade do Rio de Janeiro.

A Escola Politécnica, criada pelo decreto 5.600 de 25 de abril de 1874, caracterizava-se, desde a fundação, pela ênfase na formação científica, e não na qualificação de profissionais especializados. Único centro superior do país dedicado à formação de engenheiros até 1894, a Escola notabilizou-se por produzir certo perfil de homens públicos, que combinavam atuação na burocracia estatal e participação em grandes negócios e companhias. Má-

---

* O episódio é lembrado com entusiasmo pelo cunhado e biógrafo de Vicente Licínio, Castilhos Goycochea, que ressalta a decisão da princesa de nomear Licínio Atanásio a despeito dos candidatos tão "apadrinhados".
** Licínio Atanásio ficou marcado na historiografia da ciência como um dos matemáticos brasileiros que se insurgiu contra as novas teorias de Einstein, que em tudo se chocavam com a matemática cultivada pelos politécnicos.

rio Barata enumera as trajetórias de personagens como Francisco Bicalho e Pereira Passos, ambas marcadas pela quase obrigatória passagem pela Estrada de Ferro Pedro II e pela ocupação de inúmeros cargos de prestígio, tais como a Inspetoria Geral de Obras Públicas (chefiada por Bicalho entre 1901 e 1903) e a direção da companhia de bondes da capital. Esse "período de ouro" da Escola durou, segundo Barata, até o início do século XX, quando a concorrência de novas escolas surgidas com a República (Politécnicas de São Paulo e Porto Alegre) e a própria diminuição da expansão econômica teriam reduzido o número de alunos. Segundo Barata:

> As turmas de engenheiros, sobretudo civis, foram crescendo – mesmo relativamente à população – na Escola Politécnica, que em 1875, 1876, 1878 formou respectivamente 25, 37 e 40 alunos nesta qualificação, número expressivo para a época, mantendo-se após, aproximadamente, nessa média, excetuando no período entre 1902 e 1914. Aí diminuiu, possivelmente devido à expansão de estabelecimentos congêneres, em vários estados. Mas logo depois a Politécnica correspondeu ao necessário surto das exigências de expansão e produção nacionais, em parte coincidente com as dificuldades oriundas da Primeira Guerra Mundial, quando o número de engenheiros civis e de outras especialidades subiu progressivamente. Dos primeiros, as turmas de 1917, 1918 e 1919 formaram respectivamente 57, 74 e 86 alunos; daí em diante as classes mantiveram-se grandes, em comparação com o passado.[38]

Foi durante esse período, delimitado entre 1902 e 1914, que Vicente Licínio ali estudou e progressivamente se resignou à escolha paterna, completando seu curso na Politécnica e formando-se engenheiro geógrafo, no terceiro ano, e engenheiro civil no quinto. Foi aluno exemplar, graduando-se com distinção e mostrando, desde então, uma personalidade retraída e contida, ressaltada por praticamente todos os que privaram de sua amizade. Se durante sua estadia na faculdade evitava assinar "Licínio Cardoso", na formatura retornaria ao sobrenome famoso – seu pai já era emérito professor da casa. Em 1926, escreveu uma monografia sobre o pai, intitulada somente "Licínio Cardoso". Não fugiu, diga-se de passagem, do destino comum de outros filhos clássicos da inteligência brasileira, como Joaquim Nabuco e André Rebouças, ambos tributários de pais com forte ascendência e destaque no cenário intelectual.

No seu retorno à Politécnica, em 1927, proferiu discurso no qual destacava não exatamente sua experiência profissional na área, mas sim o tipo de formação intelectual que ali recebeu. Ao dizer que a tarefa pedagógica principal era formar novos homens para a construção do Brasil, afirmou: "Demais, sendo nesta Escola a frieza lógica da matemática uma diluidora energicamente benéfica do tropicalismo verbal contumaz de nossas gentes, creio bem que a empreitada seja aqui mais fácil do que alhures."[39] Internalizou, portanto, o mandamento paterno a respeito do tipo de formação intelectual que a Politécnica lhe propiciaria. Adotou também o ethos típico dos politécnicos positivistas, traduzido de forma exemplar em seu pai.

Em *Memórias da Politécnica*, Paulo Pardal recolhe textos, poemas, discursos e casos que o ajudam a reconstruir o universo de sociabilidade característico daquela instituição. Como professor "vilão" de toda uma geração, pontificava Licínio Cardoso, lente responsável por inúmeras reprovações e guardião da doutrina comtiana. Lima Barreto, escritor que cursou durante certo tempo a Escola, por pressão familiar, situava o sisudo professor em oposição ao mestre admirado por todos, Oto de Alencar. Este, dono de grande cultura e erudição, parecia seduzir os jovens discípulos na mesma proporção que Licínio os reprovava e angariava antipatias. No depoimento colhido por Pardal, Lima Barreto afirma: "O caturra Licínio Cardoso era o oposto de Oto de Alencar. Positivista de quatro costados, não admitia nada que contrariasse o esquema comtiano. Como professor, celebrizou-se pelo rigor com que julgava os discípulos. Tinha mesmo um certo orgulho nisso. Considerava-se, ele próprio, uma barreira. Reprovou muita gente."[40]

Essa conduta austera e rigorosa, avessa ao trato cordial e aos valores que organizavam o universo estudantil, marcou profundamente seu filho Vicente, também adepto dessa automodelagem intelectual que transformava o positivismo numa espécie de estilo de vida monástico. O famoso saguão da Escola, ambiente propício tanto para a camaradagem de alunos quanto para as pilhérias e troças que animavam os estudantes, não parece ter exercido atração nenhuma sobre o filho do "caturra" professor, que se manteve, durante sua vida acadêmica, alheio a essa dimensão da vida universitária. A esse respeito, artigo anônimo intitulado "Às sextas-feiras" e publicado no *Jornal do Commercio* em 12 de junho de 1931, por da ocasião da morte de Vicente Licínio, é sintomático: "Não teve, como a generalidade dos jovens, uma mocidade alegre, expansiva, despreocupada: na Escola Politécnica, durante o curso acadêmico, alheou-se por completo do meio ambiente, em que por forças das circunstâncias deveria ter-se integrado, para dedicar-se tão apenas ao cumprimento dos seus deveres de estudante."

Curiosamente, a Politécnica combinava recrutamento rígido (o vestibular era muito concorrido) e exames severos com uma formação parcamente especializada, que não produzia jovens engenheiros aptos aos procedimentos rotineiros da atividade. O resultado era um ambiente em que pontificavam estudantes sem vocação para área – os exemplos notórios são o cartunista e humorista Bastos Tigres e o já citado Lima Barreto, figuras lendárias no "saguão", mas conhecidos por seguidas reprovações – e um forte sentimento de superioridade intelectual. Eugênio Gudin, ex-aluno da Escola, afirma que o extremo rigor na seleção se perdia na ineficiência do ensino, gerando turmas de formandos pouco numerosas. Como ele diz, "a verdade é que não se recebia muita instrução técnica. Os rapazes, por exemplo, não eram capazes de fazer um projeto de cálculo de uma obra de engenharia qualquer, porque nunca tinham feito, nunca tinham aprendido".[41] Por outro lado

> Nós tínhamos um certo orgulho, uma certa vaidade, às vezes sem a menor codificação, quando nos julgávamos, por exemplo, infinitamente superiores aos estudantes de direito daquele tempo ... e nos habituávamos a usar palavras com mais parcimônia, a não falar sem pensar bem e tratar com bases de sentido filosófico e com muito entusiasmo.[42]

Graças ao seu desempenho, após sua formatura em 1912 o Clube de Engenharia lhe ofereceu uma bolsa para uma viagem ao exterior. Seu destino foram os Estados Unidos e o II Congresso Científico Pan-Americano, na primeira dentre muitas jornadas que faria e que tanto impacto exerceriam sobre sua sensibilidade. A prestação de contas do Congresso originou um texto sobre a arquitetura norte-americana, apresentado à Congregação do Clube apenas em 1916, que confirma a atração do autor pela arquitetura e serve como evidência de sua curiosa combinação entre positivismo e americanismo.

A vida profissional de Vicente Licínio, contudo, não se mostrou tão recompensadora. Segundo Goycochea, em 1913 ele ingressou na administração pública, como auxiliar técnico na Prefeitura do Distrito Federal, tarefa que lhe ocupou por exatos nove dias e logo foi abandonada, diante de incompatibilidades administrativas. A falta de traquejo para cargos públicos foi uma constante na sua carreira. Ao regressar dos Estados Unidos, ocupou o posto de prefeito de São Gonçalo por apenas seis meses, tempo suficiente para "conhecer a realidade interna de uma municipalidade". O vaticínio de Goycochea é sucinto, aliás: "O primeiro cargo público Vicente Licínio exerceu-o pelo espaço de nove dias: o segundo pelo de seis meses; o terceiro e último não chegou a desempenhá-lo durante quatro meses completos. Foi esse o de subdiretor técnico da Diretoria de Instrução Pública do Distrito Federal."[43]

Sua atuação no campo da educação, que o tornou figura conhecida nos anos 1920, foi exemplo disso, em especial quando analisamos o rompimento com a Associação Brasileira de Educação (ABE), da qual foi presidente. Os rendimentos regulares de Vicente Licínio provinham da arquitetura e da construção civil, graças a um escritório que operou até 1921,* e que lhe pos-

---

* Em 1917 Vicente Licínio, juntamente com um amigo, montou a firma Mendes de Moraes e Cardoso. Essa estratégia lhe ocorreu após malogrado concurso público realizado no mesmo ano, que inviabilizou seu ingresso no magistério. Entre os principais projetos que fez como arquiteto, encontram-se os armazéns da Companhia de Navegação Costeira (1917) e o hotel Balneário, no Parque do Flamengo (1920).

sibilitou a criação de vários projetos durante o período. Outro insucesso, entretanto, o afastou definitivamente da arquitetura: a rejeição de um projeto seu para o Palácio de Curitiba. Sobre tal fato, o próprio Licínio afirmou, em seu já citado discurso de posse da cadeira na Politécnica, em 1927: "Todavia, ao findar o ano de 1921, retirei-me, voluntariamente aposentado, das lutas profissionais. Circunstâncias várias assim o legitimaram e exigiram. A gota d'água no caso original foi o resultado de um concurso público a que concorrera e que acreditei sempre haver sido mal julgado."[44]

O grande objetivo de Vicente Licínio era a conquista de um posto no ensino superior, no qual talvez pudesse se dedicar a atividades intelectuais que seriam supostamente condizentes com sua auto-atribuída vocação escolar. Participou de um concurso na Politécnica, em 1915, que teve desfecho confuso e foi anulado, mantendo-o afastado desse propósito até 1927, quando foi convidado a ocupar a cadeira de "arquitetura civil-higiene dos edifícios-saneamento das cidades" na mesma instituição. A despeito disso, Licínio encontrou na formação politécnica uma inscrição no mundo social pautada por cultivo científico, rigor nos estudos e contato com os temas "materiais" que lhe pareciam urgentes na vida moderna. Ou seja, mais que uma profissão, a engenharia se oferecia como uma combinação entre um difuso saber científico e um padrão de atuação no mundo marcado pela disciplina meritocrática.

Entre os variados escritos e documentos existentes em seu arquivo particular, são raros aqueles destinados à literatura específica da engenharia (com exceção das inúmeras anotações relacionadas à arquitetura, abundantes no período que vai até 1918, quando finaliza o estudo presente em *Filosofia da arte*), mas são muitos os relacionados aos problemas clássicos da cultura material capitalista – recursos naturais, organização racional do trabalho etc. Se os engenheiros do Clube da Engenharia, aproximados da sofisticada discussão urbanística francesa, voltavam-se para a cidade como uma forma social específica, Vicente Licínio abordava o tema de forma apenas secundária. Seus arquivos particulares revelam poucas resenhas e anotações sobre tratados e obras de urbanismo – com exceção de *L'Etude pratique des plans de villes*, escrita por Raymond Urwinn –, e suas pouquíssimas reflexões próprias vêem a cidade como um tema subordinado ao problema da nação.* De forma oposta, são numerosas as pesquisas e resenhas feitas por Licínio a respeito dos grandes clássicos e historiadores da aventura civilizatória brasileira. João

---

* Um dos raros textos dedicados ao assunto, e não publicado, foi "Psicologia urbana", de 1926, em que ele busca investigar o "espírito" das cidades de acordo com as características do país que lhes abriga. Assim, se Paris lhe parece uma perfeita ilustração da centralização francesa, o Rio de Janeiro se assemelharia a um Brasil descoordenado, antes uma sucessão de pequenas comunidades que uma forma social unificada.

Ribeiro, Tavares Bastos, Capistrano de Abreu, Euclides da Cunha, todos merecem cuidadosas leituras e notas.

As viagens, por sua vez, ocuparam importante papel em sua vida. Em plena Primeira Guerra Mundial, conheceu os Estados Unidos e, posteriormente, a Alemanha. Em 1921 partiu para uma longa jornada pelo caminho do rio São Francisco, empresa que lhe parecia ser uma espécie de exigência para os que se voltavam para o estudo do Brasil. De todos os seus destinos, trouxe documentos ou anotações permeadas por um registro científico, avesso ao impressionismo estético que parecia a marca principal desse tipo de produção dos intelectuais brasileiros. Sua opção por um estudo arquitetônico nos Estados Unidos, antes de essa nação se firmar como geografia afetiva central dos personagens "periféricos", já é indício de uma outra percepção sobre o seu lugar no mundo e do tipo de inscrição que desejava. Seus problemas físicos e emocionais (especialmente os últimos) minimizavam-se quando viajava, e acometiam-no novamente no retorno ao Brasil, como se as origens dos seus males fosse sua própria sociedade. No dizer de Goycochea: "O ânimo que trazia ao regressar era ainda uma prova da paixão pelas viagens. Voltava quase triste. Serenadas as primeiras emoções do contato com a terra e com a gente, caía numa espécie de abatimento moral, numa tristeza que só cedia lugar ao mau humor que só ia tomá-lo aos regressos."[45]

De uma maneira geral, a trajetória de Licínio pode ser dividida em três períodos: no primeiro, formação politécnica, viagem americana e publicação de *Filosofia da arte*, em 1918; o segundo inicia-se com as viagens pelo rio São Francisco e para a Europa, culminando com o retorno ao Brasil e a publicação de uma série de estudos ensaísticos, num intervalo que vai até 1926; finalmente, a última parte de sua vida compreende o período que se dedicou à causa da educação, através da ABE e dos "raides cívicos"* que protagonizou em 1929. Em todas essas etapas, acompanhava-o uma frenética busca de engajamento ético e um choque constante diante dos imperativos da vida intelectual e profissional brasileira. Se real ou fabulado, esse senso missionário de inadequação foi fundamental para moldar um ethos disciplinado, enérgico, que se poderia até chamar de "puritano", não fosse a total ausência de uma real vocação que organizasse esse ativismo constante. O positivismo o animava para o compromisso com os temas da vida pública, e sua admiração por tipos e personagens americanos esbarrava nos limites dados pela própria configuração da vida social e econômica nativa. Essa América não

---

* Os raides eram campanhas nacionais em prol da educação e implicavam a organização de conferências e debates sobre o tema em diversas cidades das regiões brasileiras. Vicente Licínio fez seu primeiro reide ao sul, em companhia de seu amigo Inácio Azevedo Amaral. Posteriormente, lançou-se sozinho ao Nordeste.

se realizaria pelo registro da produção econômica, mas pelo signo das letras e de uma conduta voltada para certo salvacionismo mais próxima de uma *intelligentsia*.

Como veremos depois, enquanto Euclides da Cunha, precocemente morto, enredara-se no repertório de perfis intelectuais fornecidos pela *belle époque* – tendo alcançado inclusive posição de destaque na ABL –, Vicente Licínio se bandeou para o campo da educação, num movimento que, como já se disse, encontrou ressonância em outros engenheiros. Mas qual o sentido dessa aventura intelectual?

O primeiro ponto a se destacar é que não existiam propriamente pedagogos ou educadores em 1920. Esse campo atraiu indivíduos das mais variadas extrações sociais e perfis intelectuais. Chama a atenção o modo como a educação galvanizou o interesse intelectual de tantos personagens diversos e, mais ainda, como foi o cenário para a gestação de um forte pensamento modernista de origem americana. A grande questão sobre a qual historiadores e sociólogos da educação deviam se debruçar diz respeito ao problema de como entender a absorção tão polissêmica de um ideário pedagógico "progressista", que se convencionou chamar, no Brasil, de "Escola Nova".

Acrescento a idéia de que a educação foi o espaço por excelência para a realização de um americanismo nativo, e que por isso atraiu tantos engenheiros. No caso de Vicente Licínio, a confusa relação entre positivismo, cultura técnica e vocação literária desaguou de forma adequada nessa área, território ainda não controlado pelos setores dominantes da Primeira República. As tarefas de uma "engenharia periférica" não encontraram estímulo na fábrica, mas antes na produção de uma vontade política "educada". A tarefa de destravar a sociedade e permitir a emergência de uma ordem marcada pelo preparo técnico e pela democratização só poderia ser realizada nesse espaço.

Na interpretação de Marta Chagas de Carvalho, uma estudiosa do pensamento de Vicente Licínio e de suas implicações na configuração do nascente campo educacional dos anos 1920, essa relação entre engenharia e educação se explicaria pela perspectiva disciplinadora que teria alimentado os pioneiros das reformas escolares. Nesse registro, as visões que estariam sustentando o nascimento da ABE privilegiariam os temas da organização do trabalho, da higiene e do controle social, pois aos educadores caberia a tarefa de moldar de forma adequada o civismo de uma população que se acreditava inerte. Para essa autora:

> A exigência de uma "política nacional de educação" esteve articulada, na década de 1920, a projetos de homogeneização cultural e moral aos quais não foi estranho o arsenal autoritário referido. ... O autoritarismo desse projeto não tem sido registrado nos estudos de história da educação. Colocado neste âmbito, o movimento educacional foi sem dúvida uma das instâncias de elaboração e disseminação da

ideologia autoritária dos anos 1920. Nele foram repropostas representações do "povo brasileiro" como carência, passividade e amorfia.[46]

Visão mais generosa do mesmo processo é defendida por Marlos Rocha,[47] que argumenta que o caldo de crítica social que alimentava o pensamento social dos anos 1920 teria um forte componente republicano. Tratar-se-ia de intelectuais engajados na produção política de um *demos* em condições de se expressar e realizar o potencial emancipador trazido pelo novo regime. Ou seja, a mobilização de uma linguagem marcada por temas fabris não seria indício de uma proposta pedagógica disciplinadora, mas de uma formulação política republicana, que enfatizava a ação e a organização de uma comunidade vigorosa.

A interpretação de Rocha dialoga mais diretamente com os temas que animavam os intelectuais na década de 1920, iluminando de forma mais adequada o sentido da experiência escolanovista no Brasil. Afinal, a visão liciniana sobre o trabalho não implica necessariamente apenas a preparação para a disciplina da fábrica, mas antes a difusão de uma forma de escolarização pautada pela ação prática e pela experimentação. As anotações encontradas em seu arquivo, sob a rubrica "Ensino profissionalizante. Notas para a conferência realizada a 5/12/1929", evidenciam tanto uma grande preocupação com a criação de novas instituições escolares voltadas para a formação de técnicos quanto uma concepção que abria espaço para a nova pedagogia e para a centralidade da formação de homens.

A atuação de Licínio no campo educacional serve como mais uma evidência de um padrão de conduta marcado por forte ética da convicção e pela dificuldade de lidar com os acordos e concessões que limitam a atuação pública. Martha Chagas de Carvalho[48] apresenta adequadamente a cisão ocorrida dentro da ABE em 1929. Segundo ela, enquanto Vicente Licínio lançava-se pelo país nos "raides educacionais", buscando atrair mais filiados para a Federação Nacional das Sociedades de Educação (FNSE) – uma dissidência da ABE fundada em agosto de 1929 –, o Conselho Diretor da entidade mostrava-se insatisfeito com o que julgava ser um excessivo personalismo. Obviamente, para quem se creditava como "soldado-cidadão", empenhado numa verdadeira cruzada nacional, isso parecia um problema menor, resultado de jogos de vaidades e briga de egos. Some-se a isso a decisão de Licínio de organizar seções regionais da ABE, de forma a nacionalizar a instituição – fato que também gerou incômodo no Conselho Diretor. A fundação da FNSE reforçou essa dimensão irascível da personalidade pública de Licínio. Esse voluntarismo ético, que parecia encontrar sentido apenas na entrega sem concessões a uma idéia de nação, pode ser ilustrado por um pequeno manuscrito encontrado em seu arquivo, intitulado "Prenúncios claros da borrasca (Palavras velhas reeditadas)", no qual o autor se identifica da seguinte maneira:

"Vicente Licínio Cardoso (livre atirador sem ligações com partidos políticos; representante sem delegação das massas analfabetas brasileiras)" – a expressão aparece no texto riscada de próprio punho, como a denotar o arrependimento do autor.[49]

Esse modelo de atuação pública constituía uma espécie de ethos marcado por disciplina, senso moral forte, aversão aos procedimentos característicos da vida intelectual carioca e inscrição na vida pública avessa a mediações partidárias ou mesmo organizacionais. Mais do que um traço singular, o ethos "espartano" de Vicente Licínio era expressão de uma determinada forma de conduta, passível de ser desvendada sociologicamente. Sua trágica morte, em junho de 1931, constitui evidência interessante. Depois de tentar pela primeira vez o suicídio, em 27 de dezembro de 1930, Licínio dá um tiro no peito quase seis meses depois, numa suíte do hotel Paissandu, no Flamengo. Ao que tudo indica, sofria de um quadro de depressão (a imprensa na época fala em personagem "neurastênico"), que já se manifestava há tempos. Ele acreditava, além disso, sofrer também de um mal físico, supostamente contraído durante sua expedição ao rio São Francisco em 1921. Sobre isso, ele escreveu, à margem de uma carta: "Fui mordido por uma ninfa de 'barbeiro' (inseto não adulto) em 1921 no sertão da Bahia. Foi talvez uma infecção de que fui vítima (seria moléstia de Chagas). Creio, todavia, que, mesmo sem essa hipótese, a m/ saúde sempre foi precária. Não contei aos médicos. Só relatei agora ao Amaral."[50]

As sete cartas que deixou, escritas para o cunhado e amigos próximos, evidenciam uma constante tentativa de analisar e dominar racionalmente o tumulto emocional que sofria, além de uma profunda decepção diante da incapacidade de trabalhar. Há nas cartas um senso de auto-sacrifício imposto pela falência intelectual e pelo esgotamento da capacidade de continuar seu engajamento na causa educacional. Para o cunhado Luís Castilho Goycochea, Licínio escreveu: "O suicídio entre nós é muitas vezes uma fuga à vida conseqüente e um ato mal praticado. De nenhum modo meu caso, cujos exemplos serão os da Antigüidade greco-romana ou os do Japão moderno. É um ato de razão de quem domina a vida em respeito à dignidade da própria vida vivida."[51]

Ou ainda:

> Não houve em mim idéia fixa – nenhuma –, muito ao contrário, foi por esforço pertinaz da razão que procurei fixar essa idéia de fim violento como salvação única possível. Sem qualquer fobia, sem insânia, racionalizando sem perturbações (a queda do raciocínio é na lentidão e na conseqüência da grande perda do arquivo da memória antiga e recente) eu analiso o meu caso como se fosse observador.[52]

Invariavelmente, os artigos escritos em sua memória logo após sua morte reforçam a percepção pública de Vicente Licínio como um personagem quase "religioso", totalmente voltado para o civismo e para o Brasil. Pouquíssimos escritos mencionam episódios curiosos, carinhosos etc. Francisco Azzi, seu amigo, escreveu na *Revista Brasileira*, dez anos depois de sua morte: "Nunca lhe ouvi o casquinar de uma gargalhada ruidosa ou a explosão de uma impaciência exasperada; nem nunca vi, nos traços impassíveis de sua fisionomia, os vincos sombrios de uma tristeza mal-sapetada."[53] Outros, como Fernando Azevedo, preferiram destacar o desajuste entre esse *self* eticamente orientado, contido e disciplinado, e o mundo das injunções políticas do Rio de Janeiro: "O contraste entre a delicadeza de sua sensibilidade e a brutalidade dos fatos, com que se desconcertavam seus planos mais altos, trouxe-lhe a desconfiança de si mesmo, e, com ela, a dúvida mortal sobre a utilidade de sua vida e de seus esforços."[54]

O outro personagem aqui estudado também teve morte trágica. Embora possuísse traços de personalidade distintos dos de Vicente Licínio, Euclides da Cunha experimentou uma série de episódios semelhantes e teve uma inscrição no mundo organizada por pressupostos análogos. Como se verá, são personagens que partilham um mesmo ethos, característico de um tipo de atividade intelectual e social que ganhará maior clareza ao final deste livro.

\* \* \*

A família de Euclides da Cunha tinha posição estável na cidade interiorana de Cantagalo, no Rio de Janeiro. Segundo Olímpio Andrade, um de seus mais importantes biógrafos, a paisagem do vale do Paraíba teria marcado profundamente a formação do escritor. O mundo da decadência dos cafezais e da vida simples do campo teria impregnado Euclides de um forte sentimento de aversão ao luxo e à ostentação, dotando-o de um permanente sentimento de inadequação. Como a prefigurar duas molduras sociológicas distintas relacionadas ao ambiente urbano brasileiro, afirma o biógrafo: "Não tinha o tato apurado, a maleabilidade discreta com que, por exemplo, o menino Machado de Assis venceu, junto à madrasta, a insatisfação criada pela ausência da mãe, tato e prudência que Barreto Filho no-lo mostra aplicando mais tarde na vida."[55]

Ao longo de toda a obra, Andrade ressalta a pouca flexibilidade do caráter de Euclides e sua permanente sensação de desajuste ou desconforto, aliada a um forte comprometimento com a atividade profissional. Nesse amálgama de reserva e desprendimento surgiria um personagem que mobilizou o positivismo não como doutrina filosófica, mas como forma de atuação no mundo e guia organizador da ação pública. A perspectiva do positivismo como uma espécie de código moral é reforçada por algumas sugestões de Andrade. Segundo ele:

Euclides, inegavelmente, não se deixou prender neste círculo de ferro, o que não quer dizer que da sua relativa permanência ali não tivesse levado influências pela vida afora, em termos de moralidade, de amor à ordem e ao progresso, de queda acentuada para o "social", em outros termos submetidos, entretanto, por ele a um processo pessoal de polimento.[56]

Esse padrão acompanharia Euclides ao longo de sua trajetória e explica, por exemplo, a relação difícil que estabeleceu com a política e com o mundo público. Afinal, um código pautado por uma forte ética da convicção não parecia ser o mais adequado para o ambiente de acordos e concessões que sustentam a prática política. Nos dizeres de Andrade:

> A vida pública que almejava era meio imaginária, um bocado irreal, sem transigências e conformismos, capaz de grandes estouros, sendo difícil, assim, imaginá-lo político aposentado, como o fez um observador em trecho de estudo que é, não obstante, justo ao apontá-lo no firme propósito de só entregar-se inteiramente às decisões que o levassem a grandes destinos.[57]

O ingresso na Escola Militar do Rio de Janeiro, em fevereiro de 1886, só serviu para reforçar essas matrizes. Lá ele teria oportunidade de estudar com lideranças positivistas – Benjamin Constant, por exemplo –, o que não parece ter-lhe afetado tanto em conteúdo, quanto em padrões de ação e conduta. Apoiada em estudo sobre militares republicanos, outra estudiosa da trajetória de Euclides, Regina Abreu, afirma:

> Aquisição de armas científicas e ascensão social pelo talento e mérito seriam dois componentes fundamentais da Escola Militar ao tempo em que Euclides ingressou como aluno, tendo sido estruturantes para sua formação. Castro aponta como o cientificismo foi utilizado enquanto elemento constitutivo da identidade social da geração de Euclides na Escola Militar. Da posse de um cabedal científico, esse grupo compartilhava de um sentimento de superioridade intelectual, considerando-se produtos de um estágio mais adiantado da humanidade. Esse sentimento de superioridade seria crucial no caso de Euclides da Cunha, jovem sem qualquer outro referencial capaz de lhe fomentar a auto-estima necessária para o desempenho profissional.[58]

A Escola Militar tem sua origem em 1810, durante o esforço modernizador do período joanino, e foi organizada pela iniciativa de dom Rodrigo de Souza e Coutinho, assessor do regente. Inicialmente previa a preparação de quatro armas – engenharia militar, artilharia, cavalaria e infataria –, o ingresso aos 15 anos e o regime de externato. Esse regime pouco militar – não previa o internato, por exemplo – foi alvo de críticas, a despeito de não ter arrefecido com as sucessivas reformas de ensino, como se verá adiante. Já em 1823 autoriza-se a entrada de "paisanos", e, segundo Walnice Nogueira

Galvão,⁵⁹ a clientela da escola era majoritariamente extraída da pequena-burguesia urbana sequiosa de mobilidade social.

Euclides ingressa na Praia Vermelha durante um período de grande fermentação, que se inicia com o retorno do Exército ao quadro de normalidade pós-Guerra do Paraguai e culmina com a República. Ao longo desses anos, o positivismo e as "idéias novas" que animavam a intelectualidade encontram guarida na Escola, em especial entre os jovens que se mobilizavam em torno do abolicionismo e do republicanismo. Celso Castro argumenta que é possível delimitar a formação de um grupo jovem dentro da Escola, entre 1874 e 1889. A chamada "mocidade militar" partilhava um conjunto de valores e práticas que implicavam uma forte coesão interna do grupo aliada a uma vocação para a intervenção pública. Seu estudo demonstra como, dentro da instituição, os alunos desenvolviam inúmeras atividades que procuravam estabelecer um ethos de coleguismo que combatesse a dupla marginalização que esses personagens vivenciavam:

> Como parte do Exército dentro da ordem monárquica dominada pelos bacharéis em direito e como um grupo de oficiais com estudos superiores dentro de um Exército que não se modernizava. O isolamento e o ressentimento daí resultantes possibilitariam o desenvolvimento de características ideológicas distintas e em grande parte contrárias às da elite civil.⁶⁰

No *Tabernáculo da Ciência* – nome dado pelos alunos à Escola – os jovens criavam jornais, grêmios e associações, além de organizarem passeios no tempo livre. A essas práticas somava-se o difuso positivismo que, sob a batuta de Benjamin Constant, grassava na instituição e combinava-se a uma ideologia de mérito pessoal, que produzia espíritos irrequietos e propensos à ação política. A combinação entre meritocracia e senso "missionário" se revelaria de forma explosiva no episódio ocorrido em novembro de 1888, quando Euclides teria jogado seu sabre no chão diante do comandante da Escola – general José Clarindo de Queirós –, quando da visita do ministro da Guerra, conselheiro Tomás Coelho. Esse ato deu origem a um grande escândalo que culminou "apenas" com sua expulsão (o imperador Pedro II suavizou a sentença de prisão). Em 1889, já após o advento do regime republicano, foi admitido na recém-formada Escola Superior de Guerra, sob os auspícios de Benjamin Constant, graduando-se finalmente em 1892.

Interessa aqui menos o "realmente ocorrido" (ato de insubordinação republicana ou protesto por não ter sido promovido a alferes-aluno?) que a explicitação de uma conduta que, embora disciplinada pelo positivismo como código moral, mostrava-se fortemente animada para a ação e a intempestividade. Ou seja, não se trata de um personagem sóbrio e austero apenas, como um *blend* fraco de puritanismo à brasileira, mas de uma personalidade voltada para a atividade irrequieta e estridente. Esse padrão marcaria a vida de Euclides, e seu próprio estilo de trabalho – absorto e dedicado, mas com alto nível de intensidade e obsessão. É de Gilberto Freyre a caracterização de Euclides como um "homem incompleto", espécie de pensador não disciplinado e com precária saúde emocional. Segundo Freyre, "Euclides quase nada teve desses homens completos, bem equilibrados e saudáveis, de que Nabuco foi, no Brasil, uma expressão magnífica".[61] Olímpio Andrade, por sua vez, afirma:

> Era como trabalhava. Encastelado na sua maneira de ser e de dizer, até hostil a tudo o que pudesse traduzir interferência indébita na sua obra; sempre incansável na procura do termo exato, não resistindo à sugestão da palavra que, a seu ver, caísse justa, como, aliás, já vimos ao tratar de suas relações com Teodoro Sampaio. ... O que importava era ser sincero consigo mesmo.[62]

Os estudiosos divergem sobre as aspirações profissionais de Euclides. Segundo Roberto Ventura,[63] outro importante biógrafo, o autor de *Os sertões* considerava a engenharia um ofício rude e inadequado, que lhe tolhia a imaginação e impedia-o de se dedicar ao exercício literário, ou, ao menos, à atividade de docência. Nessa perspectiva, pode-se dizer que Euclides se auto-atribuía uma vocação estética forte, que teria dificuldades em se viabilizar no ambiente da "sociedade de corte" que organizava a vida intelectual da capital no período. Já para Regina Abreu, "a engenharia foi fundamental na vida de Euclides. Ao identificar-se com essa profissão, ele se identificou com o que havia de mais moderno na época e, fundamentalmente, com uma profissão em que era necessário um instrumental científico e um conhecimento técnico, o que muito prezava".[64]

Note-se que Castro argumenta que a Escola Militar em que Euclides estudou não produzia reais vocações militares, mas permitia a ascensão social de estratos médios e populares, que se viam como uma espécie de "contra-elite" republicana. Segundo o autor, "na falta de perspectivas consideradas atraentes para a ascensão profissional dentro do Exército, os jovens 'científicos' passavam a interessar-se menos pela profissão militar (muitas vezes a falta de vocação era assumida) e mais por seu pertencimento à elite intelectual da sociedade".[65]

As ferramentas que a instituição dava aos alunos – ideologia do mérito, espírito de corpo, positivismo e culto à ciência – operavam como credenciais para que eles galgassem postos na elite intelectual do país. Dada a reserva existente nos cursos de medicina e direito, a engenharia se assemelhava a um ofício adequado para jovens como Euclides, como um espaço ideal para a realização dessas potencialidades auto-atribuídas. Walnice Nogueira Galvão[66] argumenta que a Escola sempre foi marcada por um programa de ensino teórico, mais voltado para a formação de bacharéis e doutores que para a preparação de quadros militares. A reforma de 1845, por exemplo, possibilitou que alunos que cumprissem sete anos de curso com aprovação plena (grau sete) teriam direito ao grau de doutor em ciências matemáticas. Mesmo a reforma de 1874, que ensejou a criação da Politécnica e a separação definitiva entre "civis" e "militares", não implicou a "militarização" da Escola localizada na Praia Vermelha, que continuou tendo a característica de operar como um centro de altos estudos no qual a distinção não se dava pela especialização técnica, mas pelo grau – os engenheiros militares, como Euclides, estudavam o conteúdo de todas as "armas", e mais um ano de especialização.

O período em São José do Rio Pardo, quando se dividia entre a vida social provinciana do lugar – marcada pelas tertúlias literárias com os "homens cultos" da cidade –, os trabalhos de construção e posterior restauração de uma ponte sobre o rio e os escritos relativos a Canudos evidencia a dificuldade de conciliar suas vocações. Ventura também destaca a instabilidade financeira e profissional do escritor-engenheiro, que se mostrava ansioso pela obtenção de uma cadeira universitária na Escola Politécnica que se almejava criar no estado de São Paulo. Em 1893 Euclides fez numerosos esforços para integrar os quadros da então recém-criada Escola, mas os resultados lhe foram adversos, e a sombra de orientação política pairou sobre o concurso. Note-se que Euclides havia criticado em artigos de jornal o projeto original de criação da Escola, fato que provavelmente atrapalhou seus planos. Sua insistência em fazer o concurso diz tanto sobre sua forte convicção meritocrática interna quanto sobre sua disposição para a estabilização profissional numa posição de destaque. Sobre o episódio, José Carlos Barreto de Santana, outro estudioso do engenheiro Euclides, afirma:

> O Euclides da Cunha que em 1893 alimentou esperanças de integrar os quadros da Escola Politécnica de São Paulo, na cadeira de astronomia, era um jovem engenheiro que expressava destemida e desabridamente as suas idéias sobre política e ciências em artigos publicados em jornais, e, acima de tudo, alguém que buscava uma solução civil e estável para livrá-lo de uma vez da farda de oficial do exército que já o incomodava.[67]

Voltando ao tema que organiza as preocupações deste capítulo, percebe-se que a engenharia euclidiana não se pautava pelos padrões franceses que estruturariam a vida profissional do Rio de Janeiro no período. Segundo Regina Abreu:

> Havia também divergências importantes com relação ao significado e ao sentido da engenharia para uns e outros. Euclides da Cunha, como Rondon, privilegiava o trabalho das comissões pelo interior do país por acreditar que nesse trabalho estavam as reformas de base necessárias, sendo absolutamente cético com relação às reformas urbanas que se multiplicaram na virada do século. No seu entender, essas reformas eram superficiais, "reformas pelas cimalhas", e o país precisava de

trabalho mais amplo, que interligasse todo o território nacional e incorporasse o conjunto das populações dispersas no todo nacional.[68]

A autora atribui essas percepções distintas ao ethos próprio dos engenheiros militares, que se diferenciariam de seus pares civis. Santana,[69] por sua vez, destaca a constante insatisfação de Euclides com suas obrigações da farda. A análise do epistolário euclidiano que trata do tema revela que Euclides mostrava-se insatisfeito não propriamente com sua profissão, mas com suas condições de exercício. Uma evidência de tal disposição encontra-se numa carta de setembro de 1895, endereçada ao dr. Brandão:

> Acabo de alterar mais uma vez a orientação da minha vida. Reconheci que não poderia suportar a vida da roça e, com a aprovação do meu velho, resolvi abraçar a minha profissão de engenheiro aqui em São Paulo – onde estou com a família. ... Acho-me empregado – como engenheiro ajudante nas Obras Públicas daqui; não tenho entretanto desejo de ser por muito tempo empregado público; aproveitarei a primeira oportunidade que tiver para exercer a minha profissão mais dignamente.[70]

A passagem evidencia que a questão que afligia Euclides era sua condição de empregado público, e não a adesão à engenharia como opção profissional. No dia 26 do mesmo mês, a carta a João Luís Alves\* é a comprovação mais forte a reforçar a tese de Regina Abreu, já que Euclides mostra-se entusiasmado com seus compêndios e suas novas funções técnicas. Nela, Euclides escreve:

> A vida ativa de engenheiro, mas de engenheiro a braços com questões e não cuidando de emboços e rebocos em velhos pardieiros – veio convencer-me que tinha muito a aprender e que não estava sequer no primeiro degrau de minha profissão. Por aí já vês que a minha atividade intelectual agora converge toda para os livros práticos – deixando provisoriamente de lado os filósofos, o Comte, o Spencer, o Huxley etc. – magníficos amigos por certo, mas que afinal não nos ajudam, eficazmente, a atravessar esta vida cheia de tropeços e dominada quase que inteiramente pelo mais ferrenho empirismo. Infelizmente é uma verdade: as páginas ásperas dos *Aide-Memoires* ou dos *Enginer's Pocketbooks* são mais eloqüentes, neste fim de século, do que a mais luminosa página do nosso mais admirado pensador.[71]

A busca de estabilidade e segurança estava relacionada à própria desconfiança que o escritor nutria a respeito do meio social em que transitava. Em

---

\* João Luís Alves (1871-1925) foi um dos personagens com quem Euclides mais se correspondeu de forma sistemática. Advogado mineiro, Alves voltou-se para o campo da política e se tornou sucessivamente deputado, senador, ministro da Justiça e do Supremo Tribunal.

carta ao amigo Francisco Escobar, de maio de 1902, Euclides mostra insatisfação diante dos personagens que o cercavam, e afirma: "É possível que tome, afinal, a resolução de ir para a Politécnica, onde há bons companheiros e poderei encontrar os elementos de vida que faltam nesta convivência estúpida com as dezenas de empreiteiros que me rodeiam."[72]

O progressivo sucesso de Euclides com a publicação de *Os sertões* (atestado pelas boas recepções de José Veríssimo e Araripe Jr.) tornou o escritor impaciente com sua inscrição profissional, que não lhe permitia estabelecer-se de forma definitiva como um homem de letras. Em carta a Max Fleiuss, datada de março de 1904, Euclides afirma: "Aqui estou às voltas com o meu triste ofício de engenheiro. Quer isto dizer que bem pouco tempo me sobra para cuidar de coisas mais altas."[73] Entretanto, em abril do mesmo ano viaja para o Rio de Janeiro em busca de uma colocação afinada ao seu "triste ofício", e escreve carta a Coelho Neto relatando o fracasso de suas tentativas. Sua visita ao então ministro da Viação e Obras Públicas, Lauro Muller, antigo colega de Escola Militar, resulta em decepção, dada "a legião inumerável de engenheiros desempregados, que entope as escadas das secretarias".[74] Francamente desconfortável diante da situação de anonimato em que se encontrava, Euclides logra ser acolhido e até recebe promessas de emprego que o animam momentaneamente. Dias depois, contudo, escreve ao amigo Vicente de Carvalho, já do Guarujá, e afirma que:

> Estive no Rio. Fui cativamente recebido pelo Lauro Muller; e voltei cheio de esperanças. Considerando, porém, o doloroso estado em que encontrei ali a pobre engenharia – torpemente jogada na calaçaria estéril da rua do Ouvidor ou entupindo as escadas da secretaria –, creio bem que todas as esperanças são vãs. Que poderão arranjar-me?[75]

Essa seqüência de correspondências atesta a dúbia relação que Euclides nutria com a engenharia. Por vezes, esta lhe parecia uma profissão nobre, afeita ao ritmo da vida moderna e ao novo século que se abria, mas a possibilidade de se firmar como um homem de letras no Rio de Janeiro surgia como um futuro tentador e possível. Sua formação na Escola Militar e seu treino técnico lhe pareciam constituir um interessante capital, mas os parcos caminhos oferecidos aos engenheiros numa sociedade fracamente americanizada eram obstáculos a uma carreira sólida e estável. Ao mesmo tempo, os interesses e personagens que rodeavam sua atividade (como os empreiteiros) eram percebidos como fatores desestimulantes, como que o lembrando da rotina medíocre e estafante que marcava a engenharia brasileira. Na mesma carta a Vicente de Carvalho, Euclides desabafa:

Doloroso é isto: tenho 12 anos de carreira fatigante, abnegada, honestíssima, elogiada, traçada retilineamente; passei-os como uma asceta, com a máxima parcimônia, sem uma hora de festa dispendiosa, e chego ao fim desta reta tão firme, inteiramente desaparelhado! Nada caracteriza melhor as deploráveis condições deste país, para os trabalhadores verdadeiramente dignos de nome.[76]

Entende-se melhor essa disposição pelo recurso à própria moldura da personalidade euclidiana, delimitada pelo positivismo como código moral e pela ética de convicção que o animava. Nesses termos, a engenharia significaria menos uma profissão que a possibilidade de realização de uma vocação estranha aos códigos e comportamentos que estruturariam o acesso à "sociedade de corte" carioca. Não à toa, Abreu argumenta que Euclides se aproximaria progressivamente dos paulistas. Nas suas palavras, "na verdade, sua trajetória sinaliza aprofundamento cada vez maior dos laços com os paulistas não apenas por meio de sua colaboração com *O Estado de S. Paulo*, mas também por sua atividade contínua de engenheiro em pequenas cidades do interior do estado".[77]

Esse é o sentido também da adesão ao princípio meritocrático e à formação científica dada pela Escola Militar. Afinal, se biógrafos e estudiosos divergem sobre a vocação de Euclides para a engenharia e a respeito de suas relações com as tarefas militares, concordam em apontar essa ética da convicção como poderoso motor interno que dinamizava a conduta do escritor-engenheiro. Nesses termos, a "engenharia periférica" significa uma mirada profissional e afetiva para fora do mundo urbano e a procura por uma vocação americana possível para um personagem refratário ao ambiente da "sociedade de corte" e sequioso das suas autopercebidas vocações estéticas. Como afirma o autor de *Os sertões* em outubro de 1902, em carta endereçada ao amigo Vicente de Carvalho: "É que – homem prático, massudo enrijecido nessa engenharia rude – não avalio as grandes abstrações dos sonhadores, as promessas enganadoras dos poetas."[78] Esse personagem enrijecido pela rudeza da engenharia não se inseria de forma lógica no ambiente social que organizava sua vida profissional. Em carta de 1895 ao amigo João Luís Alves, escrita de São Paulo, Euclides dizia:

> Deves saber que a minha índole é contraposta ao meio tumultuoso em que estou, aonde a *luta pela vida* lembra, pela ferocidade e pelo bárbaro egoísmo – a agitação da idade das Cavernas. Estou entre trogloditas que vestem sobrecasaca, usam cartola e lêem Stuart Mill e Spencer – com a agravante de usarem armas mais perigosas e cortantes que os machados de sílex ou rudes punhais de pedra lascada. Imagina agora que milagres tenho feito, vou bem entre eles! Não me devoraram ainda e – fato singular! – não precisei para isto despir-me da rude simplicidade espartana que desgraçadamente tenho.[79]

Essa automodelagem é confirmada no registro ensaístico e literário de Gilberto Freyre, que assim caracteriza Euclides:

> Ele foi o "celta", o brasileiro, o baiano raro que não riu: ou riu tão raramente que nunca o imaginamos rindo nem mesmo sorrindo. Ao contrário do brasileiro típico – isto é, o típico em cuja composição entrasse a quase totalidade dos subtipos regionais – não foi nenhum "homem cordial", de riso fácil e gestos camaradescos; nem nenhum guloso de mulheres bonitas ou simplesmente de mulheres, do gênero que se extremou em Maciel Monteiro e se vulgarizou em Pedro I, a quem as próprias molecas interessavam. Nem mesmo um simples guloso de doces, de bons-bocados, de quitutes feitos em casa. Varnhagen cozinheiro e Rio Branco regalão, curvados em mangas de camisa sobre alguma peixada à brasileira, devem ter lhe parecido ridículos. Varnhagen quituteiro – ridículo e até desprezível para a sua masculinidade convencional de *he-man* e para a sua temperança de caboclo ou "tapuio".[80]

Sua estabilização literária, como se sabe, foi conseguida de forma inesperada, graças a uma progressiva consagração da crítica, em especial de Araripe Júnior e José Veríssimo, consagração que o levou à ABL. Na interpretação de Regina Abreu, "a eleição de Euclides para a Academia Brasileira de Letras revelava outro aspecto decorrente da consagração de *Os sertões*. Vencendo sua candidatura, vencia a sociedade do talento e do mérito. Um engenheiro transformava-se, repentinamente, em escritor, sem padrinhos, apenas com a arma do talento e do mérito".[81]

Na interpretação da autora, essa trajetória teria servido para consagrar o grupo dos intelectuais "sertanejos" – dentre os quais formava Sílvio Romero, autor do discurso de recepção a Euclides na Academia –, que tinham como alvo o padrão de sociabilidade e atividade que acreditavam ser ditado por Machado de Assis.

Euclides consegue adentrar os altos círculos da capital federal ao ser recrutado para o Itamaraty. Contudo, longe de significar uma estratégia para o relaxamento e para a consagração fácil, essa inscrição diplomática lançou-o a uma nova viagem, desta vez ao Amazonas. Na interpretação de Walnice Nogueira Galvão:

> Embora a glória lhe chegue, e logo, com a publicação de *Os sertões* em 1902, a conseqüente eleição para a Academia Brasileira de Letras a 21 de setembro de 1903 e a posse no Instituto Histórico e Geográfico Brasileiro a 20 de novembro de 1903, jamais conseguirá uma posição à qual corresponda algum poder além do prestígio, como tanto queria. Embora nunca se torne um escritor áulico, a exemplo da maioria dos intelectuais coevos, e mantenha um poder de fogo crítico intacto, será sempre neutralizado, e, embora apenas nesse sentido, marginalizado.[82]

Continuava, portanto, a saga de um personagem convencido de sua "missão", e ainda mobilizado por um sentimento de inadequação, que via no "deserto" uma espécie de lugar social mais afeito a uma boa vida.

### Engenharia, terra e ethos

A aproximação entre Vicente Licínio e Euclides da Cunha foi percebida por alguns que conviveram temporalmente com os personagens. Em 1931, ano da morte de Licínio, Ítalo Savelli escrevia um artigo no *Correio de São Carlos*, no qual afirmava que os dois pensadores se caracterizariam pelo choque com o meio "medíocre" que circundaria ambos. No entender de Savelli: "Aqui todo intelectual é um fracassado, porque sente em torno de si a sensação do vácuo."[83] Percebe-se, portanto, a persistência dessa percepção, para a qual Licínio e Euclides certamente colaboraram.

Interessa-me destacar o significado dessa estranha engenharia que marcou a inscrição desses homens na vida brasileira na Primeira República. Mais que uma profissão, a engenharia surgia como uma modelagem específica de intelectuais que não viam nos padrões hegemônicos da intelectualidade nacional espaço para suas vocações "americanas". Esses homens animados pela cultura técnica, oriundos de setores médios interioranos ou de segmentos urbanos ascendentes, reconheceram no positivismo característico da engenharia politécnica menos uma doutrina que uma forma de atuar no mundo. Nesse registro, o positivismo operou como uma espécie de código moral, capaz de animar personagens disciplinados, austeros e obstinados para o tema da reforma e do engajamento ético-existencial. Tanto a Politécnica quanto a Escola Militar funcionavam como agências de socialização afetiva e intelectual, contribuindo para a formação de jovens que se acreditavam intelectuais de novo tipo. A engenharia, nesses casos, não era exatamente um ofício especializado, mas o caminho possível para a inscrição desses personagens na vida social da cidade.

O Rio de Janeiro da Primeira República possuía um padrão de arranjo intelectual que não deixava grandes alternativas para esses "engenheiros tortos". Jovens talentosos e profundamente imbuídos de uma formação positivista que os dotava de uma espécie de "senso de missão", tampouco familiarizados com o jogo oligárquico que envolvia em frivolidade e beletrismo o mundo dos literatos, esses personagens também não pareciam encontrar espaço no modelo "francês" de engenharia – representado pelo Clube de Engenharia.

Nicolau Sevcenko[84] fornece boa análise desse período e trata de questões convergentes, em especial no que se refere a Euclides. Em sua interpretação, as primeiras décadas da República teriam sido marcadas pela emergência de padrões morais e econômicos mais dissolutos, que teriam permeado o jogo intelectual e político com o signo do interesse e da especulação desenfreada. Esse ambiente seria visto por Euclides como resultante de um processo de degeneração que afastava os homens da ciência e do talento intelectual e premiava os medíocres e os frívolos. Ao mesmo tempo, o Rio de Janeiro não se configurava como uma forte cidade industrial, assentada na fábrica e seus valores. Espremido entre uma engenharia "nobre" e uma vida intelectual "corrompida", Euclides construía sua identidade a partir dessa tensão, aliando sentimento de exclusão e vocação "missionária". O tema da ciência como "missão" de personagens exemplares que deveriam retirar a República da "lama liberal-oligárquica" que a corrompia é também tratado por Sevcenko, assim como a relação entre esse mal-estar social e a imaginação espacial euclidiana. Nas palavras do autor: "Era a amplitude das paragens sertanejas que lhe impressionava mais fundamente a sensibilidade, reforçada por um certo mal-estar que o tomava nos ambientes urbanos."[85] Esse diagnóstico do historiador paulista é confirmado por uma carta escrita por Euclides a Coelho Neto, em março de 1905, enviada da cidade de Manaus. Enquanto esperava, impacientemente, a partida para uma expedição organizada pelo Itamaraty através do Jurá e pela fronteira peruana amazônica, afirmava

> Não te direi os dias que aqui passo, a aguardar o meu deserto, o meu deserto bravio e salvador onde pretendo entrar com os arremeços britânicos de Livingstone e a desesperança italiana de um Lara, em busca de um capítulo novo do romance mal arranjado desta minha vida. E eu já devia estar dominando as cabeceiras do rio suntuoso, exausto nos primeiros boléus dos Andes ondulados. [86]

Vicente Licínio Cardoso também não parecia atraído pelo tema da cidade, e menos ainda pelo Rio de Janeiro e os principais círculos intelectuais que o estruturavam. Boa parte de seus artigos era publicada em jornais de São Paulo, e mantinha amizades e contatos nessa cidade – que classifica como "a expressão urbana da democracia". No já citado texto sobre psicologia das cidades – "Psicologia urbana" –, afirmou:

> Rio de Janeiro é a expressão urbana da evolução do Brasil como nação, através de seu passado histórico. São Paulo é, ao contrário, uma antecipação do futuro, expressão que é de um novo Brasil, vitalizado pela continuidade da imigração do braço europeu, implantando, na agricultura e na indústria, processos evolutivos mais enérgicos e mais ousados, ora espontaneamente aclimatados, ora vitoriosamente coordenados e dirigidos pela audácia criadora dos descendentes dos bandeirantes.[87]

A análise de Sevcenko ilustra o sentido do desencanto que aflige parte da geração republicana. Esse sentimento juntava-se à percepção de que o advento da República teria sepultado quaisquer ordenamentos estáveis que produzissem estabilidade social e uma hierarquia de papéis que pudessem ser exercidos por esses "republicanos marginais". Não à toa, a releitura do Império empreendida por muitos desses personagens nos anos 1920 exaltaria justamente a tradição centralizadora que conferia àquela ordem social uma organicidade inexistente na Primeira República. Pode-se dizer que esses homens alimentavam uma espécie de nostalgia da tradição, nutrida pela sensação de que a dinâmica dos interesses libertada pelo movimento de 1889 teria contribuído para a mediocrização e leviandade. O rumo dessa floração republicana estaria, desde então, fadada a vasculhar a formação brasileira em busca de algo que pudesse sustentar uma República orgânica, que não sucumbisse à maré niveladora e privatizante. Não é difícil localizar nesse conjunto de atitudes e sentimentos certo diagnóstico tocquevilleano que permite compreender a experiência intelectual específica vivenciada pela geração de Vicente Licínio Cardoso e consubstanciada na obra clássica À margem da história da República. Nesta, podem-se localizar os diversos dilemas que envolviam essa busca por uma tradição "desmontada": os ecos das discussões raciais, o apego a narrativas formadoras que apreendessem o nosso "espírito nacional" e a predileção por uma filosofia espiritualista que fornecesse uma idéia capaz de organizar a dispersão republicana.

Mobilizando esse panorama interpretativo para o caso dos engenheiros, percebe-se que a formação politécnica e o treinamento científico dado pela Escola Militar facultavam aos jovens egressos das camadas médias, ascendentes ou populares, aspirações que não encontravam guarida nos circuitos hegemônicos da vida intelectual do Rio de Janeiro. Se a cultura científica adquirida os animava a pleitear uma posição de destaque na reorganização social, os postos técnicos não se multiplicavam na vida produtiva – causando as filas nas escadarias da secretaria, na cena descrita por Euclides – , o que emperrava o exercício de vocações mais industriais, características da engenharia americana. Ao mesmo tempo, a sensação de que a fábrica não era o espaço por excelência dos "politécnicos" – dado que toda sua formação enfatizava um difuso positivismo que supostamente os credenciava a operar como elites estatais – movia-os para caminhos outros, talvez mais periféricos.

Não à toa, Euclides e Vicente Licínio foram posteriormente identificados com o grupo dos "republicanos críticos", composto por homens nascidos ou formados no alvorecer da República, mas que alimentaram forte sentimento de decepção e desencanto. Suas trajetórias indisciplinadas na engenharia evidenciavam a tensão que envolvia a combinação entre uma formação técnica e aberta para temas do "moderno" – ciência, fábrica, máquina – e vocações reprimidas que desaguaram em outros campos, mas que trouxeram ainda suas marcas de origem. Esse desencanto vivido por inúmeros personagens republicanos ganhava tonalidades mais fortes na medida em que os engenheiros eram os portadores por excelência dos novos valores da vida moderna – técnica, especialização e conhecimento de assuntos próprios à organização material da sociedade. Essa idéia de "novos homens" assentava-se também no próprio conjunto de disposições e atitudes que configuravam o ethos positivista dos personagens. Mais do que homens práticos eram homens "sinceros" e graves, que tinham como modelo intelectual a figura do "soldado-cidadão" (note-se que Benjamin Constant era figura admirada por ambos).

Euclides e Vicente Licínio são representantes de uma "engenharia periférica", que não era de modo algum exclusividade do cenário intelectual brasileiro. Não se trata de sustentar uma marginalização desses personagens, mas de apontar uma determinada forma de inscrição no mundo que encontrou guarida na engenharia, e que se realizava mais como um determinado ethos que propriamente uma profissão. No caso, ser engenheiro servia como uma válvula de escape para personagens que acreditavam não se enquadrar nos figurinos disponíveis até então para as atividades intelectuais – figurinos aos quais os personagens estudados no Capítulo 2 se ajustaram com perfeição. Com um forte senso de missão, pertinácia e celebração do trabalho e da atividade produtiva, esses homens não eram propriamente profissionais da engenharia no sentido estrito, mas tinham em comum um código moral que lhes dava disciplina.

O dilema que envolvia a inscrição de jovens de origens médias ou populares, dotados de uma formação técnica, em sociedades cujos processos de modernização restringiam a entronização dos engenheiros como funcionários "ordinários" estava presente também em outras sociedades, como a russa, que tanta curiosidade despertava em Euclides e Vicente Licínio. Dostoiévski, figura literária admirada por ambos, era ele próprio um jovem com vocações literárias que foi mandado pelo pai para Academia Militar de São Petersburgo, em 1836, onde experimentou a sensação de não pertencer à nobreza técnica que ali transitava. Segundo Joseph Frank,[88] um de seus melhores biógrafos, a ingratidão e o ressentimento seriam sentimentos básicos na formação da personalidade de Dostoiévski. Aliás, a construção de personalidades "humilhadas e ofendidas" é tema recorrente na literatura russa, e expressa um mal-estar urbano que acossava especialmente jovens talentos, com fortes vocações intelectuais (reais ou imaginadas), que se chocavam diariamente com uma sociedade rigidamente estratificada e ainda corroída por negocistas, aproveitadores, oportunistas, medíocres e toda a fauna humana produzida pela modernização capitalista. Um estudioso da história da ciência na Rússia mostra como a formação de uma inteligência técnica nesse país era uma criação estatal, e as instituições educacionais que produziam os integrantes desse grupo recrutavam, principalmente, os filhos da nobreza. Segundo o autor, "isso criou uma mentalidade corporativa e de casta, um resíduo que permaneceu forte nos anos pós-1917, e tornou-se um assunto de alguma importância. ... Trabalho técnico diretamente na produção era considerado terreno das ordens sociais mais baixas".[89]

A posterior incorporação de estratos médios nesse cenário certamente agravaria a tensão entre cultura técnica e uma ordem social fechada, fortemente controlada pelo czar. Embora distante do cenário da Primeira República, esse quadro também envolvia um choque entre a emergência de estratos médios pela via da ciência moderna e a persistência de padrões sociais que pareciam extremamente injustos a esses jovens "ressentidos". Sobre a extensão do recrutamento dos engenheiros, Bailes afirma que: "Mesmo crianças da nobreza, que freqüentavam tais instituições de forma desproporcional ao seu número na sociedade, eram freqüentemente empobrecidos ou oriundos de famílias de status econômico decrescente que desejavam uma profissão promissora para seus filhos e não possuíam contatos ou recursos para outras carreiras."[90]

A percepção dessa semelhança de experiências intelectuais entre republicanos brasileiros desencantados e jovens russos ressentidos e sem lugar social não é nova. O próprio Sevcenko sugere que o que chama de "mosqueteiros intelectuais" da Primeira República – escritores convencidos de uma missão ético-transformadora – valorizavam a dimensão "utilitária" da cultura tanto quanto a chamada *intelligentsia* russa, embora o historiador não explore as possibilidades dessa comparação.

A experiência de uma "engenharia periférica" deve ser compreendida não apenas como uma espécie de desvio do campo profissional, como seria de se esperar numa análise marcada por uma sociologia das profissões. Trata-se de recuperar o sentido intelectual da engenharia e das marcas que esse sentido teria deixado nos personagens, sentido este marcado pelas seguintes características: a realização de vocações "americanas", afeitas à cultura técnica e aos temas da vida material, e ciosas de condutas e estratégias que não se enquadrariam nos percursos tradicionais da elite intelectual nacional; a presença do positivismo não como doutrina, mas como código moral galvanizador de um ethos marcado pela disciplina, ética-existencial missionária e pela aversão aos padrões de sociabilidade intelectual da vida urbano-literária carioca; e a expressão de um desenraizamento profissional característico dos padrões de evolução da engenharia brasileira. Os três aspectos podem ser visualizados como dimensões de um "americanismo positivista" próprio de Euclides e Licínio.

O choque de uma rápida modernização liberal que não parecia ampliar o leque de "dirigentes" para jovens egressos de uma formação politécnica imprimia no pensamento de ambos uma percepção do desvio desse processo e da necessidade de uma reinterpretação do nexo engenharia/modernidade. Nesses termos, não é de se estranhar a presença da categoria "terra" nos escritos euclidianos e licinianos, como que a evidenciar a busca desses personagens por uma interpretação do processo civilizador brasileiro em outros moldes. Assim, o sentido dessa engenharia não se esgota na identificação de trajetórias tortuosas no indefinido campo intelectual do período, como se a terra representasse um escape romântico para caminhos pessoais emperrados na cidade da República das Letras. Afinal, a mobilização da categoria "força da terra" em alguns escritos de Licínio não serve a propósitos românticos ou essencialistas, mas opera como ferramenta comparativa que lhe permite aproximar o Brasil de uma cartografia intelectual específica, mais afeita à sua própria inscrição social.

Não se trata de atribuir uma causalidade para a relação entre engenheiros e terra. Como o trabalho de Nísia Lima evidenciou, a intelectualidade republicana como um todo se mostrou animada pelo tema espacial e por narrativas que elegessem o nosso espaço periférico por excelência – o sertão – como chave principal de interpretação. Esse movimento atingiu não apenas engenheiros, mas sanitaristas, médicos, higienistas, não por acaso, funções e atividades relacionadas, de uma forma ou de outra, ao caldo cultural politécnico-positivista. Entretanto, explicações mais finas sobre motivações podem e devem ser buscadas, atentando para os matizes que envolviam essa "ida ao povo". Seria esse movimento de redescoberta do Brasil portador de um sentido unívoco para todos os seus participantes e entusiastas? Acredito que não. Além do mais, a relação da engenharia com esse tema guarda características sociologicamente significativas, na medida em que essa atividade envolve, de maneira mais direta, a absorção de conhecimentos, práticas e temas próprios do Modernismo – como o tema da máquina, por exemplo.

Nesse sentido, a identificação desse nexo específico entre engenharia e terra ilumina problemas da modernização periférica e da produção de um modernismo que possa ser comparado com outras experiências que se defrontaram com tensões similares. Se a engenharia foi um dos campos por excelência para o desenvolvimento de um imaginário modernista forte, como compreender a relação entre uma determinada forma de experimentar esse campo e a produção de formulações intelectuais que encontram seu destino não nos locais por excelência dessa imaginação – fábrica, cidade, máquinas –, mas em geografias outras, próprias de contextos periféricos?

A metafísica da terra responde a dilemas próprios de sociedades em contextos de afirmação da ordem moderna e da própria cultura modernista. No Brasil da Primeira República, parte desse dilema envolvia o debate em torno da nossa experiência americana e da sua relação com nossa tradição perdida. No capítulo anterior, analisei uma formulação desse problema, centrada num certo entendimento da viabilidade de nossa "terra americana". A mobilização do tema da "natureza melancólica" em personagens como Graça Aranha e Ronald de Carvalho, por exemplo, encontrava sua resolução num registro espiritualista que destoava da família Euclides-Vicente Licínio, forjada na sociologia materialista dos engenheiros, a despeito de todos se voltarem para a mesma geografia e, em alguns casos, compartilharem categorias e formas expressivas. Enquanto aqueles se mostravam ambíguos diante da relação entre americanismo, tradição e modernidade, estes, dada sua inscrição distinta na vida social do período e as modelagens intelectuais diversas, engajavam-se mais decisivamente numa variante mais aberta e criativa dessa figuração. Isto é, a terra como categoria de reinvenção do Brasil traduzia a ânsia desses engenheiros periféricos de se posicionarem como uma intelectualidade de novo tipo, desvinculada dos tradicionais papéis sociais reservados à intelectualidade nativa. Nos próximos capítulos mostrarei o sentido da "sociologia política da terra" de Euclides e Vicente Licínio, assim como suas proximidades e distâncias com o clássico tema da natureza americana na imaginação brasileira.

# 4 A Terra Euclidiana

### Terra e civilização

A notável fortuna crítica de *Os sertões* pode ser atestada pela ainda prolífica produção destinada a sua exegese e interpretação, consubstanciada em teses, artigos e livros. Desde seu lançamento, a obra parecia vocacionada a provocar uma enxurrada de escritos críticos, boa parte deles reunindo dois níveis interpretativos. Por um lado, uma incessante discussão a respeito da economia interna da obra: análise do estilo, decifração de argumentos, construção do texto etc. Por outro, uma não menos insistente busca pelo desvendamento da interpretação do Brasil que se poderia extrair do cipoal barroco tecido por Euclides. Os dois níveis de leitura enquadram as perguntas que costumam acompanhar os círculos hermenêuticos que estruturam as leituras euclidianistas: seriam *Os sertões* uma obra eminentemente literária, com o devido tributo ao cientificismo da época, ou uma peça investigativa que combinaria de forma brilhante questões científicas e estilo ficcional? Qual é, afinal, o lugar desses "sertões" na teoria mais ampla do autor sobre a civilização brasileira? O que significaria a "condenação à civilização"? Qual o estatuto da discussão racial feita na obra, e qual sua relação com a interpretação desenhada?

Uma pesquisa sobre Euclides da Cunha deve enfrentar todos esses problemas, além de lidar com o vasto repertório interpretativo já produzido sobre o autor e sua obra. No caso deste livro, não se pretende fazer uma densa análise de *Os sertões*, nem uma extensa reconstrução do perfil intelectual do autor. Trata-se de mobilizar alguns temas a partir de uma leitura dos escritos euclidianos sobre a Amazônia, tendo em perspectiva o argumento sustentado ao longo do texto. Ou seja, inicialmente discuto o sentido assumido pela categoria "terra" na obra de Euclides. Em seguida, argumento que a obra *Os sertões* apresenta uma profunda tensão (entre outras, diga-se de passagem) entre o problema da afirmação da civilização numa sociedade marcada por sua condição periférica e a postulação de uma espécie de ontologia essencialista, obcecada pela busca de uma origem nacional. Nesse sentido, o dilema de Euclides da Cunha é extensivo aos euclidianos, obstinados caçadores dessa originalidade, e aos intérpretes do pensamento brasileiro que tendem a restringir o tema da terra ou mesmo dos sertões a uma discussão sobre nossa identidade nacional. Finalmente, argumento que uma leitura dos escritos de Euclides sobre a Amazônia ilumina outros aspectos de sua argumentação, com destaque para uma visão da terra não mais como eixo essencialista, irmã siamesa da raça, mas como forma simbólica associada ao tema da invenção e da produção aberta de uma matriz civilizatória que não se prenda a uma origem fundacional. Para tanto, além dos escritos do autor sobre a Amazônia, lanço mão também de seus textos sobre a Rússia e sobre as ferrovias sul-americanas para mostrar como o tema da barbárie ganha tratamento diverso daquele apresentado em *Os sertões*. De um modo geral, sigo a perspectiva construída ao longo deste livro, assentada na idéia de que é possível extrair uma interpretação do processo de modernização brasileiro a partir de uma leitura da categoria terra e dos usos associados a ela no pensamento social brasileiro, tendo por objeto a obra dos dois autores aqui estudados.

\* \* \*

É conhecida a estruturação que Euclides dá a *Os sertões*, dividida em três grandes seções: "A terra", "O homem", "A luta". Longe de serem momentos estanques, as três estão intimamente relacionadas, já que a primeira não é uma mera apresentação do cenário da tragédia de Canudos, mas a análise de um de seus principais atores. Num primeiro momento, pode-se argumentar que o autor se aproxima do positivismo francês, em especial de Taine, que dá grande destaque à influência do meio físico na configuração das sociedades e da ação humana. Assim, a terra operaria como uma variável científica, substrato que moldaria os temas realmente relevantes – como o homem sertanejo e seus costumes, por exemplo. Não é essa, contudo, a posição dos inúmeros intérpretes de *Os sertões*. Leopoldo Bernucci afirma: "Quanto à descrição da geografia do sertão, para muitos de seus intérpretes já não cabem dúvidas que Euclides se inclina definitivamente para o lado do imaginário."[1] Bernucci aproxima a construção tripartite euclidiana da obra histórica de Victor Hugo a respeito da Vendéia – *Quatrevingt-treize* –, enfatizando que a estruturação naturalista de ambas seria permeada por uma lógica épica própria do Romantismo tardio. Fiel a sua formação em crítica literária, o autor discute o tema tocando nas características da mimese mobilizada por Euclides e Hugo. A economia naturalista das obras ganharia outros contornos nas mãos de autores com essa formação. Bernucci, inicialmente, afirma:

> Mesmo um escritor, como Victor Hugo, pouco afeito às teorias deterministas de seus colegas naturalistas não conseguiu escapar da ardilosa e persuasiva força com que os sisudos doutores das ciências da época, tirando-a do bolso do colete, anunciavam a fórmula mágica que iria vaticinar a compreensão dos caracteres humanos. A fórmula era relativamente simples, mas condenada ao fracasso: "Dize-me de onde vens e eu te direi como és."[2]

Em seguida, ele mostra como a absorção dessas teorias opera na escrita dos dois autores, aproximando-os e destacando a dimensão narrativa que empresta sabor ficcional e imaginativo ao Naturalismo. Nos seus termos:

> São a floresta e o deserto os *loci* que encarnam o mistério, o silêncio e o segredo; espaços geográficos diametralmente opostos, e no entanto intimamente atados pelas lianas inextricáveis da analogia de Hugo, não deixando sequer que o nosso discernimento as penetre em busca de uma possível dissociação. A analogia se constrói à força do pensamento e da linguagem, e somos obrigados a aceitá-la sob pena de ver derruído todo um sistema de sustentação discursiva. A saber, aquele em que se instala o símile.[3]

Nesta passagem, fica evidente que a análise do tema segue uma linhagem interpretativa que destaca a combinação entre ficção e ciência na escrita euclidiana. A decifração do "naturalismo" do autor é operada a partir de uma crítica literária que mostra os procedimentos ambíguos do narrador, o que escapa ao enquadramento que adoto neste livro. Certas idéias, todavia, são semelhantes. Citaria especialmente a sugestão de Bernucci de que os espaços naturais que são descritos nas obras dos dois autores não seriam apenas cenários físicos específicos, mas elementos de sistemas discursivos que trabalham por comparação. Tratando novamente da floresta e do deserto, ele afirma:

> Em última análise, esses dois universos se estendem para além de suas fronteiras nacionais à procura de uma equação, expressa pelo *aqui* e o *lá*, sendo este segundo termo um proverbial antecedente do sistema comparativo do discurso dos dois autores. Seria na primitiva África, como poderia ter sido no vetusto Oriente, onde encontraremos os termos de comparação.[4]

Como se vê, o autor sugere que a terra desvendada por Euclides escapa à mera representação física de um lugar, e converte-se em poderosa imagem de cunho comparativo, num procedimento estilístico que evoca a leitura que Antonio Mitre faz da obra de Sarmiento – aliás, outro autor analisado por Bernucci e comparado a Euclides. Novamente, pela chave da crítica literária, o intérprete diz: "Os estudiosos preocupados com o problema da ontologia representacional do *Facundo* e d'*Os sertões* não poderiam deixar passar despercebida a observação de que a empresa sarmientiana e euclidiana visava muito mais àquilo que Aristóteles chamou de o 'imaginar' ser do que o 'ser em si'."[5]

Rumo semelhante segue José Carlos Barreto de Santana. Operando no registro da historiografia da ciência, ele volta-se para a relação entre ciência e arte em busca da solução de um mistério: como Euclides, engenheiro que lia e dialogava com geólogos, pôde inventar tanto na seção "A terra" de *Os sertões*, recheada de imprecisões e fantasias, como o "grande planalto central brasileiro", que o autor estende por limites impróprios? Diante da possibilidade do erro, Santana prefere um caminho mais sutil que, assim como o de Bernucci, ressalta a dimensão imaginativa da fabulação científica euclidiana. Ou, como afirma o autor:

> Assim, acredito que existe nas primeiras páginas de *Os sertões* a intenção de fundar uma geografia e uma paisagem, baseadas inicialmente no diálogo com os textos preexistentes, que ganham caráter de testemunho do que era conhecido, mas esta geografia e paisagem guardam em si estreita correspondência com o que será encontrado ao longo do livro, ainda que seja necessário, para isso, criar um conceito que revele "sentidos insuspeitados".[6]

As fantasias geológicas do autor não seriam derivações de erros, mas produções discursivas destinadas à revelação de dimensões novas da experiência social dos sertões. No caso, a mobilização da geologia – objeto que organiza as preocupações de Santana – serviria para esse propósito maior, evidenciado na obsessão com a qual o autor utiliza metáforas geológicas para a decifração do homem sertanejo. Nos dizeres do estudioso euclidiano:

> Considero relevante assinalar que, ao se referir ao interior do país, o escritor fez a opção de se utilizar de processos tectônicos causadores de deformações que afetam os níveis profundos da crosta terrestre, e que envolvem a propagação de forças internas por meio do substrato rochoso e sobre o qual elas se levantam. O interior do país assume assim as feições de interior da própria terra.[7]

Walnice Nogueira Galvão segue caminho semelhante ao destacar a dimensão projetiva e imagética na prosa euclidiana. Lançando mão do conceito de anamnese para dar conta das anotações geológicas dos sertões, que conduziam a uma exposição não apenas sobre o solo físico, mas sobre a história milenar desse espaço, a autora afirma: "Uma espécie de 'olhar geológico' ativa a reconstrução diacrônica do solo da região, notando que ali já fora fundo de oceano, de que são prova abundante os sinais – fósseis marinhos, conchas, certas rochas. Este mar estaria antes na inteligência do observador, enquanto um passante desavisado nada perceberia."[8]

Mas as abordagens de Bernucci, Santana e Walnice Galvão sobre a estrutura naturalista de *Os sertões* não são as únicas. Para outro intérprete, mais atento ao pensamento social euclidiano, o tema da terra deve ser interpretado à luz dos próprios dilemas interpretativos do autor. Berthold Zilly situa o problema do sertão no quadro da afirmação da civilização numa ordem pautada por uma economia moral estranha aos artífices desse processo. Nesse registro, a obra poderia ser encarada como uma espécie de ficção fundacional, na qual o desvendamento científico de uma paisagem específica estaria vinculado à busca de um projeto alternativo de organização do país, no qual o lugar sertão fosse pensado como imagem de uma nova gênese que reconciliasse Estado e nação. Conforme assinala Zilly: "A região marginal se transfigura – transfigurar é um dos verbos prediletos de Euclides – em região modelar. À centralidade geográfica corresponde uma centralidade histórica."[9]

Assim como Bernucci e Santana, o intérprete alemão também destaca o protagonismo exercido pelas variáveis naturais adotadas por Euclides, enfatizando certa influência romântica que envolveria a narrativa fundacional euclidiana no manto da epopéia e da historiografia comprometida com a ficção. Em suas palavras:

> O que vale para as plantas vale mais tarde para os homens, evidenciando-se analogias entre a população vegetal e a população humana do sertão que é um espaço isolador para fora e unificador para dentro. A exposição científica, algumas vezes, em oposição com a vertente poética do livro, aqui, como em tantos outros trechos também, está a serviço de intenções historiográficas e poéticas, prefigurando a narração da guerra propriamente dita.[10]

Zilly vai além, mostrando como essa região modelar, o sertão, ganha estatuto dúplice na obra euclidiana. Por um lado, seria o berço possível de uma civilização nova, mais igualitária e com uma economia moral alternativa, cuja encarnação física seria o mestiço, na qualidade de herói romantizado. Por outro, o discurso científico que organiza a obra não abriria espaço para a valorização desse mestiço, destinado a sucumbir diante das férreas leis evolutivas. Na interpretação do autor, esse estatuto dúplice ganharia resolução no plano estético, o que faria da obra uma "hagiografia na qual se narra a conversão, o apocalipse, a morte, a redenção e a ressurreição do sertanejo no imaginário, no céu da nação".[11] A terra de Euclides seria força natural viva, tradução política de uma geografia física, e constituiria fonte de afirmação civilizatória, e não obstáculo. Permanecem, contudo, três problemas: primeiramente, o dilema trazido pelos personagens que nela habitam – os sertanejos mestiços –; em segundo, o desvendamento da relação entre processo civilizador e "barbárie"; e, por fim, a tradução dessa relação na própria escrita euclidiana. Esses temas ganharão tratamento mais preciso na obra de Luiz Costa Lima, na qual a articulação entre os dilemas do plano literário (tratados por Bernucci) e aqueles do plano político-interpretativo (resolvidos por Zilly não pela própria esfera do pensamento social do autor, mas pelo recurso à estetização operada no texto, vista como porta de saída para dilemas construídos em outro lugar narrativo) ganha concatenação.

Luiz Costa Lima[12] procura traçar uma análise crítica de *Os sertões* que não despreze as teorias científicas utilizadas pelo autor. Ele empreende uma leitura interna dos argumentos mobilizados por Euclides, não os justificando como anacronismos supostamente compensados pela força interpretativa, pelo barroquismo do estilo ou pelo aspecto ficcional da obra. Aliás, o ponto que o autor perseguirá com denodo no texto diz respeito justamente ao modo como a escrita de Euclides, guiada pelas convenções de um narrador moldado na cultura científica do final do século XIX, termina por travar, de variadas maneiras, a possibilidade de uma economia descritiva que fuja das estreitas determinações das teorias evolucionistas e raciais postas em operação. Nesses termos, Costa Lima mostra como o aparato cognitivo que molda o olhar euclidiano transformaria a captura mimética do espaço "sertão" numa árdua batalha de representatividade, dada a novidade desta paisagem e a insistência de Euclides em dominá-la expressivamente – Costa Lima nomeia esse procedimento de mecanismo de "denegação". Eventualmente, a imaginação escaparia por brechas e permitiria a elaboração de passagens e imagens que extrapolariam os limites dados pelo instrumental cientificista, como em boa parte da primeira seção da obra, "A terra".

É possível falar, portanto, de uma cena – estruturada por operadores científicos e pela autoridade dessa economia descritiva – e de uma subcena – uma espécie de "máquina de mimeses" que condensaria desvios, ornamentos, impasses, tudo que não caberia na cena. Explica-se assim o título dado por Costa Lima ao seu livro *Terra ignota: A construção de* Os sertões. Nas palavras do autor: "A experiência de Canudos então o incita a investigar uma terra que permanecera ignota e não só desconhecida. Desconhecida seria se apenas ainda não houvesse sido indagada e medida por instrumentos já divulgados. Ignota o é porque necessita moldar seus próprios instrumentos."[13]

Esse argumento, de ordem literária e voltado para a crítica estilística, encontra-se com outro ponto desenvolvido pelo autor, e que diz respeito às contradições que envolvem a própria interpretação do Brasil desenhada por Euclides. Segundo Costa Lima, essa dimensão que acompanha *Os sertões* é dilacerada por dois argumentos que terminam por se chocar.

De um lado, Euclides sustentaria a validade dos vaticínios deterministas das teorias evolutivas que utiliza e que, quando aplicadas à realidade periférica do Brasil, terminariam por condenar os tipos étnicos moldados no sertão ao desaparecimento. De outro, é constante a postulação do mestiço como a "rocha viva" da nacionalidade, fundamento étnico que configuraria nossa essência. Como se pode eleger uma essência original que estaria fadada ao desaparecimento diante do avanço civilizatório? O mesmo problema encontrado no plano estilístico – o descompasso entre uma paisagem nova e um argumento científico que procura dissecá-la sem lhe permitir uma real expressividade – repetir-se-ia no plano interpretativo mais amplo.

A análise de Costa Lima condensa as grandes questões que surgem dos problemas levantados por Euclides em *Os sertões*, e que dizem respeito ao tema do presente livro. Em especial, o estatuto da terra na obra euclidiana. Em qualquer análise crítica, é consensual a idéia de que a terra nunca se esgota numa mera variável científica, mas se transfigura num personagem com força expressiva e que produz uma determinada economia moral. As análises de Zilly e Costa Lima, entretanto, vão além, e inserem o debate sobre a terra no âmbito de uma discussão sobre o processo civilizador no Brasil. Ou seja: o que significaria pensar esse processo mobilizando tal categoria? E quais idéias essa imagem pode traduzir?

O trabalho de Costa Lima toca num ponto crucial: a problemática associação que Euclides faz entre terra e essência – esta última encarnada num tipo étnico. Essa crítica, além disso, é generosa, por reconhecer na escrita do autor possibilidades abertas para a superação da contradição antes apontada. Tal superação encontra-se na própria terra, desde que se permita uma nova forma de apropriação dela. Costa Lima vê essa possibilidade desenvolvida no texto de Euclides sobre a Amazônia. Sigo essa sugestão tendo em mente uma pergunta: haveria, nesse texto e em outros, um tratamento da questão da terra que conseguisse superar impasses encontrados em *Os sertões*? Esse é o sentido do desafio lançado por Costa Lima, ao sugerir a atitude do investigador ante os fragmentos deixados por Euclides:

> Diante dessas anotações, duas atitudes são possíveis para o analista: ou ele lamenta que a primeira parte de *À margem* tenha permanecido um esboço ou chama atenção para o que Euclides, em luta consigo próprio e contra a tendência de seu tempo, alcançara. O que alcançara não era pouco, tampouco limitado ao estreito horizonte nacional; era a verificação da existência de objetos, da dimensão de quase um continente, que se indispunham contra a homogeneidade pressuposta pelo clássico cálculo científico. Euclides, o denegador epistemológico, praticamente cumpriu esse exame pelo confronto de como pensava a Amazônia, em contraste com o modo como pensara o sertão.[14]

## Os escritos sobre a Amazônia

Sem dúvida os escritos de Euclides sobre a Amazônia e seus personagens ocupam lugar menor na recepção do conjunto de sua obra, marcada pelo assombro diante do que seriam *Os sertões*. Em trabalho já citado, Regina Abreu mostra como a elevação dessa obra à categoria de clássico teria marcado de forma definitiva a figura de seu autor e as interpretações e perspectivas associadas a ele. Ou seja, pode-se entender a minuciosa pesquisa de Regina Abreu como uma evidência de que o pensamento euclidiano foi forjado através de inúmeras leituras e apropriações que se concentravam principalmente na obra de 1902, erigida totem de uma nova era da inteligência nativa. Se a intelectualidade local apresentava-se dilacerada e tensionada, presa pelo aparato disciplinador descrito por Costa Lima, assim também se mostrariam os euclidianos, debatendo-se entre o elogio do sertanejo e a denúncia de sua condição.

Já os textos amazônicos constituíram, por assim dizer, um cânon menor, quase regionalista. Marco Aurélio Paiva mostra como a produção reunida em *À margem da história*, publicada postumamente, em 1909, marcou a representação literária da Amazônia. Nesse sentido, relatos posteriores, produzidos por Alberto Rangel e outros engenheiros e escritores, teriam de resolver o lugar da "pequena obra fundadora" nesse campo comum, disputando sua significação e sua herança estilística e interpretativa. Nas palavras de Paiva:

> Mas, a despeito de todas as querelas quanto à atribuição de maior ou menor importância a autores variados para uma melhor compreensão da realidade amazônica, foi a figura do autor de *À margem da história* a comandar e a definir os desdobramentos literários envolvendo a região, ... logo estabeleceu-se um divisor de águas: uma Amazônia anterior e uma outra posterior aos escritos de Euclides da Cunha.[15]

Não se trata de fazer aqui um resgate, mas uma releitura. Respondo afirmativamente à pergunta colocada ao final da seção anterior, e proponho que uma análise desses escritos leva a uma outra compreensão do pensamento euclidiano e do próprio estatuto da terra na sua imaginação. No lugar de uma ontologia essencialista, obcecada pela identificação de uma fundação étnica que nos desse um mito de origem, temos uma narrativa na qual o espaço surge como eficaz produtor de uma sociabilidade nova e inventiva, estranha a essências. Essa interpretação extrapola o tema da terra, recorrendo ao problema euclidiano da "barbárie". Se em *Os sertões* este tema encontra-se fortemente tensionado, nos textos agora analisados ele ganha outro registro, mais flexível. E o paradigma sociológico que permite a Euclides vislumbrar esta abordagem está na breve análise feita pelo autor a respeito da Rússia, que opera como um referencial comparativo.

Antes de analisar mais detidamente o texto de "Terra sem história",* apresento a perspectiva euclidiana sobre o caso russo e o modo como ele pôde estruturar uma leitura da Amazônia. Em seguida, dedico-me ao texto "amazônico" propriamente dito, para em seguida analisar um escrito do autor voltado para a questão das ferrovias sul-americanas, no qual sugiro que há mais material para fundamentar a aproximação que faço entre Rússia e Amazônia. Finalmente, concluo retomando o ponto que sustento desde o início do livro, e insiro o debate euclidiano na cartografia intelectual que desenhei no primeiro capítulo.

## O caso russo

"A Rússia é bárbara": com esta frase simples, Euclides abre o breve texto "A missão da Rússia", sobre a guerra russo-japonesa de 1905.** Fiel ao seu estilo narrativo povoado de antinomias, fechos e aberturas inesperadas, o autor discorre longamente sobre o porquê de a Rússia ser a guardiã da civilização na guerra. Ora, segundo a clássica fórmula de Sarmiento, civilização e barbárie são categorias opostas, expressões de uma dualidade básica no próprio desenvolvimento da humanidade. Como pode uma formação social bárbara ser a cabeça de ponte na contenção da própria barbárie, representada aqui pela "ameaça asiática"? E pode o seu exemplo encontrar algum paralelo na nossa própria geografia social?

O povo eslavo é definido no texto como um intermediário, portador de uma sociabilidade que combina o sentimento cortesão próprio da "ritualidade latina" e a rudeza que caracterizaria o tártaro. Seu espaço específico não seria a Europa, tampouco a Ásia, mas sim "a Eurásia desmedida, desatando-se, do Báltico ao Pacífico, sobre um terço da superfície da terra e desenrolando no complanado das estepes o maior palco da história".[16] Euclides localiza

---

\* "Terra sem história" compreende a primeira das quatro partes da obra *À margem da história*; a segunda intitula-se "Vários estudos" (que reúne escritos sobre América do Sul, ferrovias e o Pacífico); a terceira é constituída pelo ensaio "Da Independência à República"; e a quarta pelo curto ensaio "Estrelas indecifráveis". *À margem da história* foi editada postumamente, um mês após a trágica morte de Euclides, em 1909. Como as provas foram devolvidas em 25 de julho do mesmo ano aos editores Lello & Irmãos, pode-se inferir que esses escritos representariam a fase final do pensamento euclidiano.

\*\* Durante todo o capítulo, usarei uma edição das *Obras completas* de Euclides, organizada por Afrânio Coutinho. A edição tem dois volumes e abriga livros, ensaios, epistolário, juízos críticos e textos biográficos e bibliográficos. Quando necessário, farei referência às datas em que os textos foram produzidos e/ou editados pela primeira vez. O texto "A missão da Rússia" foi originalmente publicado em *Contrastes e confrontos*, obra de 1907.

a Rússia numa geografia hesitante, comprimida entre figurações clássicas do Ocidente e do Oriente. O eslavo seria, por esta definição, um tipo instável, carregado de antinomias – não por acaso, como o nosso mestiço. Nas palavras do autor:

> um intermediário, um povo de vida transbordante e forte e incoerente, refletindo aqueles dois estágios, sob todas as suas formas, da mais tangível à mais abstrata, que desde uma arquitetura original, em que passa do bizantino pesado para o gótico ligeiro e deste para a harmonia retilínea das fachadas gregas – ao temperamento emocional e franco, a um tempo infantil e robusto, paciente insofregado, em que se misturam uma incomparável ternura e uma assombradora crueldade.[17]

Euclides aponta para a condição retardatária da Rússia, que teria surgido no cenário histórico quando a Europa vivia o esplendor da Renascença, guardando consigo sua marca tártara e rude. Esta marca não possui sinal negativo no texto, pois os russos teriam conseguido transfigurar essa "barbárie" de origem em energia moderna, graças ao influxo ocidental. Não se trata, portanto, de uma apologia do singular *per se*, como se houvesse mérito no atraso como trincheira de resistência. Se a Rússia ainda vive "uma longa Idade Média", é essa condição que lhe possibilita "arrancar". Afinal, "ninguém pode prever quanto se aventurará um povo que, sem perder a energia essencial e a coragem física das raças que o constituem, aparelhe a sua personalidade robusta, impetuosa e primitiva, de bárbaro, com os recursos da vida contemporânea".[18]

É nesse registro que Euclides analisa o grande florescer artístico russo, representado por Turguêniev, Dostoiévski, Tchékov e Tolstói: embora exemplares dos sentimentos populares, eles não seriam emanações diretas da organização social do período. Os grandes temas dos romances russos – infortúnio, solidão, indignação diante do despotismo, idealismo e niilismo – são interpretados por Euclides como expressões da condição oprimida desta Rússia culta ameaçada pelo czar. Trata-se, como se percebe, do elogio da regulação da barbárie pelo cultivo artístico e pelo influxo ocidental. É isso que permite ao autor afirmar que "o seu temperamento bárbaro será o guarda titânico invencível, não já da sua civilização, mas também de toda a civilização européia".[19]

Interessa notar que a aposta de Euclides na Rússia como bastião civilizatório não se identifica com o elogio do czarismo, mas com uma Rússia oprimida que não teria ainda encontrado sua expressão dominante. Não se trata, portanto, de uma apologia conservadora, que vê no Império Russo a fronteira oriental da Santa Aliança.

O fecho do texto ratifica o argumento: a civilização iria chegar ao Oriente de passagem pelo Transiberiano, numa aposta neste "novo mundo do futuro" que se delimitaria pelo Pacífico. Uma civilização que avançaria graças a um povo que teria dominado a barbárie, mas que ainda conservaria consigo os seus melhores atributos. Delineia-se a idéia de que haveria um caminho civilizatório que prescindiria da moldura moral da sociabilidade burguesa clássica, identificada aqui com o ideal cortesão. Afinal, a Rússia encerraria as melhores promessas do mundo ocidental *porque é bárbara*, e não a despeito disso. Vê-se que a polaridade entre civilização e barbárie é dissolvida em prol de um andamento que integra o segundo pólo como elemento dinamizador do primeiro. Um argumento da "vantagem do atraso", mas sem o tema da ruptura, já que o processo narrado se desenrola em marcha lenta.

## Terra, história e espaço

Cabe aqui voltar a atenção para a primeira parte de *À margem da história*, "Terra sem história", texto no qual Euclides analisa o processo de ocupação da Amazônia, destacando a geografia, a hidrografia, os movimentos migratórios e os embates em torno da organização da vida social. Segundo seu mais recente biógrafo, Roberto Ventura, Euclides pretendia escrever um livro exclusivamente sobre a Amazônia, que se chamaria *O paraíso perdido*, referência ao clássico poema de Milton.[20] A oportunidade teria surgido com o convite feito pelo barão de Rio Branco, em 1904, que o queria como chefe da comissão brasileira de reconhecimento do Alto Purus, destinada a desbravar os caminhos do rio e estabelecer definitivamente os limites fluviais entre Brasil e Peru. A viagem foi feita em 1905, a partir de uma escala em Belém. Foi a última grande viagem de Euclides pelo interior brasileiro.

O primeiro aspecto a se destacar é o próprio título do texto: terra sem história, a Amazônia seria mais bem capturada e decifrada pelo recurso à imaginação espacial que caracteriza o autor, e que opera em regiões e áreas onde o dinamismo da transformação histórica se processa lentamente, num andamento dado pelo avançar da própria terra. São vários os trechos em que ela surge como protagonista, elemento principal na mobilização do argumento, e não como mero cenário. Mais que isso, terra implica uma moldura moral própria. Nas palavras de Ventura, "a imagem do deserto aproxima a floresta tropical da caatinga, do semi-árido, os sertões baianos dos amazônicos. O deserto traz, para Euclides, as marcas do isolamento geográfico e da ocupação rarefeita. Terra de ninguém, lugar da inversão de valores, da barbárie, da incultura".[21]

Nessa terra sem história, o homem é "um intruso impertinente".[22] A primeira seção do texto é dedicada à descrição geográfica e à fixação do caráter errante e misterioso da natureza. Mais que um rigoroso inventário físico da Amazônia, Euclides preocupa-se em desvendar o significado geral dessa terra, captar-lhe sua marca constituinte e entender o sentido de seu movimento. Tarefa inglória, porque se trata de fixar o inacabado, pois "a natureza é portentosa, mas incompleta. É uma construção estupenda a que falta toda a decoração interior".[23] É freqüente a constatação do autor acerca da incapacidade dos registros científicos conhecidos para traduzir com exatidão o caráter singular e movediço da terra amazônica, por se deixarem levar pela imaginação e pela fantasia. Nesse sentido, a aproximação entre Euclides e Humboldt, negada por alguns especialistas, passa a fazer sentido.

De acordo com Lúcia Ricotta,[24] o pensador alemão se caracterizaria por uma concepção científica impregnada de romantismo, que o levaria a ver a natureza não como cenário a ser decomposto analiticamente e apenas explicado, como se fosse um reino desencantado e acessível meramente pela sua mecânica. Tratar-se-ia de expressar esteticamente o sentido do cenário natural, e de possibilitar ao público a comunicação efetiva da experiência vivenciada. Se Ricotta vê Euclides distante deste paradigma, o hiato arrefece sensivelmente nos textos aqui analisados. A natureza amazônica não é povoada apenas por significados românticos, mas o próprio instrumental euclidiano mostra-se mais aberto para um objeto que resistira à mera descrição positiva. Marco Aurélio Paiva trilha caminho semelhante ao destacar que o cenário fugidio da Amazônia implicaria uma outra atitude cognitiva:

> Não uma natureza estável e previsível nas suas ondulações, mas uma natureza úmida e "movediça". Era ela, essa natureza ímpar na sua manifestação desordenada, que, em última instância, acabava por determinar e configurar as distintas ações humanas que se desenrolavam nesse ambiente sempre em mutação; mutação essa que, ao se desdobrar também para as ações humanas, acabou por fazer com que Euclides utilizasse de modo recorrente como metáfora da região a imagem de um quadro emoldurado por uma armação quebrada e apenas esboçado e repetidamente retocado por um artista insatisfeito.[25]

Cabe voltar aqui ao tema proposto por Costa Lima: a relação entre ciência e terra, mal resolvida em *Os sertões*, é mais bem equacionada nos escritos amazônicos graças à abertura do autor para a dignidade dos novos objetos de conhecimento. Essa hipótese é sustentada por Ventura: "Toda cartografia e interpretação da Amazônia serão sempre tentativas, ensaios de captação de um objeto em perpétua mutação. O estilo e a cognição giram, em tais textos, como espirais em torno do inapreensível. A vegetação labiríntica e o emaranhado dos rios encontram expressão em uma sintaxe igualmente sinuosa."[26]

A adoção de uma atitude cognitiva mais aberta e flexível, capaz de incorporar uma dimensão menos tributária da descrição "fixadora", é evidenciada num texto posterior, escrito em 1907, para o preâmbulo do livro *O inferno verde*, de autoria do colega de Euclides, Alberto Rangel. No texto, Euclides elogia o trabalho quase "estético" do autor, que teria entendido que a Amazônia demandaria uma escrita nova, capaz de dar conta do "maravilhoso". Nesse registro, seria necessário um sujeito cognoscente distinto, capaz de ler os segredos da terra, que seria como uma última fronteira da história natural. Segundo Euclides, "Para vê-la deve renunciar-se ao propósito de descortiná-la."[27] Ou ainda: "A geologia dinâmica não se deduz, vê-se; e a história geológica vai escrevendo-se, dia a dia, ante as vistas encantadas dos que saibam lê-la."[28] A fluidez total da Amazônia não seria obstáculo à apreensão científica, desde que adotássemos um arsenal interpretativo capaz de dar conta da "terra moça, a terra infante, a terra em ser, a terra que ainda está crescendo".[29]

Voltando à própria investigação desenhada por Euclides, percebe-se que ele já se mostrava preocupado em captar aspectos fugidios do objeto, em especial a flexibilidade da terra. A Amazônia seria um território mutante, que viaja pelo espaço numa velocidade destruidora, apagando seus próprios vestígios e escapando à investigação científica. Seus rios movem-se, transformam-se, e todos os seus elementos naturais parecem marcados pelo caráter errante. Nas palavras de Euclides:

> A terra abandona o homem. Vai em busca de outras latitudes. E o Amazonas, nesse construir o seu verdadeiro delta em zonas tão remotas do outro hemisfério, traduz, de fato, a viagem incógnita de um território em marcha, mudando-se pelos tempos adiante, sem parar um segundo, e tornando cada vez menores, num desgastamento ininterrupto, as largas superfícies que atravessa.[30]

O primeiro choque civilizatório descrito por Euclides nessa terra não é positivo. Numa geografia rude e errante, os primeiros assentamentos seriam transfigurados e descaracterizados, como pequenas insolências destinadas a sucumbir diante da "força da terra".

> Esforços vãos. As partidas demarcadoras, as missões apostólicas, as viagens governamentais, com as suas frotas de centenas de canoas, e os seus astrônomos comissários apercebidos de luxuosos instrumentos, e os seus prelados, e os seus guerreiros, chegavam, intermitentemente, àqueles rincões solitários, e armavam rapidamente no altiplano das "barreiras" as tendas suntuosas da civilização em viagem. Regulavam as culturas; poliam as gentes; aformoseavam a terra.[31]

Nesse trecho, encontram-se temas caros ao pensamento euclidiano. Em primeiro lugar, o dilema entre homem e terra. Esta surge, invariavelmente, como ator principal de seus enredos, elemento-chave no entendimento dos dramas humanos escolhidos como objeto. No argumento desenvolvido neste livro, essa é uma marca da imaginação espacial que mobiliza lugares como imagens para a reflexão sobre a modernização em condições periféricas. Os homens aqui entram num segundo momento, como que esmagados pelo peso que a natureza exerce sobre os sujeitos em sociedades ainda não plenamente desencantadas pela ciência e pelo domínio do meio físico. Nesse tipo de argumento sociológico, a economia explicativa é fortemente geográfica.

Outro tema diz respeito ao problema da afirmação da civilização em lugares marcados por esta "força da terra". Na argumentação de Euclides, a simples transposição de valores e práticas exógenas para um cenário agressivo e rude invariavelmente redunda em fracasso. A "civilização em viagem" "polia" e "aformoseava", verbos característicos de uma sociabilidade que via o cenário bárbaro como massa bruta a ser moldada por um código refinado de conduta. O processo civilizador, nessas paragens, não poderia se pautar por tal economia moral, sob risco de criar uma "paragem estranha onde as próprias cidades são errantes, como os homens, perpetuamente a mudarem de sítio, deslocando-se à medida que o chão lhes foge roído das correntezas, ou tombando nas 'terras caídas' das barreiras".[32]

O historiador Simon Schama[33] analisa o tema da paisagem segundo uma abordagem na qual a natureza é constantemente trabalhada pela perspectiva cultural humana, que dá forma à massa bruta e confere camadas de significação ao cenário natural, imputando-lhe sentidos que se relacionam com a memória de povos e sociedades. Na América, por exemplo, o imaginário construído em torno da floresta (representada especialmente por sequóias e carvalhos, árvores típicas do país) associaria as noções de divindade e liberdade, como se aquele glorioso mundo vegetal fosse expressão de um Éden humanizado que transfiguraria as idéias fundadoras americanas numa representação natural.

Em outro registro, mas tratando de tema correlato, Raymond Williams[34] mostra como as narrativas literárias inglesas sobre o campo progressivamente o idealizaram como paisagem bucólica, jardim harmonioso cultivado por homens simples e nobres, ao mesmo tempo que as relações capitalistas penetravam de forma irresistível nesse cenário. Se pensarmos o campo inglês, marcado pela sensibilidade *gentry*, e a floresta americana, terreno de uma religiosidade que se acreditava livre e expansiva, perceberemos que a Amazônia euclidiana também pode ser entendida como expressão de uma poderosa imaginação que imputa ao mundo natural significados próprios do nosso processo civilizador: a idéia de uma terra sem história, deserto inculto e rude, exemplo de cenário não catalogado pelo imaginário clássico. Um meio que, segundo o autor, demandaria outras formas de sociabilidade e outras perspectivas de decodificação. Para retomar a tese de Costa Lima, tratar-se-ia de reconhecer o "incógnito" e permitir-lhe a livre expressão. No caso deste livro, trata-se de reconhecer nessa expressividade chaves possíveis para a afirmação de um caminho modernizador que não implique a mera transplantação de uma forma civilizadora exógena, mas que reconheça as propriedades da terra.

Como essa questão é desenvolvida no texto de Euclides da Cunha? Repete-se, inicialmente, conhecido ponto da reflexão euclidiana e da própria imaginação social brasileira: aquela que conflita homens e natureza, esta figurando como adversário temido e força irreprimível que oprime os personagens. Esse aspecto, como se sabe, ocupa posição de destaque nas nossas narrativas fundadoras, nas quais o Novo Mundo se assemelha a um lugar encantado com personalidade própria.

O fecho do texto não é animador. Depois de traçar a mecânica da relação homem/terra, em que o nomadismo estéril daquele se explica pela inconstância desta, Euclides afirma: "Daí, em grande parte, a paralisia completa das gentes que ali vagam, há três séculos, numa agitação tumultuária e estéril."[35] Em seguida, a descrição do regime de trabalho reforça o caráter "infernal" assumido pelo texto. Contratos irreais, exploração de mão-de-obra e aprisionamento do homem por dívidas compõem o cenário de uma vida social pautada pelo nomadismo e pela incapacidade que o trabalho tem de exercer qualquer efeito moralizador sobre os personagens.

A longa seção intitulada "Rios em abandono" retoma o tema da relação homem/meio. Euclides argumenta que a hidrografia intricada da região configuraria uma geografia abundante, mas pouco afeita ao controle econômico racional. Os homens, no lugar de se assenhorearem da terra por meio da técnica e da ciência, prefeririam a ela se adaptar, vagando continuamente por terrenos acidentados e tortuosos. O contraste no texto é construído em torno dos rios "perdulários", velozes e destruidores, e os personagens que resistiriam a quaisquer melhoramentos* na área:

> Porque os homens que ali mourejam ... nunca intervêm para melhorar a sua única e magnífica estrada; passam e repassam nas paragens perigosas; esbarram mil

---

* O termo "melhoramentos" era característico da linguagem dos engenheiros e costuma referir-se a um conjunto de intervenções urbanas que visam promover maior civilidade e controle sobre as condições físicas do meio.

vezes a canoa num tronco caído há dez anos junto à beira de um canal; insinuam-se mil vezes com as maiores dificuldades numa ramagem revolta barrando-lhes de lado a lado o caminho, encalham e arrastam penosamente as canoas sobre os mesmos "salões" de argila endurecida.[36]

O tema da vastidão hidrográfica é trabalhado novamente em "Um clima caluniado". A terra mais uma vez surge como protagonista, e é descrita como "fisionomia singular", geografia desmedida e ainda pouco controlada, seja pelo olhar, seja pela ciência. Interessa notar como Euclides associa essa geografia a uma terra nova, ainda em ser, ou, como ele diz: "A terra é, naturalmente, desgraciosa e triste, porque é nova. Está em ser. Faltam-lhe à vestimenta de matas os recortes artísticos do trabalho."[37] Na contemplação da paisagem vasta e pouco detalhada, os homens sentiriam nostalgia de formas familiares que pudessem fazer sentido para suas imaginações. Afinal, a Amazônia não seria uma "paisagem culta", cenário amigável capaz de despertar na mente reminiscências e associações com experiências clássicas e ancestrais. Essa terra, insondável para os olhares cultos, demandaria uma outra forma de apropriação que não aquela regulada pela sociabilidade civilizada.

> Desaparecem as formas topográficas mais associadas à existência humana. Há alguma coisa extraterrestre naquela natureza anfíbia, misto de águas e de terras, que se oculta, completamente nivelada, na sua própria grandeza. E sente-se bem que ela permaneceria para sempre impenetrável se não se desentranhasse em preciosos produtos adquiridos de pronto sem a constância e a continuidade das culturas. As gentes que a povoam talham-se pela braveza. Não a cultivam, amorfoseando-a: domam-na. O cearense, o paraibano, os sertanejos nortistas, em geral, ali estacionam, cumprindo, sem o saberem, uma das maiores empresas destes tempos. Estão amansando o deserto. E as suas almas simples, a um tempo ingênuas e heróicas, disciplinadas pelos reveses, garantem-lhes, mais que os organismos robustos, o triunfo da campanha formidável.[38]

Se a primeira notação de Euclides sobre o encontro entre homem e terra na Amazônia guardava contornos negativos, neste caso o registro muda de figura. Para uma terra não culta e avessa a formas de regulação refinadas, far-se-ia necessária uma ação firme, de domínio resoluto de homens "simples", capazes de "amansar o deserto". Homens, de certa maneira, afeitos às configurações desta própria terra, e não estranhos a ela. A discussão euclidiana ganha nuances ricas: ao apresentar a ocupação da Amazônia, o autor parece opor duas formas distintas de condutas dos personagens. A primeira seria marcada por um agir civilizado, alimentado por um código moral regulado abstratamente. A outra caracterizada por um agir adaptado, próprio de homens capazes de "domar" a terra, e não meramente de "cultivá-la". Se pensarmos em "domínio" e "cultivo" como expressões de formas diferentes da construção de personalidade, estaremos nos aproximando do ponto desenvolvido no capítulo. Segundo Euclides:

> Abra-se qualquer regulamento de higiene colonial. Ressaltam a mais breve leitura os esforços incomensuráveis das modernas missões e o seu apostolado complexo que, ao revés das antigas, não visam arrebatar para a civilização a *barbaria transfigurada*, senão transplantar, integralmente, a própria civilização para o seio adverso e rude dos territórios bárbaros.[39]

*Barbaria transfigurada*: nem eliminação da barbárie, nem sua condenação ao aniquilamento físico e espiritual, mas transfiguração. No lugar da dicotomia dura entre civilização e barbárie, a percepção de que o elemento arcaico é mecanismo dinamizador, expressão passível de ser incorporada no projeto civilizador. Em sociedades marcadas pelo peso da terra, a civilização não pode ser produzida pela imaginação ou pela política. Ela tem andamento geográfico e sociológico, mobilizando formas de sociabilidade próprias, gestadas pela ação lenta desse personagem especial. Euclides observa que a relação de "afinidade eletiva" entre a terra e o homem é comum em todo o globo, mas ganha contornos especiais nos trópicos, onde ela se faz mais aguda. É o fenômeno da aclimação, da seleção telúrica. A terra opera uma verdadeira seleção sobre os personagens, esmagando os "fracos" e aceitando o domínio dos perseverantes (evidente aqui a mobilização de argumento neoevolucionista de cunho darwinista que enfatiza a luta e a seleção do meio). Daí um primeiro elogio ao tumultuado processo de colonização do Acre, evidenciando um caminho distinto para o processo civilizador nacional:

> Ora, comparando-se estas colonizações adstritas às cláusulas de rigorosos estatutos – e de efeitos tão escassos – com o povoamento tumultuário, com a colonização à gandaia do Acre – de resultados surpreendentes – certo não se faz mister registrar um só elemento para o acerto de que o regime da região malsinada não é apenas sobradamente superior ao da maioria dos trechos recém-abertos à expansão colonizadora, senão também ao da grande maioria dos países normalmente habitados.[40]

Note-se que a barbárie tem dupla dimensão. Ao descrever o povoamento do Acre, Euclides observa que as formas de vida ali produzidas são rudimentares e pouco animadoras. Os primeiros povoadores teriam perdido boa parte do tempo em empreitadas inúteis, atividades solitárias e pouco eficientes, além de se escravizarem ao trabalho. Isolados e abandonados, esses pioneiros teriam pagado o tributo de sua longa viagem em jornadas de trabalho exaustivas, cujos dividendos seriam diretamente destinados para a liquidação de dívidas que sempre se avolumavam. Segundo Euclides: "Há um laivo siberiano naquele trabalho. Dostoiévski sombrearia as suas páginas mais lúgubres com esta tortura: a do homem constrangido a calcar durante a vida inteira a mesma 'estrada', de que ele é o único transeunte, trilha obscurecida, estreitíssima e circulante, ao mesmo ponto de partida."[41]

A barbaria assim seria escravidão, prisão do homem à terra e formação de uma vida moral anômala, na qual a vastidão física da terra e sua resistência ao homem associar-se-iam à degradação moral. Essa perspectiva crítica é destacada na obra de Francisco Foot Hardman,[42] que inscreve esse texto euclidiano no conjunto de registros dos vestígios deixados pela modernidade e pela lógica fantasmagórica da circulação de mercadorias. Na perspectiva desse intérprete, os seringueiros seriam principalmente homens marcados pela solidão e pelo trabalho precário. Em texto posterior, Hardman[43] associa a visão euclidiana da Amazônia ao tema romântico das ruínas, o que traduziria uma visão pessimista e desencantada da civilização. As moventes terras da região seriam aí expressões de uma errância humana marcada por uma coleção de fracassos e impossibilidades.

A interpretação de Hardman destaca a dimensão sombria da visão euclidiana sobre a Amazônia, que constitui aspecto inegável do texto. Entretanto, é possível extrair da fabulação de Euclides elementos que caracterizem uma dialética aberta da aventura colonizadora empreendida pelos seringueiros. Longe de anular a ambigüidade constitutiva dos escritos, sustento que esse exercício hermenêutico expõe a potência latente no processo civilizador brasileiro, a despeito das ruínas e dos fracassos que marcam seu andamento.

Note-se, por exemplo, que esses estranhos personagens descritos por Euclides finalmente conseguiriam se estabilizar através de uma relação adaptativa com a terra. Disciplinados pelos fracassos e pela opressão da terra e do trabalho, os heróicos homens simples seriam agora os protagonistas da civilização. Não formam uma raça específica: são jagunços, dotados da "abstinência pastoral e guerreira do árabe", sírios, italianos etc. O ponto não é a fixação de um tipo específico, mas a confirmação de que a terra, para ser vencida, exigiria uma nova moldura moral dos homens. E, para além do argumento científico, destaca-se o tema da "transfiguração da barbárie". A evolução adaptativa, argumento evolucionista empregado por Euclides, ganha outros contornos quando referido a esta periferia da civilização, na qual a barbárie é energia dinamizadora e a terra não é paisagem "culta", mas força ativa que resiste ao cultivo.

A terra está associada a outro código moral, variante no processo de modernização ocidental,* assemelhada ao caso russo analisado por Euclides,

---

* Note-se que Roberto Ventura, na sua inacabada biografia sobre Euclides, segue tema semelhante ao sugerir que a idéia de sertão não estaria contida nas especificidades amazônicas, mas antes na sua caracterização como uma "terra sem história", ao largo da escrita e da história. Para esse intérprete, é como se Euclides acrescentasse mais um elemento ao quadro geográfico-civilizatório traçado por Hegel.

no qual a regulação da barbárie teria garantido uma vantagem civilizatória. "O primeiro explorador vai, afinal, ajustando-se ao solo sobre o qual pisou durante tanto tempo indiferente."⁴⁴ Após esse período de sofrimento, morte e escravização, os homens finalmente lograriam adaptar-se às novas e estranhas paragens, marcadas pelo "clima caluniado". No registro de Euclides: "Em Catiana, em Macapá, como nas demais a montante, até a última, Sobral, com a minúscula plantação de cafeeiros que lhe bastam ao consumo, nota-se em tudo, da pequena cultura que se generaliza, aos pomares bem cuidados, o esforço carinhoso do povoador que amorfoseia a terra para não mais a abandonar. E os homens são admiráveis."⁴⁵

O final desta seção do texto euclidiano é dedicado a mostrar como personagens fortes das mais diversas origens étnicas teriam conseguido sobreviver, trabalhar e prosperar, numa espécie de seleção natural exercida pelo clima e pelas terríveis condições naturais. Ao contrário dos mestiços de *Os sertões*, cujas formas de sociabilidade pareciam fixadas num "tempo remoto" que seria incompatível com a marcha do progresso, os personagens amazônicos seriam afeitos à racionalização mínima da atividade produtiva. Ou seja, a terra aqui não está associada a um tipo específico, como o sertanejo de Canudos, a "rocha viva da nacionalidade", mas surge antes como uma espécie de força nova (afinal, a Amazônia é "terra sem história") que educa, moraliza e inventa. Esse novo meio: "Policiou, saneou, moralizou. Elegeu e elege para a vida os mais dignos. Eliminou e elimina os incapazes, pela fuga ou pela morte."⁴⁶ O argumento de sabor darwinista, assentado na idéia de seleção, abre passagem para a percepção de uma geografia social marcada pelo trabalho e pela presença de homens que combinariam um fatalismo siberiano e um ativismo persistente.

Interessa, portanto, notar a dupla face desses sertanejos e seringueiros. São, ao mesmo tempo, heróis e escravos. Um heroísmo que se afasta das clássicas noções do homem honrado, galante aventureiro e conquistador (que, no texto de Euclides, será associada ao chamado caucheiro), pois contempla o personagem medíocre, que passa boa parte do tempo preso no seu próprio meio. Esse é um dos sentidos da aproximação russa traçada por Euclides e trabalhada neste capítulo. Vejamos mais do cotidiano destes personagens na seção "Judas-Asvero", na qual o autor analisa uma tradicional festa religiosa brasileira na "terra sem história". Segundo Euclides, a relação desses homens com a religião seria marcada pelo fatalismo e pela resignação. Nas suas palavras:

> Mas não se rebelam ou blasfemam. O seringueiro rude, ao revés do italiano artista, não abusa da bondade de seu deus desmandando-se em convícios. É mais forte; é mais digno. Resignou-se à desdita. Não murmura. Não reza. ... Domina-lhe o critério rudimentar uma convicção talvez demasiado objetiva, ou ingênua, mas

irredutível, a entrar-lhe a todo instante pelos olhos adentro, assombrando-o: é um excomungado pela própria distância que o afasta dos homens; e os grandes olhos de Deus não podem descer até àqueles brejais, manchando-se.[47]

Como já foi analisado, o debate sobre o camponês e seu modo de vida dominou a agenda da chamada *intelligentsia* russa, e era comum a percepção algo ambígua desse personagem: filho da terra, a ela preso, isolado em grandes vastidões, mas ainda assim possível parteiro da nova ordem. A sociologia deste grupo assemelha-se, em muito, à dos nossos sertanejos desenhados por Euclides. O quietismo e o fatalismo religioso são características básicas dos personagens rurais analisados pela literatura russa. Em estudo sobre o tema, Wanda Bannour afirma: "O camponês russo é um filho da terra, esta terra na qual ele força pesadamente seus pés nus, terra que, como na Sagração da Primavera de Stranvinski, impõe seus ritmos telúricos as suas vidas."[48]

Tanto na Rússia quanto na Amazônia de Euclides, a aposta está em homens fortes, rudes, marcados pelo fatalismo e pelo isolamento social imposto pelas vastidões a que estão submetidos, mas ainda assim os únicos capazes de "domar o deserto" – são os personagens que conseguem se amoldar à terra, e não sucumbir a ela.

Não se trata, decerto, do elogio ao bárbaro. Numerosas páginas do estudo amazônico de Euclides são dedicadas aos caucheiros, personagens nômades originários das selvas peruanas que povoariam com extrema violência a terra estudada – segundo Fabrício Ribeiro,[49] os embates entre seringueiros brasileiros e caucheiros peruanos na região fronteiriça estavam entre as principais preocupações da missão do Itamaraty. A personalidade do grupo seria moldada à semelhança de sua atividade extrativa, como a descreve o autor: "O caucheiro é forçadamente um nômade votado ao combate, à destruição e a uma vida errante ou tumultuária, porque a *castiloa elástica*, que lhes fornece a borracha apetecida, não permite, como as *heveas* brasileiras, uma exploração estável, pelo renovar periodicamente o suco vital que lhe retiram."[50]

O agir dos caucheiros seria caracterizado pela errância de sua própria atividade (a extração do caucho), e os seus povoados eram marcados pela espoliação e ausência de racionalidade. Numa primeira observação, Euclides destaca o aspecto superficial dos vilarejos, os símbolos de um mínimo de civilidade – jornais, copos de cerveja e demais indicadores de uma sociabilidade urbana plantada no meio da "terra sem história". Contudo, logo o autor trata de desmontar essa impressão, apontando a exploração que envolve o regime de trabalho dos mestiços e indígenas, e a ausência de regularidade na extração do caucho. Euclides introduz o paralelo entre caucheiro e bandeirante, como duas formas polares de lidar com a barbárie e com o deserto.

Os caucheiros seriam, antes de tudo, conquistadores em movimento. Armados de rifles e carabinas Winchester, varavam o deserto verde em busca de índios para escravizar e locais para exploração, configurando uma forma civilizatória marcada por irregularidade, superficialidade e ausência de uma economia moral estável que organizasse uma vida social produtiva. Se os caucheiros eram nômades irrequietos e animados por uma lógica de conquista sobre a terra, os sertanejos e demais personagens "siberianos" descritos por Euclides logravam constituir-se em homens capazes de atividades rotinizadas (e, portanto, racionalizadas), organizando seus comportamentos por uma lógica do trabalho amoldada à terra. Se ambos possuíam uma dimensão "bárbara" e não civilizada, aqueles representariam uma variante instável e pouco afeita a uma regulação civil, enquanto estes a transformariam em energia produtiva. É constante em Euclides a percepção da ausência de homogeneidade moral nos caucheiros:

> Realmente, o caucheiro não é apenas um tipo inédito na história. É, sobretudo, antinômico e paradoxal. No mais pormenorizado quadro etnográfico não há lugar para ele. A princípio figura-se-nos um caso vulgar de civilizado que se barbariza, num recuo espantoso em que lhe apagam os caracteres superiores das formas primitivas da atividade.[51]

O caucheiro combinaria, na mesma figura, a civilização e a barbárie, mas sem uma resolução sintética que permitisse uma modelagem homogênea de personalidade. Seria um caso de duplicidade moral,* em que o mesmo personagem aventureiro e conquistador mostrar-se-ia capaz de inúmeras torpezas no trato com seus subordinados e com sua própria atividade. De acordo com Euclides: "É um caso de mimetismo psíquico de homem que se finge bárbaro para vencer o bárbaro. É *Caballero* e selvagem, consoante as circunstâncias."[52] Dizendo de outra forma, "a selvageria é uma máscara que ele põe e retira à vontade".[53]

Nesse ponto do texto, Euclides introduz outra figura nessa tipologia de "homens da terra": o bandeirante, que seria explorado em ensaios posteriores e representaria o caso típico dessa possibilidade de dominar o deserto de forma racional e lógica. No lugar do "aventureiro", o "super-homem do

---

\* Na perspectiva de Max Weber, a persistência de éticas dúplices, pouco propensas à formação de personalidades homogêneas e voltadas para o agir rotinizado no mundo, seria própria de tipos "aventureiros" – como os caucheiros. Contudo, a interpretação weberiana é indissociável de sua sociologia da religião. No caso de Euclides, trata-se de um processo movido pela força da "terra", e percebido e interpretado pela linguagem da imaginação espacial sobre a qual este livro se debruça.

deserto".⁵⁴ Sua atividade conquistadora não seria marcada pelo nomadismo e pela ausência de regularidade que caracterizariam o caucheiro. O heroísmo do bandeirante é "brutal, maciço, sem frinchas, sem dobras, sem disfarces".⁵⁵ O caucheiro que sai das páginas de Euclides assemelha-se aos seguidores dos caudilhos gaúchos descritos por Sarmiento. Dotado de um individualismo bárbaro e nômade, mostra-se incapaz de criar qualquer vida social regular e civilizada, optando sempre pela eterna conquista efêmera. Até seus valores os aproximam dos personagens meridionais do drama argentino: "O caucheiro é irritantemente absurdo na sua brutalidade elegante, na sua galanteria sanguinolenta e no seu heroísmo à gandaia. É o homúnculo da civilização."⁵⁶

De um modo geral, o texto euclidiano apresenta dois personagens principais: o caucheiro peruano e o seringueiro brasileiro. O bandeirante representa um tipo extremo de relação homem-terra, um horizonte para o próprio ativismo dos seringueiros, um personagem exemplar que será retomado pelo autor em outras passagens. As questões relevantes residem nas distintas maneiras como a barbárie é regulada, assim como a relação entre homem e terra. O caucheiro seria o nômade belicoso, herói galante e sequioso de glórias e riqueza, mas incapaz de edificar qualquer ordem social válida sobre esses valores, um personagem que se aproxima tanto do tipo espanhol descrito por Sérgio Buarque de Holanda nos capítulos iniciais de *Raízes do Brasil* quanto dos povoadores luxuriantes, cobiçosos e aventureiros apresentados por Paulo Prado em *Retrato do Brasil*. Um *Caballero* que, por vezes, vestiria a máscara da barbárie. Já o seringueiro seria marcado pelo quietismo e o fatalismo. Personagens isolados e estacionários, por vezes assemelhados a figuras de Dostoiévski, ao mesmo tempo são os que conseguiram "domar o deserto", criando, pela força de sua persistência, as condições mínimas para uma vida civilizada. São os que conseguiram "transfigurar a barbárie", e não preservá-la intacta como uma arma eventual na submissão do outro. Se o caucheiro é um civilizado que chafurda na barbárie, o sertanejo nortista é o homem que consegue regulá-la, num lento processo de aclimatação à própria terra sem história. Não são personagens conquistadores que submetem de forma irracional o mundo a seu redor, mas antes "domadores" aptos a viver numa paisagem "inculta".

Interessa notar que o tema dos civilizados que se perdem na barbárie é um dos principais de *Os sertões*, obra na qual o enredo se desenrola tal qual uma tragédia, dada a percepção da inexorabilidade da marcha civilizatória e seu desenlace brutal. Na perspectiva de Euclides, se a civilização é um processo fatal, ao qual estamos condenados, o drama de Canudos é por sua vez um erro trágico, no qual as tropas republicanas agem como bárbaros violentos. Nesse sentido, os agentes do moderno se assemelham aos caucheiros, vestindo as máscaras da barbárie sob o impulso de um comportamento pouco racionalizado.

A ambigüidade de que fala Costa Lima em sua rigorosa crítica a Euclides resolve-se, ao menos parcialmente, nos textos amazônicos do autor. Afinal, no livro de 1902, a polaridade entre civilização e barbárie é desmontada, mas sem que se aponte um caminho alternativo à tragédia para o encaminhamento do dilema. A percepção de que estaríamos "condenados à civilização" paga tributo às concepções evolucionistas do autor, mas não abre espaço para a visualização de uma alternativa menos inflexível para a afirmação da civilização. Ou seja, a fixação do mestiço como "rocha da nacionalidade" choca-se com o diagnóstico de avanço da civilização, como se esse segundo processo fosse incompatível com as formas de vida que representariam nossa nacionalidade Nos escritos amazônicos, a alternativa é constituída pelo recurso ao paradigma russo, que o autor vislumbrou, mas não desenvolveu completamente: a regulação da barbárie e sua mobilização como método modernizador. Esse aspecto ganha clareza quando cotejado com algumas breves observações de Euclides sobre as diferenças nos processos civilizadores de Brasil e Argentina.

Na segunda parte de À *margem da história*, intitulada "Vários estudos", há uma seção sobre a viação sul-americana na qual Euclides traça paralelos entre o progresso ferroviário dos dois países e termina por conceber duas formas diferentes de lidar com o tema da civilização. Vejamos o que o autor diz inicialmente: "Não seria difícil demonstrar que é para os argentinos uma causa o que é para nós um efeito; o progresso atual advém-lhes, antes de tudo, de suas estradas de ferro; as nossas estradas de ferro resultam, antes de tudo, do nosso progresso."[57]

A fórmula expressiva polar, tão ao gosto do estilo euclidiano, é a porta de entrada para uma breve reflexão sobre a maneira como o Brasil conseguiu se civilizar por um processo de regulação do bárbaro:

> Atentos os empeços naturais, que a dois passos da costa nos repeliam, era-nos impossível o avançar pelos sertões em fora, levando a civilização no limpa-trilhos. Para vencermos a terra houvemos que formar até o homem capaz de a combater – criando-se à imagem dela, com as suas rudezas e as suas energias revoltas – por maneira a talhar-se no tipo mestiço e, inteiramente novo, do "bandeirante", a figura excepcional do homem que se faz bárbaro para estradar o deserto, abrindo as primeiras trilhas ao progresso.[58]

Surge a figura do bandeirante, a quem Euclides refere-se sempre com admiração – segundo Roberto Ventura, o escritor lia com intensidade trabalhos sobre excursões bandeirantes em São Paulo, tema que se consagraria no pensamento brasileiro ao longo dos anos 1930 e 1940. O bandeirante não chafurdaria na barbárie, como as tropas republicanas em Canudos, mas a mobilizaria para "estradar o deserto", assim como os sertanejos nortistas o domam. Reitera-se a negação tanto da versão romântica da barbárie americana, cujos melhores exemplos estariam no elogio da mestiçagem, em José Martí, e no mais tardio indianismo revolucionário de Roberto Retamar. Não à toa, a comparação se faz com a Argentina, país em que segundo Euclides:

> O processo se inverteu. A civilização transplantada àquelas terras não carecia ter, como aqui, um período de estacionamento obrigatório, para o adaptar-se das raças que se transformam, ou se apuram, criando-se novos atributos de resistência, uma nova alma, e até um novo organismo para viverem em seu meio. Mudou de hemisfério, sem mudar de latitudes.[59]

Na Argentina, ele apontava "a cultura européia estirando-se pelo nível dos mares, e prosseguindo, sem tropeçar num cerro, pelo complanado dos pampas".[60] Nesse caso especial de processo civilizador, a ferrovia platense surge como expressão física do avançar retilíneo de uma cultura sobre uma terra estranha, como que a controlando de forma unilateral. O herói intelectual desta empreitada seria, obviamente, Sarmiento, em quem Euclides reconhece a capacidade de expressar esse avanço reto e implacável, destinado a ceifar a tirania caudilhesca.

Como em um resumo sintético dessa sociologia comparada sul-americana, Euclides afirma:

> Leia-se a história da Confederação Argentina, depois da fase tumultuária da Independência e ressaltará, em nítido relevo, este contraste com a nossa: nós tivemos que formar num longo esforço, até de seleção telúrica, o homem, para vencermos a terra; ela teve que transformar e aviventar a terra, para vencer o homem.[61]

A civilização no Brasil afirmar-se-ia pelo protagonismo da "terra", se a entendermos como uma moldura moral que não apenas constrange os homens, mas os forma numa direção específica dada pela regulação da barbárie, pela sua rotinização e racionalização, e não pela sua simples eliminação. Nesse registro, a imaginação espacial euclidiana mobiliza a terra não apenas como cenário, mas como expressão de uma matriz civilizatória própria.

Mas que matriz seria essa? Até aqui, os escritos euclidianos parecem limitar-se a uma aproximação com a Rússia e sua configuração cultural, marcada pelo predomínio da questão agrária e por personagens "bárbaros", tais quais os bandeirantes ou os sertanejos nortistas. Creio, contudo, que essa matriz pode ser mais bem compreendida pelo recurso à fórmula da Rússia Americana.

## Rússia e América

Num primeiro momento, a interpretação dos escritos amazônicos de Euclides aproxima o Brasil da Rússia – fatalismo, "laivo siberiano", personagens de Dostoiévski. Contudo, sustento que é possível vislumbrar nos mesmos escritos a notação de um caminho americano para a afirmação do nosso processo civilizador, se entendermos a expressão "americano" como uma forma possível de interpretar o problema da terra em formações sociais que adentraram o moderno por rotas outras que não a cidade.

Dedico-me aqui a comparar a alternativa civilizatória vislumbrada por Euclides com as possibilidades desenhadas por Lênin para o caso russo, em 1905, e com os debates envolvendo o chamado populismo neste país. Além disso, mobilizo brevemente as discussões que envolviam o americanismo no mesmo período. Argumento que os textos amazônicos euclidianos não se encerram em nenhuma dessas matrizes, ao mesmo tempo que incorporam dimensões importantes delas e as aproximam.

Em seu famoso prefácio à segunda edição de *O desenvolvimento do capitalismo na Rússia,* Lênin discute as duas possíveis vias para a resolução da questão agrária russa e, conseqüentemente, para a própria afirmação da modernização naquele cenário. Contrariamente aos chamados populistas, que insistiam em ver o capitalismo como uma ordem passível de ser rejeitada politicamente em prol de um salto utópico para o socialismo, Lênin afirmava que as relações sociais capitalistas já haviam penetrado todo o território e as próprias áreas rurais. A despeito da estrutura interna russa ainda guardar resquícios da economia baseada na corvéia, a opção populista lhe parecia uma insanidade, por desconhecer o processo histórico que regulava a formação do capital como relação dominante. Contudo, o cenário russo permaneceria aberto. Escreve Lênin:

> Na atual base econômica da revolução russa, duas vias fundamentais são objetivamente possíveis para o seu desenvolvimento e desfecho: ou a antiga propriedade fundiária privada, ligada por milhares de laços à servidão, se conserva e se transforma lentamente em estabelecimento capitalista, do tipo *junker*. Nesse caso, a base da passagem definitiva do sistema de pagamento em trabalho para o capitalismo é a transformação interna da propriedade fundiária baseada na servidão; toda a estrutura agrária do Estado se torna capitalista, conservando por muito tempo traços feudais; ou o antigo latifúndio é destruído pela revolução, que liquida com todos os vestígios da servidão, especialmente o regime da grande propriedade fundiária. Nesse caso, a base da passagem definitiva do sistema de pagamento em trabalho para o capitalismo é o livre desenvolvimento da pequena propriedade camponesa, que recebe grande impulso com a expropriação dos latifúndios em benefício dos camponeses.[62]

Essa passagem expressa a crença dos revolucionários bolcheviques na possibilidade de um caminho quase americano, com a expansão de um regime baseado na libertação do trabalho e na dinamização da pequena propriedade rural. Não há vestígio de conservação ou de recurso à tradição, mas sim de uma grande abertura para uma geografia americana. O moderno seria alcançado pela própria dinamização estrutural do capitalismo na Rússia, e não pela rejeição desse processo. A terra se americanizaria. Nesse formato, o processo de transformação assumiria o figurino de uma revolução democrático-popular de cunho burguês. Como se sabe, a preferência de Lênin por um andamento clássico para o caso russo durou até às vésperas da crise final de 1917, quando a resolução se encaminhou para uma ruptura mais próxima dos sonhos populistas, com a aceleração do socialismo por meio de um dinamismo político constante. Sobre isso, afirma Joseph Frank:

> É uma das muitas ironias da história moderna da Rússia que, embora os marxistas tenham vencido a guerra ideológica travada contra os populistas, tornando-se os líderes da esquerda radical da Rússia na virada do século, foi finalmente a visão dos jacobinos russos que prevaleceu quando se definiram os problemas. Lênin e os bolcheviques tomaram o poder quando tiveram a chance e aceitaram na prática a visão jacobina de que uma revolução comunista russa poderia e deveria acontecer *antes* que um capitalismo desenvolvido tivesse criado raízes.[63]

A geografia social revelada por Euclides por meio da categoria terra encontrou ressonância no caso russo, pelo menos como imaginado pelo autor. Numa paisagem inculta, personagens oprimidos num regime servil buscam desesperadamente edificar alguma forma mínima de vida social. Ora, é sabido que esse problema na imaginação social russa tinha de lidar com um elemento fundamental, ausente no caso brasileiro: a existência da *obshina*, comunidade agrária tradicional que agregava os camponeses. Ela era, por assim dizer, um componente vivo da tradição que devia ser levado em conta pelos pensadores que lidavam com o tema da civilização naquela sociedade. Nesse aspecto, de não pouca importância, a Rússia euclidiana ganha outros contornos.

Na perspectiva leninista, a *obshina* não foi obrigatoriamente preservada, muito pelo contrário. Sua incorporação no processo de modernização dá-se na chave da via prussiana, resolução autoritária e conservadora que lê a tradição pelo registro do latifúndio. Essa resposta, como se sabe, é distinta das formulações populistas. Embora seja arriscado falar em populismo russo como um complexo cultural unitário e homogêneo, pode-se dizer que, na versão dos pensadores das décadas de 60 e 70 do século XIX, a *obshina* é vista como uma espécie de modelo para a futura sociedade socialista, pelas suas características comunitárias e supostamente igualitárias. Franco Venturi,[64] em sua obra magna sobre o movimento *narodnik*, mostra como a chamada *intelligentsia* russa debateu-se incessantemente em torno dessa questão. Para os populistas radicais, a comuna seria elemento a ser preservado não pelo seu papel integrador na manutenção do *status quo*, mas como força dinamizadora que levaria a Rússia diretamente ao socialismo, sem os sofrimentos produzidos pelo capitalismo e seu repertório de patologias: anomia, individualismo, materialismo etc. Segundo Joseph Frank, essa visão teria terminado por englobar distintas perspectivas políticas, incluindo membros da geração de 1860, como Nikolai Tchernichévski, típico representante desses "radicais iluministas". Ainda segundo o mesmo autor, "é muito curioso observar, nos dois lados do espectro político russo, a mesma procura por alguma definição da 'singularidade' sociocultural da Rússia em relação à Europa".[65]

Como se percebe, o tema dos "privilégios do atraso" não é propriedade exclusiva de Trotski, e tem longa trajetória no pensamento russo. Mas no caso brasileiro, tal como analisado por Euclides, onde estaria a vantagem? A terra é categoria que nos aproxima da geografia russa, mas nela não há o peso da tradição camponesa, que para Euclides é inexistente ou não propriamente relevante. A paisagem inculta amazônica é, por assim dizer, mais desértica que a russa. Na ausência de uma instituição como a *obshina*, o que pode sustentar o processo de regulação da barbárie?

A ausência de uma tradição é o problema central enfrentado não apenas por Euclides, mas pelos seus contemporâneos e seguidores. Afinal, o Império fora derrubado. Mas reside aí a força da terra na Rússia brasileira. A Amazônia é a terra sem história, geografia captada pela imaginação espacial e estranha aos olhares treinados na clássica tradição histórica ocidental. Nesse lugar em que a natureza parece ser a principal protagonista, a ausência é precisamente a força capaz de domar o deserto. Sertanejos nortistas, bandeirantes e demais personagens que ali chegam não são "originários", e embora possam ficar aprisionados num regime de trabalho servil, não se pareceriam, nesse aspecto aos mujiques, que vêem a terra como expressão de suas próprias existências camponesas, tal como ficou evidente na citação de Bannour apresentada em trecho anterior. Nômades e aventureiros, os personagens que realizam a aventura amazônica são, de certa maneira, pioneiros. São americanos. Homens fortes, capazes de domar as "paisagens incultas" e racionalizá-las. Figuras surgidas do movimento, da adaptação, e não da tradição. Segundo Werneck Vianna:

> ... e me ponho em linha de continuidade com a tradição que vem de Gilberto Freyre a Darcy Ribeiro, que jamais perdeu de vista o que havia em nós de Rússia e de América – Gilberto, como se sabe, em *Casa-Grande & Senzala* chegou a nos designar como a Rússia Americana. Não somos, é claro, filhos do pensamento, como tantos dizem da Alemanha de inícios do século XVIII, e não se pode en-

tender o Brasil sem a dimensão do agir, embora de um agir muito fragmentado, difuso e disperso, como o que se fez presente na conquista do Oeste, de Sérgio Buarque de Holanda. Também "andando", freqüentemente apenas "andando", fizemos o Brasil.⁶⁶

Nesse sentido, nosso caminho "russo" para a civilização técnica seria permeado de personagens americanos. Mas que América seria essa?

A meta no projeto euclidiano era, sem dúvida, a civilização. A visão matizada que Euclides alimenta do fenômeno da barbárie impede que ela seja vista como expressão de uma autenticidade irredutível, valor a ser cultivado por si só. Importa lembrar aqui que o pensamento latino-americano do período (final do século XIX e início do século XX), em especial aquele inspirado pelo cubano José Martí, relacionava mais diretamente o tema americano à singularidade, apostando no elogio da mestiçagem e das características culturais tidas anteriormente como bárbaras, agora vislumbradas como chave de afirmação. Essa tradição encontrou ressonância no radicalismo de Roberto Retamar, que relê a clássica metáfora shakesperiana de outra maneira, fazendo o elogio de Calibã e reinterpretando o pensador uruguaio José Enrique Rodó* numa chave antiimperialista.

Se, para Rodó, o símbolo da América seria Ariel, o "espírito", a criatura que simbolizaria a filiação greco-latina da América do Sul e sua diferença em relação ao utilitarismo dos Estados Unidos, para Retamar a condição dessa mesma região seria mais bem traduzida pela imagem de Calibã, criatura selvagem e nativa da terra, envolvida numa dialética da colonização européia. Nesses termos, a identidade americana repousaria no particularismo étnico dos homens mestiços, tomados como representantes dos povos americanos. Não é essa, decerto, a família euclidiana. Não há, em Euclides, aversão ao mundo da civilização ocidental central, mas desconfiança da tradução "litorânea" que ela ganhou no Brasil. A terra opera como alternativa metodológica, expressão de uma matriz capaz de mobilizar a barbárie não como bandeira de autenticidade, mas como forma civilizatória. Sua América, portanto, está distante tanto do elogio puro a Calibã quanto

---

* Em 1900, Rodó publicou um livro intitulado *Ariel*, no qual utilizava os personagens da obra de Shakespeare – Calibã, o selvagem; Ariel, o "espírito"; Próspero, o viajante náufrago e colonizador – para traçar um painel sobre a condição do americanismo. Rodó foi um dos protagonistas desse singular modernismo que varreu as letras hispano-americanas entre os anos 80 do século XIX e os anos 20 do século XX, e essa obra específica exerceu considerável impacto sobre muitos intelectuais. Um deles foi o cubano Roberto Retamar, que, já nos anos posteriores à Revolução Cubana de 1959, entusiasmou-se pela temática americana e deu-lhe conteúdo revolucionário e antiimperialista.

de sua negação. Não está na celebração da diferença e da postulação do sul como trincheira de resistência aos valores das sociedades originárias, mas na percepção da relação entre homem e apropriação do espaço, dinamizada pela própria regulação da barbárie.

A relação entre americanismo e apropriação do espaço remete ao tema da fronteira, tão detidamente tratado pelos intérpretes atuais do pensamento social brasileiro. Nesse registro, a fronteira representaria um agir livre, orientado pela relação entre propriedade e movimento. Ora, decerto Euclides não vislumbra a relação entre homem e terra amazônica da mesma forma, mas a relação inventiva do homem com o espaço está presente, assim como a visualização de uma matriz civilizatória. Os limites descortinados pela reflexão euclidiana estão na própria configuração russa desse espaço social, tema ausente no imaginário americano.

Para Euclides não há pura invenção e ativismo livre dos personagens americanos, dado que ele valoriza a própria racionalização do agir e a rotinização de condutas, programa que certamente não encontra guarida na versão libertária que se construiu da fronteira norte-americana. Essa visão encontra ressonância na própria trajetória do escritor. Afinal, os seringueiros lograram amansar o deserto e se constituir como personagens de um espaço associado ao movimento, realizando a busca do escritor por uma geografia social que abrisse espaço para tipos que não se encaixassem na nova ordem republicana. O "americanismo russo" desses bandeirantes nortistas foi, portanto, expressão literária de inquietações que assolavam o mundo da engenharia periférica, marcado pela sensação de inadequação de homens que não viam espaço para suas vocações no ambiente carioca. Há que se voltar, assim, ao problema da Rússia Americana, tal como delineado por outro engenheiro heterodoxo – Vicente Licínio Cardoso. A ausência de uma associação robusta entre terra e tradição, que parece um exotismo tanto diante do americanismo mestiço quanto diante da tradição populista russa, ganha nele um registro positivo, como se verá.

# 5 Vicente Licínio e a Terra

Os caminhos abertos pela leitura euclidiana da terra não se esgotaram na imaginação do próprio Euclides. O impacto produzido pelos seus escritos só fez aumentar ao longo das décadas de 1910 e 1920, transformando sua obra magna praticamente num "romance de fundação", ao mesmo tempo que suas interpretações seriam progressivamente formatadas num universo específico do pensamento social brasileiro. A partir de então, as reflexões sobre as peculiaridades da experiência brasileira passariam, quase obrigatoriamente, pelos sertões euclidianos e pelos signos a ele associados. A "imaginação espacial" ganhara um autor de referência.

Foram muitas as interpretações de suas idéias, e diversos os caminhos desenhados pelos sucessores de Euclides. Regina Abreu[1] destaca que uma das leituras mais bem estabelecidas da obra euclidiana teria sido patrocinada por Cassiano Ricardo, que associou o tema do sertão e seu desbravamento físico e intelectual ao problema do bandeirantismo e seus heróicos personagens, ressaltando o mote da autenticidade da terra sertaneja. Outra seria a interpretação de Gilberto Freyre, mais centrada no diálogo entre civilização e litoral e na incorporação da dualidade euclidiana ao seu sistema conceitual, marcado pela noção de "antagonismos em equilíbrio" – conceito freyreano trabalhado por Ricardo Benzaquen de Araújo.[2]

Como mostra Regina Abreu, a consagração do clássico de Euclides foi possível graças ao modo como o autor plasmou idéias e temas que já vinham sendo trabalhados na imaginação brasileira. A obra euclidiana dá mais um passo nessa história, ajudando a conformar mais intensamente tal universo interpretativo. Trata-se, portanto, de avançar no desvendamento desse universo, por intermédio da análise do tema da terra na obra de outro engenheiro periférico, Vicente Licínio Cardoso.

A associação entre terra e inventividade, já presente nos escritos de Euclides sobre a Amazônia, ganha contornos mais decididos na obra de Vicente Licínio, na qual os temas da máquina, da sociedade industrial e do fordismo surgem com maior relevo, afastando de forma decisiva quaisquer sugestões de um agrarismo romântico a presidir sua releitura da terra. Argumentarei como esse tópico do pensamento de Vicente Licínio ilustra o seu americanismo e serve ao mesmo tempo para problematizá-lo. Mostrarei, portanto, como o tema da terra associa-se a outros tópicos tratados na obra do autor, sem pretender sugerir que haja uma hierarquia de relevância na argumentação. É esse caminho que sigo para interpretar o sentido da adesão de Vicente Licínio ao tema da educação moderna e dos seus impactos na formação da nação brasileira. Finalmente, mostrarei como o tema da "Rússia Americana" pode ser extraído da análise liciniana para caracterizar uma interpretação da civilização brasileira a partir da inventividade e da novidade presentes na nossa experiência, sustentada em uma sociabilidade rude, mas pragmática.

Assim como no tratamento dispensado a Euclides, o objetivo não é a reconstrução histórica do perfil intelectual do autor, mas a leitura de suas idéias e temas à luz das preocupações que guiam este livro e orientam a seleção do tema da terra. Note-se que a produção de Vicente Licínio foi considerável para um período de tempo tão curto. A maior parte de seus livros ensaísticos foi publicada em meados dos anos 1920 – entre 1924 e 1926. Os ensaios são quase todos curtos, e o descuido com o estilo e a forma tornam-se gritantes. Há repetições de parágrafos inteiros, assim como de expressões. Esse aparente desleixo fazia parte do ethos do autor, refratário ao bacharelismo e entusiasta de suas próprias credenciais científicas. O tema da terra não aparece em todos os escritos, mas ocupa papel importante na sua sociologia comparativa, como se verá.

Em primeiro lugar, cabe fazer uma análise da experiência geracional e intelectual a qual Vicente Licínio está associado, com destaque para sua formação positivista e o papel catalisador exercido pela obra *À margem da história da República,* editada em 1924. Em seguida, cumpre caracterizar o papel metodológico da terra em algum de seus escritos centrais, observando como a categoria termina por escapar à geografia e associa-se a uma experiência civilizatória. Por outro lado, a reflexão sobre máquinas e imaginário técnico expõe o entusiasmo de Vicente Licínio com as possibilidades abertas pela vida industrial, tema que, à primeira vista, poderia sugerir uma contradição com a interpretação aqui esboçada. Contudo, argumento como esses dois temas se relacionam pela chave da invenção e da criatividade. Uma releitura da obra de Vicente Licínio ajuda assim a encaminhar de forma mais precisa o argumento apresentado no início deste livro, construído recorrendo-se a uma nova interpretação dos escritos de Euclides, o outro engenheiro.

## Um livro e uma geração

Alguns livros podem funcionar como catalisadores de toda uma geração, ou mesmo de uma época. O caso de *Os sertões*, como já apontado, é exemplar do processo de produção de um corpo interpretativo e de um universo discursivo comum – ao mesmo tempo que representou a cristalização de determinados temas e idéias que já ocupavam a imaginação brasileira. Um livro síntese, por assim dizer. O caso de *À margem da história da República* é mais agudo ainda, dada sua dimensão testemunhal. A obra, que se pretendia um "inquérito dos escritores nascidos com a República", operou, na verdade, como um verdadeiro ajuste de contas da intelectualidade com o regime que propugnava, mas com o qual se mostrava desencantada, em virtude dos rumos que tomara. Trata-se de uma coleção de escritos voltados para a intervenção pública, produzida por personagens que militavam em diferentes campos – entre os quais se encontra o próprio Ronald de Carvalho –, mas que partilhavam um corpo minimamente comum de preocupações, influências intelectuais e programas. Entre eles estava Vicente Licínio Cardoso, que comparece com um artigo sobre Benjamin Constant.

Apresentar brevemente o livro significa introduzir um campo intelectual que opera como porta de entrada para o universo de seu organizador. Não se trata, ressalto, de postular um programa comum a todos esses homens, mas de mobilizar a obra como ferramenta para a compreensão dos questionamentos e dilemas comuns que orientavam respostas e sugestões que não necessariamente seguiam caminhos idênticos. Tal proposição contraria a perspectiva usual de tomar determinada geração como sujeito coletivo dotado de monolítica personalidade intelectual. Em oposição, parto de um universo de experiências intelectuais compartilhadas e busco identificar o sentido geral que organizava o pensamento desses homens, para então apresentar seus problemas – que eram, por assim dizer, aqueles da própria experiência civilizatória nacional –, e destacar suas tensões, em especial com a "família" Euclides-Licínio.

O prefácio de *À margem da história da República*, provavelmente escrito por Vicente Licínio, é eloqüente a respeito de como essa geração se percebia coletivamente:

Reunidos, representam porém uma geração de homens; a geração que nasceu com a República, pouco antes ou pouco depois: não viram o imperador, não conheceram os escravos, não herdaram títulos, nem cargos, nem comissões. Conquistaram posições e tomaram atitudes por seus próprios esforços: são pois republicanos e democratas na verdadeira acepção do termo: fizeram viver, em suma, as suas próprias idéias.[3]

A passagem tem componentes interessantes para caracterizar esse grupo e sua auto-imagem. O principal é a associação do republicanismo a um estado social próprio de homens meritocráticos, personagens animados por seus talentos e capacidades, e não a um corpo doutrinário específico. Ser republicano significaria viver de certa maneira, e não apenas aderir a um programa político. Ao mesmo tempo, o republicano democrata seria o homem capaz de vivenciar suas idéias, numa simbiose entre convicções e ações práticas que qualifica a República como uma condição existencial. Mencionei anteriormente o peso que essa ética da convicção tinha para os engenheiros Euclides e Vicente Licínio. Percebe-se na passagem o testemunho público dessa condição e a construção de uma auto-imagem fincada numa trincheira ética: a dos homens justos e capazes.

O pai espiritual declarado dessa geração é Alberto Torres, e as matrizes intelectuais citadas são Herbert Spencer, Augusto Comte e Charles Darwin. O propósito, contudo, não é o de confeccionar um panteão intelectual, mas mostrar o ecletismo de homens cuja missão não era o pensar como atividade espiritual, destacada do agir. Nesse sentido, a escolha de Alberto Torres não é gratuita, pois ele era identificado com um pensar próprio à ação, além de ter como um de seus temas principais o problema da organização nacional. Essa é, por certo, a categoria-chave que confere alguma unidade às diversas formulações encontradas na coletânea. Todos os autores têm a preocupação de produzir um diagnóstico e encontrar caminhos para a edificação de um novo arranjo social que ajuste o relógio político às configurações próprias da vida social nacional. Ou seja, o pensar é parte integrante de um movimento de autoconsciência da nação, realizado pelos seus intelectuais e constitutivo da própria experiência brasileira. Pensar e organizar são faces de um mesmo processo. Trata-se de entender alguns temas básicos desses personagens para situar melhor os pontos sustentados por Licínio na primeira metade dos anos 1920. Destacarei dois: o estado social republicano e a nostalgia do Império e o embate entre americanismo e latinidade (ou iberismo). Essas discussões permitirão enquadrar a perspectiva de Vicente Licínio e os matizes existentes para essa geração.

O artigo de Carneiro Leão, intitulado "Os deveres da nova geração brasileira", ilumina um tema que será constante no pensamento de Vicente Licínio: a República como evento de "desorganização social". Para Carneiro Leão, o advento republicano teria sido responsável pela desmontagem do estável sistema social do Império, sustentado em torno de uma hierarquia eficaz, a despeito de injusta. Ou seja, o elogio da experiência imperial é feito através da valorização do ordenamento das diferenças. A República, por sua vez, seria movida pelos valores do igualitarismo e do nivelamento, que teriam destronado os tradicionais atores que davam substância à vida política pré-1889 e aberto caminho para o fenômeno do "arrivismo". Nos dizeres do autor:

> Assim, de uma parte, a pobreza em que caíram as antigas famílias senhoriais e os seus escrúpulos em se ombrearem, na vida pública, nas assembléias, nos parlamentos, com filhos dos seus ex-escravos, produziu o retraimento de um número considerável desses ilustres varões e dos seus descendentes, da direção nacional; da outra, os excessos produzidos em todas as revoluções, aliados ao próprio espírito de um regime de inteira liberdade e absoluta igualdade de raças e de classes, deram aos arrivistas o acesso fácil a posições.[4]

A percepção dessa geração republicana era fortemente marcada pela experiência frustrante da República, não apenas pelo desencanto com o regime, mas pelo estado social produzido por ele. Tanto Euclides quanto Vicente Licínio se sentiam desajustados nesse meio, em especial na vida carioca, e viam com horror o fechamento das altas posições da vida pública para homens com seus talentos. O positivismo, ao dotar-lhes de uma profunda ética da convicção, contribuía para a formação de uma economia moral estóica, propícia ao trabalho e à sobriedade, que se chocava com a suposta frivolidade que caracterizaria o mundo social da Primeira República. Funcionava, por assim dizer, como um puritanismo "aristocrático", pois assentado na convicção de uma superioridade moral que não podia ser exercitada plenamente diante do avanço do mundo do nivelamento. Vê-se que a dinâmica intelectual mobilizada por esses intérpretes, que combinava pensamento e ação, era animada por um diagnóstico de cunho eminentemente tocquevilleano. No vocabulário desses homens, tratava-se de combinar republicanismo e meritocracia, igualdade e organização, pares que traduzem, para nossa experiência civilizatória, o dilema entre igualdade e liberdade desenhado por Tocqueville.

Outro tema importante no pensamento de Vicente Licínio é o do Brasil como uma sociedade americana, portanto marcada pelo signo do "novo". No ensaio "O ideal brasileiro desenvolvido na República", de José Antonio Nogueira, está presente a polarização entre os dois ideais patrióticos que lutariam para organizar a experiência brasileira. Ou o Brasil era visto como um prolongamento latino, uma "coisa feita" voltada para o passado e para suas raças formadoras, ou era pensado como uma novidade, construção do futuro. O partido do autor não é, decerto, o de Licínio. Enquanto este se volta para o americanismo que marcaria nossa experiência, Nogueira cerra fileiras com o partido Ariel, pois "o segundo grupo, o mais progressista e não menos zeloso da grandeza e da integridade da pátria ensina que o Brasil representa, acima de tudo, um prolongamento da civilização ibérica, apenas modificada pelo trabalho sociogênico de redução indireta do africano e do aborígene, isto é, por meio de transitória mestiçagem".[5]

O herói desse partido seria Joaquim Nabuco, enquanto Sílvio Romero representaria o apogeu do partido americano. Numa das passagens que fecha o ensaio, Nogueira não hesita em enfileirar aliados e adversários nesse embate civilizacional. Afinal,

> somente unidos e conscientes dos mesmos destinos superiores, os povos sul-americanos poderão opor ao espírito tudesco e às aspirações megalômanas de Jefferson, de Walt Whitmann e de Monroe intransponíveis barreiras, continuando com galhardia, como muito bem diz G. Calderón, "a luta da cidade latina contra os bárbaros, da Renascença contra a Reforma", do princípio da lei consentida contra os endeusamentos da força.[6]

Mais sofisticada é a visão de Tristão de Ataíde sobre o tema, no já citado ensaio "Política e letras", no qual o dilema entre latinidade e americanismo traduz-se em diferentes exigências civilizacionais, expressas pelas idéias de natureza e inteligência. Afinal, nós seríamos marcados pelas energias próprias daquela, enquanto a Europa padeceria do excesso desta. A grande missão brasileira seria a produção de uma inteligência capaz de assimilar as forças naturais que configurariam nosso ser e dotá-las de um sentido transcendente. O modelo desse exercício estaria dado pelo Império, cuja produção intelectual granjeou produzir o Romantismo, ferramenta literária que teria fornecido uma idéia espiritual para assegurar nossa unidade. Já a República, assinalada pela dispersão, conheceria sua tradução literária num amálgama entre regionalismo e cosmopolitismo, incapaz de lidar de forma apropriada com o dilema entre natureza e inteligência. Note-se que Tristão partilha do diagnóstico de Carneiro Leão a respeito dos efeitos sociais produzidos pela proclamação da República. Nas suas palavras:

> A força nova, que anima desde então a nossa ainda informe cristalização nacional, já não vem de cima como até então. Doravante, se o problema imediato é a abolição que se precipita, o problema profundo é a ascensão ao poder da massa consciente, do particular instruído ou ambicioso, que sente crescer em si o gosto do mando e a força do poder.[7]

A tradução política desse embate estaria no antagonismo representado pelas figuras de Rui Barbosa, homem europeu, e Pinheiro Machado, político aventureiro e caudilhista, emérito representante do americanismo e de sua paixão irrefreável e algo bárbara pela liberdade. A crescente cisão entre literatura e política, apontada por Tristão, dificultaria a retomada do projeto imperial em seus próprios termos, pela unidade entre inteligência e nação num tempo só. O que fazer?

> Politicamente, portanto, a solução, que o tempo e o bom senso nos trarão, será por força a assimilação das forças vivas da nacionalidade americana, por natureza anárquicas e incultas, pelas forças vivas da espiritualidade, tantas vezes desviadas pela paixão do poder, mas afinal cultivadas pelo idealismo e pela experiência do Ocidente cristão.[8]

Tristão de Ataíde encontra-se em terreno semelhante ao de Nogueira? Não exatamente, pois "ser nacional é criar uma nacionalidade, e não submeter-se a ela".[9] Ou seja, não haveria espaço para a reiteração da nossa herança, dada a própria necessidade de um novo movimento da inteligência em busca da autoconsciência e da organização da nação. Tratar-se-ia, antes, de produzir uma nova idéia, assentada na espiritualidade e na transcendência, capaz de dar sentido ao Brasil novo. Uma combinação interessante, que encontra parentesco com as formulações do grupo espiritualista moderno e que forja uma espécie de família intelectual que resiste à idéia de se entregar de forma radical ao que haveria de mais "americano" em nossa experiência.

Sustentei que a associação da terra a certas qualidades americanistas prendia-se à delimitação de um marco étnico originário de nossa autenticidade, avaliado de forma ambígua. Se homens como Ronald de Carvalho e Graça Aranha parecem hesitar na localização da nossa tradição e nas possibilidades de acomodação/superação dela, o grupo formado por Tristão e os modernistas espiritualistas de *Festa* não hesita em apelar para uma idéia que sustentasse nosso processo de autocriação. Em ambos, contudo, estamos distantes da visão sugerida por Euclides da Cunha nos seus textos amazônicos, e que destaca a invenção propiciada pela "terra em movimento".

## O positivismo

Vicente Licínio foi um positivista tardio. Personagem interessado nas novas produções estéticas nacionais e no grande legado do ensaísmo brasileiro, escrevendo de forma profícua nos anos mais candentes da década de 1920 – entre 1924 e 1926. Ainda assim, um sereno admirador da obra comteana. Trata-se de delimitar as fronteiras dessa filiação intelectual, enquadrando-a nos marcos do debate intelectual mais amplo que a informava.

Para Leopoldo Zéa, o positivismo latino-americano seria marcado pelo tema da ruptura. Pensando a herança colonial como marco negativo a ser superado, positivistas mexicanos e argentinos vislumbrariam a educação e o progresso como chaves para a necessária "emancipação mental" dos povos americanos. Tratar-se-ia, portanto, de elaborar um projeto civilizador ianque. Segundo Zéa: "O instrumento do qual se valerão os latino-americanos para realizar esta mudança será o positivismo. Esta é a filosofia na qual se encarnou o espírito dos homens que tornaram possível a civilização, a filosofia que deu sentido ao progresso alcançado pela Europa ocidental e pelos Estados Unidos."[10]

Com raras exceções, as mais conhecidas versões a respeito do positivismo brasileiro têm um registro notadamente negativo. Exemplar dessa perspectiva é a análise de João Cruz Costa, que esposa sem reservas a tese de Sérgio Buarque de Holanda sobre o "secreto horror à realidade" supostamente alimentado pelos intelectuais animados pela doutrina. Ao se concentrar basicamente nas lideranças do *Apostolado* – Miguel Lemos e Teixeira Mendes –, Cruz Costa enfatiza constantemente a dimensão exótica do positivismo em terras brasileiras. Ao mesmo tempo, ele percebe de forma hábil o peso desse corpo doutrinário na conformação de certo hábito de ação que persistiria na vida nacional. Nas suas palavras:

> É certo que o *comtismo* do *Apostolado* é hoje um movimento de idéias que parece completamente superado – que talvez já o era pouco depois do seu advento no Rio de Janeiro. O mesmo talvez não se poderá dizer de uma certa *atitude* positivista que, de quando em quando, parece ressurgir sob formas *novas*, que contêm, apesar da sua aparente *novidade*, velhos traços que talvez são característicos do nosso espírito.[11]

Outras versões preferem enfatizar o autoritarismo presente no positivismo, localizado como uma espécie de principal obstáculo nativo ao liberalismo. Entre as exceções, ressalve-se a obra de Ivan Lins,[12] que empreende notável pesquisa de arquivos para localizar os pioneiros do positivismo brasileiro e o impacto dessa doutrina em diferentes instituições e grupos da vida intelectual no país. A despeito de sua inegável simpatia pelo objeto, o trabalho de Lins tem o mérito de delimitar com alguma precisão as diferentes facções e famílias em que se dividiu o positivismo nacional. Em todos os autores, entretanto, nota-se que o período de efervescência do positivismo já teria passado depois da primeira década do século XX, quando Vicente Licínio se forma intelectualmente.

Todos os seus comentadores são unânimes em apontar sua inicial filiação positivista. A formação na Escola Politécnica no Rio de Janeiro possibilitou o contato com as doutrinas e idéias que moldavam a experiência intelectual dos personagens forjados numa cultura técnica de sabor politécnico. De acordo com Castilho Goycochea, Vicente Licínio teria passado por dois períodos bem demarcados: a fase compreendida entre 1917 e 1918, marcada pela obra *Filosofia da arte*, seria expressão pura de seu período Comte-Spencer, enquanto os anos compreendidos entre 1923 e 1925 seriam decisivos para a configuração de seu humanismo, com forte influência spinozista (que é explícita na obra *Maracás*, coleção de aforismos e pensamentos). Difícil precisar, contudo, até que ponto o positivismo foi completamente abandonado. Segundo Goycochea:

> À imposição paterna para o estudo do curso fundamental da Politécnica deveu ele essa soma larga de conhecimentos imprescindíveis para o exercício de qualquer atividade mental na sociedade moderna, conhecimentos que são dados pelas ciências quando estudadas seriamente, do pedestal para a cúpula, da matemática para a sociologia e a moral.[13]

Note-se que o estudo científico sério, segundo o biógrafo, obedece à hierarquia das ciências desenhada nas obras de Comte. Porém, o questionamento sobre a natureza do positivismo na atividade intelectual de Licínio deve se voltar também para sua suposta fase ortodoxa, ou talvez indagar mesmo sobre em que medida uma suposta ruptura epistemológica alterou tanto o curso de suas investigações. Como se verá aqui, alguns temas permaneceram, a despeito do instrumental escolhido para sustentá-los. Em especial, o tema da terra e da associação entre americanismo e terra nova. Nesse sentido, o positivismo foi, para Licínio, a porta de entrada teórica – além de código moral – à sugestão da relação homem/meio, que logo ganhou tons interpretativos maiores que aqueles sugeridos pela ciência positiva, assumindo contornos simbólicos.

A obra *Filosofia da arte*, como já assinalei, é a marca da entrada de Vicente Licínio nos estudos sociais e tem fortíssima influência comteana, a despeito de conter um notável esforço de mobilização crítica dessa teoria, o que talvez tenha conferido ao texto um potencial não vislumbrado em escritos do mesmo corte de outros autores. Para Wilson Martins:

> Ideologicamente anacrônico, o livro de Vicente Licínio Cardoso é uma tentativa de elaborar o sistema filosófico do positivismo (ele via em Augusto Comte "o maior filósofo da civilização ocidental"), mas é também a única tentativa de inquestionável interesse nessa direção. Acrescente-se que, no seu gênero, é a obra mais importante jamais escrita entre nós, nada inferior, se não superior, pela erudição, espírito crítico e originalidade, a dezenas de outras, publicadas em países "estrangeiros".[14]

Na verdade, *Filosofia da arte*, cuja primeira edição é de 1918, foi a tese escrita pelo autor para o concurso de provimento da cadeira de história da arte, na Escola Nacional de Belas-Artes, em 1917 (o concurso afinal foi anulado). O volume contém também o texto "A arquitetura norte-americana", texto-relatório apresentado, em 1915, como prestação de contas daquela viagem que lhe fora oferecida pela Politécnica em 1912. Enquanto o primeiro texto é um largo tratado teórico sobre as possibilidades oferecidas pela ciência comteana para o tratamento da estética, o segundo é um estudo aplicado, centrado no ramo da arquitetura. Em ambos será possível notar a relação de determinação entre homem e meio, e a gestação da visão liciniana sobre a novidade americana, que depois seria explorada em todo seu potencial.

A tese é simples: a arte seria função do desenvolvimento dos organismos sociais, e, pelo estudo estético seria possível decifrar a voz da evolução dos povos. No prefácio, Vicente Licínio enumera as três noções básicas, estruturadoras de sua pesquisa: 1) a arte como função do meio; 2) a lei do idealismo, segundo a qual cada arte evolui segundo um certo caminho; 3) a lei de espiritualidade, que associa a evolução das artes ao desenvolvimento de cada civilização. As referências que surgem constantemente no texto são Comte – tratado com reverência, mas não como único paradigma – e Hegel, tido como expoente máximo da escola metafísica alemã. A respeito do comtismo de Licínio, vale citar a nota 2, constante nas "Considerações gerais" do autor:

> Quando nos referimos a A. Comte é sempre, exclusivamente, ao matemático profundo e ao grande filósofo, isolando-o sempre, implicitamente, da parte de sua obra relativa ao positivismo como religião. Mas a mais, reconhecendo nele o maior gênio produzido pela civilização européia, estamos, no entanto, muito longe de aceitar a totalidade de seus princípios, de suas afirmações e de seus ensinamentos, mesmo pondo de lado tudo quanto se refere à religião da humanidade, como acabamos de dizer.[15]

Assim, mais que tomar partido na briga entre os positivistas brasileiros (que se dividiam entre os que acompanharam a "virada comteana" em direção à religião da humanidade e os que recusaram essa transformação), Licínio acreditava ser necessária uma leitura minimamente crítica daquele que considerava "o maior gênio produzido na civilização européia".

O esquema geral de apreciação estética segue o cânone positivista, enfatizando a evolução geral das obras de arte do imaginário ao real, do simbólico ao positivo, da emoção ao raciocínio. Essa evolução seria acompanhada pela própria transformação material das suas condições de produção. Sendo assim, Licínio acreditava que as artes teriam caminhado de um domínio sobre a linguagem das imagens para o domínio sobre as artes da palavra (prosa e poesia), numa constante e inexorável libertação da mente humana dos meios materiais de expressividade – não à toa, é fortemente negativa a visão do autor sobre as vanguardas européias das duas primeiras décadas do século XX.

A despeito desse apego a uma forma interpretativa rígida e "ideologicamente anacrônica", ele consegue produzir interessantes observações, em especial quando se livra do universalismo evolucionista de Comte e passa a levar em conta as diferenças entre as culturas e as civilizações. Licínio sustenta, por exemplo, a superioridade da cultura árabe sobre a civilização cristã da Idade Média. Enquanto a última se estruturaria sobre uma massa de analfabetos e, portanto, não conseguiria abandonar a linguagem das imagens, aquela, animada por população leitora, produziria portentosas artes "das palavras", libertando sua expressividade das prisões da arquitetura. No lugar de igrejas góticas que traduziriam a função social da religiosidade cristã por meio de signos gravados em pedra, os árabes teriam logrado alcançar uma vigorosa expressão escrita de sua cultura e sua religião.

Embora esse longo trabalho possa parecer perdido no seu esquematismo, e condenado ao mero registro histórico, é notável como evidência da peculiar apropriação positivista empreendida por Vicente Licínio, que deixaria profundas marcas em seu pensamento. Ressalto, também, o argumento que mais lhe encantara no comtismo, e que nunca seria abandonado, a despeito das formulações mais sofisticadas que ganharia em obras posteriores: a relação entre homem e meio, tão comum no discurso científico do século XIX, e que seria processada pelo autor de forma curiosa, como fica claro, por exemplo, no seu ensaio sobre a arquitetura nos Estados Unidos.

"Arquitetura norte-americana" é fundamental para a interpretação do pensamento liciniano, pois permite um primeiro vislumbre do argumento geográfico do autor, centrado na idéia da relação homem/meio. Ao mesmo tempo, é possível destacar o modo como ele transforma esse argumento científico numa idéia-força associada ao tema da democratização pela terra, que traduziria uma propriedade americana.

Nas "Considerações gerais" que apresentam o texto, Vicente Licínio argumenta que o surgimento de novos tipos arquitetônicos corresponde a novas necessidades manifestadas pelos organismos sociais. Daí a característica prática e moderna do estilo encontrado nos Estados Unidos, relacionada ao espírito útil e funcional do povo do país. O melhor exemplo desse estilo seria o *sky-scraper*, prédio produzido pelo crescimento econômico vertiginoso e pela valorização do trabalho. O tema da organização livre e racional do trabalho perseguiria Vicente Licínio por toda vida e sempre surge em sua obra vinculado a um elogio à sociedade norte-americana. Na perspectiva de Licínio, a democracia estaria assentada nesse fenômeno, e não na expansão de certas idéias configuradas constitucionalmente.

Não cabe aqui retomar a história da arquitetura norte-americana tal como descrita por Licínio, mas entender a centralidade que ele confere ao tema espacial. Assim, na seção sobre os tipos arquitetônicos dos Estados Unidos, a argumentação inicia com a apresentação das zonas físicas que conformam o país (área original das 13 colônias; vale do Mississippi; semi-árido de montanhas até México; Costa-Oeste) e que teriam produzido formas estéticas distintas. O destaque do autor é dado ao Oeste, considerado "tipicamente americano", pois "a história do povo, conquistando a terra e estabilizando-se em organismos sociais, ainda não foi escrita, com a amplitude e o relevo desejáveis".[16] Enquanto o Mississippi seria o território oficial, loteado e hierarquizado, marcado por um vale largo associado à mesmice, a costa ocidental do país se caracterizaria pela conquista aventureira e pelo relevo de pequenos vales, próprios à variação e à diversidade, traduzidas no predomínio da pequena propriedade. O bangalô seria a residência própria dos tipos sociais que empreenderam essa conquista caracterizada pela terra democratizada, configurando uma residência funcional, e de pequeno custo, construída em madeira e com pouca decoração. O Leste, marcado pela centralidade de Nova York, seria o espaço da reprodução européia, no qual predominaria a aristocracia do dinheiro.

Como se sabe, essa leitura que associa Oeste e democracia foi recorrente na imagem construída sobre a natureza da sociedade norte-americana, caracterizando mesmo um mito de fundação assentado no tema da fronteira. Esse tema, como bem notou Lúcia L. Oliveira,[17] repercutiu imensamente no Brasil. Como argumenta a autora, personagens como Cassiano Ricardo mobilizaram essa idéia e traduziram-na para o caso da nossa "marcha para o Oeste", idealmente iniciada pelos bandeirantes e complementada no Estado de Vargas. Vicente Licínio, contudo, esteve nos Estados Unidos em meados da década de 1910, e preocupações dessa ordem não ocupavam sua reflexão.

Faz-se necessário averiguar como a relação homem/meio é retomada em trabalhos posteriores do autor, agora voltados para a investigação do Brasil e menos marcados pelo comtismo. Como afirmei anteriormente, esse período, iniciado nos anos 1920, foi bastante prolífico para ele e caracterizou-se por um obstinado esforço interpretativo, traduzido em vários ensaios publicados em diversos jornais. Após inúmeras viagens, Licínio decidiu-se pelo engajamento na dinâmica pensamento/ação, que redundou na obra coletiva *À margem da história da República*. Vejamos o resultado desse conjunto de escritos.

## A terra

Em 1933, lançava-se postumamente o livro *À margem da história da República*, coletânea de textos e conferências de Vicente Licínio Cardoso. Pelo tamanho e pelo lugar que ocupa dentro dessa obra, destaca-se o artigo "O rio São

Francisco: base física da unidade do Império", resultado de conferência realizada no Instituto Histórico e Geográfico de São Paulo em agosto de 1925, cujo foco é justamente a apresentação da história desse rio "sem história", tido como central na configuração da unidade nacional sob o Império.

O texto começa com uma significativa frase, atribuída pelo autor a um humilde e anônimo missionário: "Que eloqüente sermão é por si mesma toda esta terra." Significativa porque servirá a Vicente Licínio como uma espécie de bússola metodológica e interpretativa. Afinal, o fato político da unidade nacional só poderia ser captado com a investigação geográfica, que apresentaria o São Francisco como uma espécie de mecanismo integrador natural, unindo Norte e Sul pela navegação e conferindo um sentido unitário ao Brasil. Fiel ao método que o acompanhou em sua viagem americana, e que foi mobilizado no estudo sobre arquitetura antes analisado, o autor afirma:

> A terra é o esqueleto dos organismos sociais, eis a maior e mais harmoniosa descoberta sociológica do século passado, só atingida, com sacrifício, depois de afirmações isoladas ou exageros prejudiciais sobre as raças, os climas e os alimentos humanos. O São Francisco é a coluna magna de nossa unidade política, o fundamento basilar que reagiu e venceu todos os imperativos caracterizadamente centrífugos oferecidos pelo litoral.[18]

Dessa forma, se o Oeste norte-americano teria propiciado a produção de uma vida social democrática e laboriosa, sob o influxo da liberdade conferida pelo espaço, o São Francisco teria exercido eficácia sociológica análoga, configurando uma geografia favorável à unidade nacional. Na análise de Vicente Licínio, tratava-se do "caminho interior" que moldaria a história não-oficial do país, e que fora já desbravado intelectualmente por Capistrano de Abreu em seus *Capítulos de história colonial*. Neste livro, o historiador cearense troca a narrativa histórica clássica, centrada nos feitos de homens modelares que produziriam um saber político capaz de orientar outros homens virtuosos, pela investigação da produção anônima de um país. E, com sua obra, exerceu considerável impacto sobre seus contemporâneos (entre os quais Paulo Prado), com sua idéia de "desvelar" a formação acidentada de um povo. Ora, a referência mobilizada por Licínio ao tratar do "caminho interior" não foi Capistrano, mas Euclides e sua história "sertaneja". Como diz o autor:

> Continuemos, pois, honestamente, o descobrimento de nossa terra e de suas gentes interiores em boa hora encetado pelo arremesso atrevido de Euclides da Cunha. Não para aprender com os nossos sertanejos o seu falar estropiado, o seu cantar sonoro, mas ingênuo, ou as suas fábulas mestiças, espalhando a mestiçagem violentíssima do próprio homem. Mas para compreender que carecemos de educá-los, racionalizá-los, integrá-los, em suma, à nossa própria civilização do litoral.[19]

Nessa passagem, destaca-se um aspecto interessante, que diz respeito ao problema da terra no pensamento de Vicente Licínio: ele não estaria associado ao resgate de uma ontologia étnica a ser fixada como eixo autêntico da nossa nacionalidade. Aliás, não é por acaso que o grande ensaio geográfico do autor está centrado num rio,* e não nas bandeiras, entradas ou demais movimentos migratórios encarnados em personagens específicos. Não há, portanto, privilégio essencialista na interpretação liciniana, que se inclina para o tema da organização nacional e da formação da nacionalidade. Nesses termos, o exercício do conhecimento sobre a terra é condição para a autoconstrução como nação, e não para uma reiteração romântica que busque uma base de legitimidade numa comunhão mítica entre natureza e povo. Ou seja, trata-se de aprender com o "sermão da terra", pois nela está a chave para a decifração do sentido de nossa civilização. Nas palavras de Licínio:

> Tempo já é chegado de compreendermos que somos aquilo que fatalidades cósmica e histórica vêm exigindo que sejamos sem remissão escapatória, sem nenhuma possibilidade de evasiva: *americanos* e *brasileiros*: americanos por não sermos europeus, apesar do desejo mal velado de muitos de quererem ser europeus bem transplantados; ... brasileiros, pela civilização latina com que foi alimentado histórica e espiritualmente o nosso determinismo cósmico tropical nesta pátria imensa em que se chocaram, sem repulsão pela primeira vez no mundo, homens de todas as cores, representantes das raças mais diversas.[20]

Como se percebe, o "sermão da terra" nos conduz para uma inserção civilizatória específica, própria de terras americanas. O instrumental positivista mobilizado pelo autor, e apresentado aqui desde sua gênese, assegura que a terra seria o "grande esqueleto dos organismos sociais", variável científica determinante para a compreensão das formações nacionais. Para além dessa constatação, há a percepção de certo "determinismo cósmico tropical", aliado a uma defesa de nossa condição americana. Ao que tudo indica, o "sermão da terra" parece não se esgotar no argumento geográfico.

No mesmo livro postumamente editado, há um ensaio intitulado "À margem do Segundo Reinado", no qual Vicente Licínio procura desenhar uma história do período que não se prenda às lutas partidárias superficiais e se mostre apta a captar a dinâmica mais propriamente sociológica que organizaria esse processo. Isso significa analisar temas econômicos e administrativos e, obviamente, voltar ao grande esqueleto dos organismos sociais – a

---

* Nos arquivos de Licínio, há um manuscrito de agosto de 1928 dedicado à questão do São Francisco. Nele, o autor copia uma frase de Sílvio Romero que ilustra bem sua versão sobre o problema da unidade nacional: "A união brasileira, antes de ser uma dádiva da história e da política, era já uma exigência da natureza; mas essa unidade não é incompatível com a variedade."

terra. Na seção nomeada "O homem e o meio", o autor introduz outras ponderações sobre o tema, que sugerem perspectivas mais abrangentes para o argumento geográfico:

> As relações de condicionamento recíproco entre o *homem* e o *meio* adquirem no Brasil intensidade ou desfalecimento, desconhecíveis na Europa ocidental, terra em que primeiro os autores falaram dessas mesmas relações interessantíssimas compendiadas pela sociologia. Só a Rússia, entre os povos civilizados, lembra o caso brasileiro. Todavia, o exemplo japonês seria mais útil, mais oportuno, mais especialmente desejado se pudesse ser repetível no Brasil.[21]

Não estamos mais no território singular do caminho interior dado pelo rio São Francisco. O autor introduz, recorrendo ao já conhecido argumento geográfico, uma cartografia intelectual que daria sentido à civilização brasileira. O que antes era um argumento científico – a terra como variável primordial para a explicação dos organismos – sofre uma alteração de grau, passando a ter um efeito sociológico distinto em determinadas sociedades. Ou seja, Brasil e Rússia não se aproximariam apenas pelas singularidades de sua geografia, mas por serem regiões em que o meio produziria resultados até então desconhecidos. É como se o autor estendesse o argumento euclidiano a respeito da "terra ignota" para outras paragens, transformando-o em signo de um conjunto civilizatório. Vicente Licínio parece convencido sobre a que tipo de geografia essa força nova se refere: "O confronto com a Inglaterra, com a França ou com a Alemanha é muitas vezes inoportuno ou retórico."[22] Qual seria, então, a lição desse conjunto civilizatório, arrumado sob a lógica da força da terra?

> O Japão mostra o valor de um *ambiente social* na continuidade de uma ação política bem dirigida: em meio século, realizou um milagre formidável. A Rússia ilustra a dificuldade com que mesmo um político de gênio vê amortecida a sua ação social, quando em contato com um ambiente ingrato, sáfaro, rude pela intensidade. Os Estados Unidos, por não terem rei, corrigem as ilusões de um e de outro caso, por isso que melhor refletem o valor da *opinião social*, o mérito da vontade social anônima, a energia das massas devidamente orientadas.[23]

Como se verá depois, o Japão será um caso abandonado nos escritos licinianos, operando nessa seção do texto como um exemplo de formação nacional assentada numa poderosa vontade.* A Rússia será companhia cons-

---

* Licínio certamente se refere ao processo desencadeado pela chamada *Revolução Meiji*, e que configura um caso clássico da sociologia política comparada, estando presente nas obras de Barrington Moore Jr. e Reinhartd Bendix como ilustrativo de uma "revolução pelo alto".

tante, justamente pela sua proximidade com o tema da terra. Mas qual o lugar dos Estados Unidos nessa curiosa fenomenalidade geográfica? Na seção imediatamente posterior do texto, intitulada "A democratização pela terra", Vicente Licínio afirma:

> A influência sociológica do meio físico é deveras interessante. Só recentemente estudada, ela começa a trazer explicações sobremodo sensatas à fenomenalidade histórica dos povos, iluminando meandros obscuros ou ventilando sítios escuros, não oxidados pela verdade. Não me refiro, é bem de ver, aos estudos tornados clássicos de geografia social. Reporto-me às observações de modificabilidade social de um mesmo povo em contato com terras novas. Malthus, espantado com as proporções exageradas por ele mesmo criadas, atemorizou-se com o efeito das terras velhas que se superpopulizavam. O século XIX haveria de descobrir o "fenômeno inverso": a melhoria das raças velhas em terras novas, o rejuvenescimento da estirpe, o revigoramento da vitalidade dos povos sob o estimulante de condições cósmicas propícias. Os Estados Unidos oferecem um exemplo notavelmente claro. ... Foram terras novas do Centro reconquistado, que acabaram de *democratizar* as massas do Leste, que haviam feito a república de Washington, Jefferson e Franklin; a grande democratização do período jacksoniano – demonstrou-o recentemente Schlesinger – era a força direta da terra nova e de seu modo de colonização.[24]

Note-se que o argumento a respeito da "melhoria das raças em novos meios" não era novo no pensamento brasileiro. Araripe Jr., crítico literário e ensaísta, lançava mão dele de forma sistemática em seus escritos e suas polêmicas com Sílvio Romero. Era elemento central na sua "teoria da obnubilação", descrita com mais detalhes na obra de Roberto Ventura, que afirma:

> Araripe explica a diferenciação nacional a partir do impacto da natureza tropical sobre a mentalidade européia, "obnubilada", ou seja, ofuscada pela exuberância tropical. ... Embora fosse uma queda ou regressão psíquica, em que o colonizador assumia características semi-selvagens, a obnubilação traria vantagens evolutivas, ao tornar possível a transplantação da civilização européia, aclimatada aos trópicos.[25]

No caso de Araripe, contudo, a obnubilação parece se concentrar no elogio de um certo indigenismo, enquanto Licínio associa essa potência espacial a uma qualidade americana. Trata-se de uma outra terra, não aparentada da russa – "rude pela imensidade" –, mas marcada justamente pelo seu efeito democratizador. Contudo, ambas foram mobilizadas para o desvendamento da natureza da civilização brasileira. Por quê? Antes de responder, cumpre investigar mais a fundo a nossa proximidade com essa "democratização pela terra". Afinal, o "sermão da terra" dado pelo humilde missionário nos garantia que nossa natureza era americana. Sigo, portanto, o argumento do autor.

Se os Estados Unidos são o paradigma de uma sociedade democratizada pela terra,* o Brasil representaria o que Vicente Licínio chama de caso médio na fenomenalidade americana. Aqui, segundo ele, o café seria o "eleitor máximo".²⁶ A despeito de nossa economia não ter logrado autonomia, dada a desorganização da atividade mineradora e do cultivo de açúcar, a normalização produzida pelo café e pela escravidão teria contribuído para uma estabilidade mínima do país. Sem esses elementos, diz o autor, não teríamos conseguido produzir civilização e cairíamos no republicanismo precoce que assolou nossos vizinhos. Percebe-se, portanto, que a terra refere-se a uma cultura material e econômica, própria do desenvolvimento de uma determinada sociedade. Nas palavras de Vicente Licínio:

> Ser republicano não é, como se pensa geralmente, uma *atitude mental*; ao contrário, exige como fundamento uma *realidade* social perfeitamente orgânica. Isso explica a lentidão do processo evolutivo no Brasil; lenta e lógica, quando confrontada com os casos americanos. Não poderiam ser republicanos os filhos de senhores de escravos, nem os filhos de escravos; uns e outros estavam por demais habituados ao vergar da espinha dorsal no cumprimento ou no castigo.²⁷

Percebe-se que o tema da terra leva a interpretações que extrapolam a geografia física. Além de permitir a comparação do Brasil com outras formações sociais também caracterizadas pelo peso da terra (força exercida de distintas maneiras), esse tema pode ser traduzido num argumento econômico ancorado na idéia de "democratização pela terra". Se esta, por sua vez, tem origem exemplar nos Estados Unidos, onde conhece sua versão mais livre e vigorosa, aqui ela opera de maneira "lenta e lógica". Na verdade, Vicente Licínio recorre à terra como referência à vida material e do tipo de sociabilidade possibilitado por ela. No caso americano médio que nos caracterizaria, essa vida teria conhecido um ritmo mais lento e estável, ainda que constantemente acossado por "ideais platônicos". Sem a nossa terra, organizada pelo binômio café/escravos, diz Licínio,

> teríamos proximamente feito o que todos os povos hispano-americanos realizaram: a república prematura, e com ela a desorganização da economia agrícola rudimentar de então com a abolição abrupta dos escravos: dois trabalhos em

---

* A caracterização feita por Vicente Licínio dos grandes homens da política norte-americana destaca essa capacidade de ação e de trabalho. Nos seus arquivos, há anotações reunidas sob a rubrica de "Rev. Americana" que destacam justamente o papel de George Washington como agricultor e fazendeiro. Segundo Licínio: "Ele foi antes de tudo um pioneiro, um *settler*. E o movimento nesse sentido é enorme. Basta ver o mapa de 1783 em que os estados se alongam de norte a sul. Até a margem do Mississippi. Foi portanto uma grande conquista de terras novas."

suma, duas épocas que não se poderiam interferir sem choques violentos: uma *destruição orgânica* rápida sob o influxo de ideais platônicos e, depois, uma *criação orgânica* lenta, baseada no desenvolvimento do trabalho livre estabelecido com o braço branco importado.[28]

Se cotejarmos essa passagem com as anteriores, é possível depreender uma prescrição liciniana referente ao nosso republicanismo, força motriz da modernização brasileira. Trata-se da necessidade de seguir a estabilidade dada pela terra, que conduziria a um caminho lento e lógico, e não sucumbir ao chamado das revoluções abruptas, movidas pelas idéias e desconectadas da vida material. Vicente Licínio vê dois modelos de republicanismo: um, o francês, posto em movimento pelas "palavras" e pela produção política abstrata. Outro, o norte-americano, mera realização política de um movimento conduzido pela atividade concreta do trabalho livre e da independência econômica. O dilema do nosso americanismo, na perspectiva de Licínio, seria justamente conciliar uma marcha "orgânica" – ou seja, pela terra – com a necessária produção de uma vontade política – desnecessária no caso norte-americano, dada a pujança da "opinião nacional".

Este é, assim, o sentido da categoria "orgânica" utilizada no texto e tão adequada a uma argumentação que se iniciou pela terra. Nesse registro, poder-se-ia dizer que nossa diferença em relação ao caso exemplar norte-americano seria mais de grau que de qualidade. Ou seja, se lá a terra nova operou de forma enérgica, mobilizando massas democratizadas sob o influxo do trabalho livre, aqui essa democratização atuou de forma vagarosa, sob a condução de uma vida material constantemente ameaçada pela dissolução e pela instabilidade. Nos Estados Unidos, o Mississippi não teria exercido nenhum efeito positivo sobre a vida do país, pois o vale deste rio seria, para Vicente Licínio, geografia da mesmice. Aqui, o São Francisco surgiria como exemplo de nossa dura luta pela estabilidade, levada a cabo através de ação anônima dos homens, e não de uma política oficial com relação ao território.

Contudo, não somos de todo alheios à democratização pela terra na sua chave mais vigorosa, por assim dizer. Em artigo intitulado "À margem de uma nova bandeira" e publicado em *O Estado de S. Paulo*, em novembro de 1926, ele localiza em São Paulo a região por excelência de tal fenômeno:

> O fenômeno da "democratização pela terra" (trabalho livre do colono, substituição do latifúndio pela pequena propriedade, eficiência ativa do agricultor como célula viva da depuração política) interessantíssimo e genuinamente americano, processado nos Estados Unidos durante a primeira metade do século passado

(período jacksoniano) e na Argentina e Uruguai durante as últimas décadas do mesmo século – este fenômeno, dizia, tudo indica estar tendo agora no Brasil, por sua vez, existência fundamental nas zonas de maior foco colonizante e, muito especialmente, nas terras do planalto paulista.

Vicente Licínio também reserva a alguns personagens-chave de nossa história um protagonismo "americanista" paralelo àquele encontrado na República do Norte, caracterizado pela inventividade e pela capacidade de ação. Num outro ensaio, intitulado "À margem do 7 de Setembro", dedica as páginas iniciais a José Bonifácio e dom João VI, sobre quem diz:

> João VI é um exemplo vivo interessantíssimo do que vale a "força da terra". Ele repete, inconscientemente, o caso comum do emigrante inglês saído da prisão para a Austrália no começo do século XIX, transformado depois num proprietário austero, exigindo leis de repressão mais severas do que as da própria metrópole. ... A nova terra, o novo meio despertou e orientou energias novas em homens velhos, transplantados sem o quererem, em conseqüência da fuga com que responderam à audácia de Napoleão.[29]

Nessa passagem, nota-se o uso da expressão "força da terra", até então ausente nos trechos que analisei, e que leva o argumento geográfico para um local interpretativo mais propriamente simbólico. O nosso caso americano, acima definido como médio, parece ganhar surpreendente vigor, expressando-se em toda sua potencialidade. Ora, se a terra fosse uma variável científica apenas, voltada para o domínio de um objeto particular mediante o delineamento de seus contornos físicos, por que ela se mostraria tão polissêmica?

A forte expressividade que decorre do uso da categoria sugere que a terra, na verdade, transfigura-se numa forma simbólica que contém as propriedades sociais que desvendam o lugar civilizatório do Brasil: "terra nova", "força da terra", "Brasil-Rússia-Estados Unidos". Além disso, pode-se perceber o modo como essa terra ganha outros contornos, diferentes daqueles delineados pela obra euclidiana. Se a terra operada na escrita de Euclides tem forte conotação literária, sendo referida a paisagens caudalosas e descrita de forma detalhada e imaginativa, a geografia de Vicente Licínio é seca, não sendo alvo de descrições "humboldtianas". Se a paisagem da Amazônia descrita por Euclides sugere uma sociabilidade nova, marcada pela regulação moderna da barbárie e pelo advento de personagens americanos, a terra nova de Vicente Licínio radicaliza essas sugestões, já que prescinde de sujeitos específicos e associa-se simbolicamente ao tema da vida material, encarada como eixo por excelência para a dinamização da vida nacional. Não por acaso, Licínio também trabalha o tema do maquinismo, e encontra relações entre terra e máquina.

## A máquina

A mobilização da categoria terra na interpretação liciniana não conduz o autor ao que se convencionou chamar de agrarismo. Melhor ilustração desse aspecto está no entusiasmo demonstrado por Vicente Licínio diante das potencialidades encerradas no moderno mundo da técnica moderna e seus equipamentos. São constantes em seus ensaios as referências positivas ao papel desempenhado por essas variáveis no desenvolvimento da civilização ocidental e na própria integração nacional brasileira. Além disso, a vitalidade associada à "força da terra" ganha tradução na pujança e na novidade trazidas por sociedades que conseguiram organizar suas potencialidades em torno da máquina. No ensaio "Da liberalidade da técnica alemã", de 1924, ele argumenta que os alemães teriam logrado alcançar um alto nível de inventividade pela via do desenvolvimento tecnológico, num movimento de impulso técnico que teria influenciado até a democracia norte-americana. Diante do que acredita serem a vitalidade e a abertura da indústria alemã, o autor afirma que "está num país em que as indústrias estão vivas, gozando os seus produtos de uma evolução continuada, por tal modo que possa sempre o tipo novo desbancar, por concorrência, qualquer tipo congênere mais atrasado ou de evolver menos completo".[30]

Por vezes, a máquina surge nos escritos de Licínio como equivalente das "forças econômicas" que o autor insiste em apontar como determinantes para a interpretação das transformações sociais. Assim, por exemplo, o avião é associado à progressiva internacionalização global, no ensaio "Balas de papel", também de 1924, e a máquina a vapor é ligada à emergência de um regime de trabalho livre, no ensaio "O fio de uma meada", publicado em 1924, em *Pensamentos brasileiros*. Segundo o autor:

> Sem esses fundamentos econômicos, nem essas bases concretas, não se pode ter dos fenômenos históricos senão uma idéia abstrata, falaciosa, sem o lastro, enfim, de realidades concretas. O que fazia o mal-estar dos povos no começo do século atual na luta formidável em que se digladiavam pela conquista do ferro e do carvão, correspondem numa escala menor, ao mal-estar europeu ao tempo de Napoleão, quando a Inglaterra queria dominar mundo com o açúcar de suas colônias.[31]

Quando estava na Alemanha, Vicente Licínio sistematizou sua abordagem do tema no ensaio "Máquinas e sociedades (esboço de uma síntese)", escrito em 1920 e publicado em *Pensamentos brasileiros*; nesse ensaio, ele propõe uma espécie de "sociologia material" para a análise das sociedades, enfatizando o papel crucial das máquinas na produção de novas sociabilidades e interesses. Do mesmo modo que a terra em sua formulação ultrapassa os limites de uma mera economia geográfica, a máquina ganha forte carga simbólica, transmutando-se em signo de uma variante civilizatória. Como afirma o autor:

> A máquina redime o homem. Escraviza o operário ao capital, ainda hoje, mas depois de o haver libertado do jugo da nobreza secular. Nivela a nobreza ao povo, mas abre o caminho da vida a audácia dos capazes. Ela cria direitos novos, implanta liberdades inéditas. Dirige de fato o operário moderno, preso às suas engrenagens complexas, mas empresta-lhes forças novas, fazendo com que se internacionalize, pugnando por direitos comuns dentro de nações, de povos e de raças diferentes.[32]

Em outras palavras, a máquina é ferramenta de ampliação da ação humana e das capacidades de integração das sociedades. Ela permite a emergência do reino democrático, que preservaria a diferença num outro registro, mais aberto ("nivela a nobreza ao povo, mas abre o caminho da vida a audácia dos capazes..."). Assim, Licínio argumenta que o trem de ferro esteve relacionado aos processos de unificação alemão e italiano. Percebe-se que, assim como a terra, a máquina também configura uma cartografia própria, organizada em torno de sociedades periféricas novas, permitindo ao autor introduzir novamente o Brasil nesse campo.

No ensaio "À margem da siderurgia", Vicente Licínio argumenta que o Brasil só poderia resolver o problema de sua construção nacional se enfrentasse a questão da siderurgia e das novas fontes de energia. Afinal, as sociedades industriais avançadas estariam se esgotando no consumo bárbaro do combustível mineral, e o Brasil deveria encontrar um caminho que afirmasse sua novidade, assim como o Japão (novamente presente). No ensaio, o tema do inacabamento nacional ganha registro positivo, como a evidenciar nossa capacidade de invenção. Nas suas palavras: "Sem o ser ainda, caminhos evidentemente presos a uma nacionalidade nova, ... uma componente nova entre as forças cansadas da humanidade."[33] Percebe-se, portanto, que não há agrarismo no seu pensamento, mas entusiasmo pelas possibilidades oferecidas por meio do regime das máquinas. Politécnico sem vocação, nem por isso Licínio ignora o tema, e sua dedicação à análise de aspectos quase técnicos evidencia que sua engenharia periférica lhe deixou marcas intelectuais. Resta saber como máquina e terra podem se associar, e o que essa associação pode dizer sobre a condição do Brasil.

### Terra e máquina

De um lado a "força da terra" e a constatação de que o Brasil seria uma fenomenalidade média nessa "terra nova" americana. De outro, o elogio da máquina e seu papel integrador e dinamizador da vida moderna. Como entender uma formulação que reclama terra e máquina, princípios aparentemente antagônicos? Os choques entre imaginação espacial, terra e modernidade (se entendermos o "maquinismo" como uma dimensão-chave do Modernismo) ganharam contornos diversos em sociedades que tomei como exemplares na cartografia intelectual do que se convencionou chamar de periferia. Se Vicente Licínio é aqui estudado como um engenheiro periférico, ao lado de Euclides da Cunha, não é difícil aceitar que a resolução desse tema na sua imaginação abra importantes caminhos para o tema aqui proposto.

Em 15 de agosto de 1925, Vicente Licínio pronuncia um discurso junto ao túmulo do autor de *Os sertões*, a convite do Grêmio Euclides da Cunha. Publicado em *À margem da história do Brasil* com o título de "*In memoriam*", o texto traça um paralelo entre a ascendência familiar de Euclides, marcada pela mistura de raças, e a própria configuração do que seria o tipo brasileiro. Em vez de desembocar num elogio da mestiçagem, ele concentra-se num argumento que enfatiza a inteligência prática e "virgem" do povo. Inicialmente, o autor contrapõe a lenta evolução européia, marcada pela progressiva transmissão geracional e pelo cultivo contínuo e demorado de gênios ao intelecto oriundo de "mestiçagens inferiores" – note-se que a descrição que o autor faz dessas mestiçagens não se prende a estigmas raciais, mas destaca a condição social que teria acompanhado a trajetória deles. Nas suas palavras: "o colono português geralmente analfabeto, o índio catequizado às pressas e o negro animalizado pela escravidão".[34]

O que poderia parecer uma inferioridade ganha contornos positivos na argumentação de Licínio:

> E, se são várias as nossas deficiências nesse tumultuar inconsciente dos cruzamentos, se são graves os nossos defeitos e perigosos os nossos hiatos, possuímos em verdade uma qualidade maravilhosa, de que não nos temos servido ainda como fora de desejar: possuímos, de fato, "a virgindade da inteligência, placas cerebrais" que não sofreram hereditariamente impressões espirituais trabalhadas por gerações anteriores; assimilamos, muitas vezes, quero aqui dizer, a inteligência fecunda e inconsciente da própria terra.[35]

Percebe-se, nessa passagem, que o autor associa as supostas qualidades intelectuais nativas às forças inconscientes da terra. Esta é pensada como símbolo da configuração original do país, que permaneceria ainda em estado latente ("inconsciente"), e estaria relacionada a uma espécie americana de inteligência, distinta da lenta evolução geracional que marcaria as sociedades européias. Essa forma especial de habilidade poderia ser verificada, segundo o autor, na relação dos brasileiros com o maquinismo. Como ele mesmo afirma:

> Um inventor, um mecânico hábil europeu é geralmente filho, senão neto, de um homem que já se ocupava em outras máquinas. No Brasil, ao contrário, os melhores mecânicos tiveram que ver e aprender tudo sem nenhuma assimilação ou incitação hereditária paterna. Quase todos os maquinistas de nossos navios vieram do norte, onde haviam sido marujos tão-somente. Da jangada nordestina ao transatlântico moderno, quantos séculos haverá, no entanto, de intervalo, fundidos em duas décadas apenas na vida de um homem só?[36]

Note-se que o autor escapa do argumento racialista para enfatizar uma espécie de inteligência prática que marcaria os tipos médios brasileiros, capazes de operar com facilidade diversos maquinismos modernos. Teríamos, portanto, uma originalidade dada pela nossa própria condição nova, aberta e não marcada por ancestrais tradições. Procederia do mesmo modo a inteligência de Euclides da Cunha, o que o credenciaria como "fotógrafo da alvorada da consciência da nacionalidade de nossa raça".[37]

Esse argumento é bastante semelhante àquele que seria elaborado, anos depois, por Gilberto Freyre. Em *Sobrados e mocambos*, o intelectual pernambucano delimita uma camada urbana média no Brasil "reeuropeizado" ao longo do século XIX, formada por mestiços com grande habilidade para as profissões técnicas. O argumento é semelhante, com a diferença de que vem associado a uma espécie de teoria da obnubilação que destaca a propriedade renovadora ou criadora da terra, portadora de "inteligência fecunda e inconsciente".

É nesse registro que se deve compreender o entusiasmo de Vicente Licínio pela educação, entusiasmo partilhado por inúmeros personagens nos anos 1920. Assim como terra e máquina se associam pelo tema da inventividade, sua visão pedagógica realça o componente dinâmico desse princípio, afirmando a relação entre trabalho, ação e instrução pública, na qual esta última operaria como o veículo de uma verdadeira republicanização assentada na democratização dos organismos sociais, e não na construção de um edifício jurídico-político específico. Ou seja, a educação seria ferramenta para produção de uma sociabilidade que aproveitasse "a energia potencial de nossa terra". Essa será uma das chaves que aproximam a imaginação espacial liciniana de certo pragmatismo de extração norte-americana.

## América, Américas

O "americanismo" era referência fundamental na Primeira República, signo que representaria tanto a autenticidade quanto nossa condição nova. No Modernismo carioca eram constantes as referências ao tema, que se fazia presente até nos títulos dos periódicos e revistas que circulavam na cidade –

caso de *América Latina*, organizada por Tasso da Silveira e Andrade Murici em 1919. Ao mesmo tempo, a doutrina do pan-americanismo, respaldada pelo Itamaraty, exerce grande impacto na América do Sul e no Brasil, mobilizando discussões sobre a natureza das sociedades americanas, o imperialismo e as diferenças entre latinos e saxões. A obra de Oliveira Lima (1867-1928), diplomata e escritor pernambucano, é exemplo dessa preocupação. Seus escritos, moldados na forma de relatos de viagens e cartas, evidenciam uma constante necessidade de conciliar americanos do norte e do sul, entendidos como povos de formações diversas e destinados a uma convivência organizada e produtiva. Suas impressões sobre congressos e eventos científico-culturais do período mostram a obsessão pelo americanismo, que varria o continente sob o influxo de uma agressiva política externa dos Estados Unidos. É nesse caldo de política e cultura que se deve entender a reflexão americana de Vicente Licínio. E, para melhor enquadrar criticamente essa reflexão, faz-se necessário visualizar os aspectos mais gerais do americanismo na imaginação latino-americana.

Em livro-referência sobre o tema, Leopoldo Zéa[38] argumenta que o pensamento hispanoamericano – Zéa também menciona o Brasil e autores brasileiros, mas o foco principal de seus escritos concentra-se no mundo de colonização espanhola – seria marcado pela presença de uma espécie de fantasma: a herança ibérica. Nessa perspectiva, o autor sustenta que a dificuldade dos latino-americanos de construírem sociedades modernas poderia ser explicada pela dificuldade que têm de assimilar dialeticamente tal herança, permanecendo num estado de eterna presentificação. Opondo dialética a acumulação, Zéa vê no primeiro movimento a chave para uma afirmação positiva da relação entre universalidade e concretude – tema hegeliano que é presença constante nos escritos desse filósofo mexicano –, enquanto o segundo seria expressão dessa dilacerante presença ibérica. Incapazes de empreender a superação, os latinos oscilariam entre uma negação radical e revolucionária de suas origens e uma reiteração infecunda dela. O positivismo seria uma das traduções da atitude intelectual que gostaria de fazer "terra arrasada" da colonização, por meio de um vasto esforço racionalista-científico que levasse a América para caminhos traçados pelos saxões: progresso, educação e civilização.

Zéa sustenta que as duas vertentes distintas do positivismo latino – mexicana e argentina –, a despeito de se pautarem por métodos e visões diversas (a primeira, centralizadora e autárquica, a segunda mais próxima de um pensamento liberal), aproximar-se-iam na forte rejeição às origens da vida social nativa. Representariam, por assim dizer, um positivismo revolucionário e em constante negação do passado, incapaz de assimilá-lo criticamente.

A obra de Zéa é útil por sua caracterização precisa do dilema intelectual americano: enredados num jogo insolúvel de afirmação do autêntico e de revolta contra o passado, os latinos permaneceriam num estado de persistente acumulação, atrasando a entrada do continente na dialética histórica. Nesses termos, nossa discussão sobre o Modernismo carioca refere-se à tradução sociológica desse jogo, representado pela dinâmica integração/superação, presente na obra pioneira de Graça Aranha, e pela atitude de ambigüidade dos intelectuais modernistas diante da própria natureza americana da sociedade brasileira. Uma interpretação da vertente americanista de Vicente Licínio (secundada pelos escritos euclidianos) ilustra as perspectivas de uma interpretação do processo modernizador brasileiro que desmonte a negativa polaridade entre dialética e acumulação traçada por Zéa. Vejamos como.

O tema do americanismo na imaginação brasileira não comporta um único significado. No conhecido ensaio de Werneck Vianna[39] sobre a polêmica entre americanistas e iberistas, aquele partido é identificado com o liberalismo federalista de Tavares Bastos. Nesse registro, os nossos americanos seriam representantes de uma tradição que localizava nas características absolutistas e centralizadoras do Estado bragantino as raízes de nossos males. Segundo tal versão, o caminho para o moderno passaria pela dinamização da vida material brasileira e pela emergência livre dos interesses a ela associados. Esse programa, contudo, só teria encontrado sucesso por um caminho singular, marcado pelo predomínio de elites iberistas na condução do *nation building*, como se nossa América só encontrasse sua realização plena pela chave ibérica. Maria Alice Carvalho,[40] em outro trabalho, argumentou como André Rebouças, um herói ianque, terminou por abandonar seu radicalismo originário e se voltar para o Estado imperial, visto como único lócus possível de uma transformação que realizasse em nossas terras o desígnio americano. Em ambas as interpretações, há a notação de um americanismo nativo, traduzido, na formação social brasileira, sob os influxos de nossa geografia social específica.

O tema americano guarda aspectos distintos no continente. Voltando à perspectiva de Zéa, a grande questão sempre presente na formação de um pensamento americanista seria a dialética entre ocidentalização e particularidade. O processo de incorporação da América ao mundo então conhecido seria traduzido por uma progressiva autoconsciência que relacionaria a concretude nativa como elemento-chave para a universalização ampliada dos homens. Ou seja, o sentido do americanismo seria o reconhecimento de sua particularidade ocidental e sua superação dialética. Nas palavras do filósofo mexicano: "Não se trata de fazer do concreto o universal; mas se deve ir ao universal partindo do concreto."[41] Se a fórmula parece simples, a própria investigação histórica empreendida por Zéa evidencia os inúmeros dilemas enfrentados pelos americanistas, sempre às voltas com o significado de sua essência: iberismo ou nativismo indigenista? América saxônia, aquela de Alberdi e Echeverria, que viam o interesse e o egoísmo construtivo como chaves para a afirmação do Novo Mundo, ou América Latina, marcada por um essencialismo que via o mestiço – depois o povo – como fonte de uma nova forma social?

Ao norte, o americanismo foi colorido com o tema do excepcionalismo norte-americano e com a interpretação tocquevilleana da energia democrática dos Estados Unidos. São inúmeras as versões da oposição "nova América *versus* velha Europa", mas a formulação desenhada por Gramsci nos anos de 1920 permanece uma das mais instigantes. Para o americano do sul, o tema foi empunhado como uma valorização das especificidades da América Latina, e os sinais que apontavam para sua "barbárie" foram invertidos, passando a operar como signos de nossa originalidade. De José Martí a Roberto Retamar, esse tema conheceu longa formulação.

Abordagens distintas do tema americano, como se percebe, e que se acentuaram com a já citada obra fundadora do uruguaio José Enrique Rodó, *Ariel*, por meio da qual seu autor construiu uma poderosa peça de argumentação sobre a filiação greco-romana da América do Sul, e sua posição oposta ao materialismo que organizaria a vida social na América do Norte. Para ele, o problema da emergência de uma democracia de massas seria resolvido com o recurso à educação e ao cultivo espiritual, e não com o livre jogo dos interesses mercantis. Tratar-se-ia, portanto, de temperar o fenômeno democrático com um recurso clássico, resguardando os valores mais profundos que poderiam ser ameaçados pela maré das massas. Solução oposta à vislumbrada por Gramsci na América "de cima", onde a eticidade nascida da fábrica parecia produzir um novo homem, afeito à vida industrial e ao regime das máquinas. Um regime próprio ao homem comum, que não demandaria virtuosismo aristocrático ou espiritual para sua plena realização.

Ford e Rodó seriam, portanto, dois heróis de continentes intelectuais diversos. Como entender então uma reflexão americanista que reclamava para si esses dois personagens, como a feita por Vicente Licínio Cardoso? Qual a relação desta reflexão com a sua interpretação do Brasil? Sustento a hipótese de que ela só pode ser entendida recorrendo-se ao que chamo de imaginação espacial do autor, e que encontraria seu cerne na categoria terra. Ao mesmo tempo, mostro como essa busca de uma ontologia americana se choca com a perspectiva liciniana que aproxima as configurações sociológicas do Brasil e da Rússia por meio da expressão "força da terra". Dessa polissemia da terra, extraio a singularidade de um americanismo que reclama uma via para a modernização adequada a uma sociedade ainda em construção.

## Ford e Rodó

O grande ensaio fordista de Vicente Licínio intitula-se "Ford: um operário contra o capital". Nele, o autor tece vigorosos elogios ao fordismo como modelo da organização democrática norte-americana. Nessa linha interpretativa, o "regime das máquinas" é lido numa chave positiva, como expressão de uma sociabilidade nova formatada na experiência horizontal do trabalho em massa. Fiel a sua aversão ao europeísmo, Vicente Licínio opõe o espírito fordista aos ideais alimentados pelas sociedades "velhas", que se agarrariam a concepções ultrapassadas e decadentes sobre as possibilidades da civilização ocidental. Ele não compactua, também, com a roupagem fascista envergada pelo tema do moderno na Europa, quando afirma que "Mussolini e Primo de Rivera tomam fantasias de Napoleão fora de época".[42] Não resta dúvida para o autor sobre os termos da luta e sobre os partidos que a representam:

> O idealismo dos versos opulentos de Whitman e da prosa harmoniosa de Emerson surge transfigurado de chofre, inopinadamente, na oficina de Ford. A era mecanizante que tanto amedrontara o espírito europeu de Carlyle começa a oferecer perspectivas luminosamente esperançosas e, mais ainda do que aquelas palavras proféticas e pragmáticas a máquina americana afirma de fato que a humanidade está dividida por dois ideais extremamente diversos.[43]

Outro elemento do fordismo que fascina Licínio é o seu caráter supostamente não utópico, marcado pela preocupação com a praticidade e pela rejeição de grandiosas reformas sociais. Nesses termos, Ford seria uma espécie de herói comum, e patrões e operários, na verdade, não passariam de operários "maiores" ou "menores".

Ora, é forçoso introduzir aqui o célebre argumento gramsciano sobre o fordismo. Em seu ensaio, o pensador italiano argumenta que o americanismo se caracterizaria como uma nova possibilidade de afirmação do moderno, que surgiria pela dinamização da vida civil e pela racionalização do trabalho propiciada pelo mundo fabril. Também distante do espírito europeísta que encarava com desprezo o regime das máquinas, Gramsci via na sociedade norte-americana um caminho sociológico que prescindiria das pesadas estruturas políticas próprias da vida no Velho Continente. Para ele, a democracia viria amparada numa sociabilidade comum, que não exigiria a animação heróica demandada pela ação revolucionária clássica. Se o marxismo não é o território de Vicente Licínio, difícil não enxergar nas suas palavras o mesmo entusiasmo pela afirmação da vida fabril e pelas suas possibilidades civilizatórias. Afinal, sua descrença nos arroubos revolucionários dos jacobinos e no apego dos europeus à arquitetura política poderia encontrar eco na famosa passagem de Gramsci:

> O americanismo, em sua forma mais completa, exige uma condição preliminar, da qual não se ocuparam os americanos que trataram desse problema, já que na América ela existe "naturalmente": esta condição pode ser chamada de uma "composição demográfica racional", que consiste no fato de que não existem classes numerosas sem uma função essencial no mundo produtivo, isto é, classes absolutamente parasitárias.[44]

Mas, se Vicente cerra fileiras no partido fordista – como, aliás, outros engenheiros do mesmo período –, como entender seu ensaio vigoroso sobre José Enrique Rodó, esse herói de um particularismo irredutível à expansão mediocrizante da modernidade? Na perspectiva liciniana, a terra de Rodó era a América, continente da ação. O idealismo que marca o arielismo é trabalhado pelo autor como síntese de uma energia juvenil, própria de uma "consciência americana". Nas suas palavras: "Ao contrário desses pensamentos teóricos europeus, o americanismo tem a característica de um idealismo prático, e nisso, e especialmente por isso, constitui uma novidade no mundo."[45] Licínio é atraído pela energia juvenil despertada por Rodó e associa o pensador uruguaio a um vasto programa de cultivo educacional. Se a adesão do pensador uruguaio ao fenômeno democrático é cautelosa, Licínio Cardoso vê nessa espécie de desconfiança uma salutar rejeição das formas extremadas com as quais os europeus se habituaram. Ou seja, entre "realidade morta da aristocracia de sangue" e "o comunismo igualitário do trabalho" estaria o território da democracia americana.

Como se percebe, o americanismo que Vicente Licínio lê em Rodó não se traduz num particularismo espiritualista, mas na expressão de uma energia prática que marcaria os homens deste continente. Nesse sentido, a figura do uruguaio exemplificaria um tipo intelectual americano, um "obreiro social de idéias" animado pelo "culto ao trabalho e à vida",[46] e Rodó se aproximaria de Emerson, ambos portadores dessa juventude prática que afastaria a América da Europa. Interessante como Vicente Licínio procura extrair da obra do autor de *Ariel* uma espécie de tipo intelectual americano, que é identificado ao pragmatismo e à capacidade de realizar e viver as palavras. Elogia Rodó não pela sua originalidade, mas pela sua capacidade de se transformar num "repensador", ou seja, de traduzir e vivenciar o melhor do pensamento ocidental como uma obra ativa. Nas suas palavras:

> O mérito de Rodó, não residindo numa capacidade elevada de pensador, reside no entanto na sinceridade com que soube viver, como artista, algumas idéias. Ele mesmo, aliás, fazendo profissão de fé nesse sentido, só considerava digno da vida ao obreiro, e em particular exigia que o artista no presente fosse um obreiro social de idéias.[47]

Mas se Ford representa a aposta na modernização radical, animada pelo modelo fabril e pelos homens operários, a promessa arielista sustentava um moderno temperado, em que a democracia não representasse o igualitarismo avassalador, nem a emergência do interesse puro e do utilitarismo. O mundo da máquina, tão admirado pelos engenheiros, parecia a Rodó uma aberração para a qual a juventude das Américas deveria ser alertada. São, a princípio, continentes diversos, mas aproximados pela imaginação de Vicente Licínio, que vê nas duas manifestações símbolos da ontologia americana.

Afinal, a sociedade de Ford é aquela mesma marcada pela "democratização da terra". É também a mesma que conheceu vigoroso processo de expansão para o Oeste, caracterizado geograficamente por Vicente Licínio nos seus escritos sobre a arquitetura norte-americana. O argumento a respeito da força democratizante da terra nova relaciona-se com a afirmação de que o dinamismo da República nos Estados Unidos é dado pelo vigor de sua vida material e econômica, e não pela produção abstrata de uma sociedade boa. Nessa perspectiva, não é difícil pensar em Ford, o operário dos novos maquinismos, como exemplar perfeito de um homem animado por essa potência material. No mesmo livro *Afirmações e comentários*, Vicente Licínio escreve um ensaio intitulado "Um paralelo: 1776 (Estados Unidos)-1789 (França)", no qual enfatiza a superioridade republicana norte-americana, por ser expressão de um republicanismo assentado nas necessidades econômicas das massas trabalhando a terra. Ou, como diz o autor: "Eles não inventaram propriamente direitos novos criados teoricamente por meio de decretos. Corporificaram apenas, em seu grande estatuto político, aquelas condições de igualdade de nascimento e de independência de vida que existiam natural e espontaneamente desenvolvidas entre os colonos."[48]

Importante retomar o tema do andamento da terra. Enquanto a República francesa seria produto do "laboratório de palavras" da Convenção, expressão de uma geografia social marcada pela apartação entre nobreza parasitária e burguesia laboriosa, a República americana seria a consolidação política de um movimento cuja base seria sociológica. Se a democracia era definida pelo autor como "regime de organização do trabalho livre", Ford seria o personagem exemplar desse andamento.

Mas como entender a apropriação de Rodó? Como já disse, não há vestígio em Vicente Licínio de um arielismo radical, pensado como oposição espiritualista ao reinado do maquinismo moderno (do qual o autor é entusiasta, como já ficou evidente). O seu Rodó é um "repensador", homem que seria capaz de reinterpretar as belas idéias e de pô-las em prática por meio de uma vivência comprometida. Mais que um gênio singular, ele seria a encarnação de um estado coletivo, comum ao organismo social uruguaio. E como seria esse organismo? Em outro ensaio, intitulado "De Artigas a Rodó (esboço sintético da nacionalidade uruguaia)", Licínio afirma:

O meio físico, acanhado em sua extensão, em que se desenvolveu o homem uruguaio através do século XIX, facilita, em verdade, a compreensão dos movimentos históricos da sociedade em jogo. A homogeneidade da terra se reflete na homogeneidade dos fenômenos sociais em causa, e a estreiteza do cenário restringe o desenvolvimento de lances esdrúxulos.[49]

Como se nota, a associação da terra à "estreiteza" e ao "acanhamento" tem por objetivo ressaltar a relativa homogeneidade da sociedade uruguaia, bem distribuída e avessa aos "lances esdrúxulos" que pautariam outras antigas colônias no sul das Américas. Em passagem posterior, o autor discorre sobre o campo uruguaio, suas formas de cultivo e suas terras livres, distribuídas e prósperas. Percebe-se aqui a retomada de um argumento assentado no andamento da terra que, no entanto, ganha contornos mais rudes e vibrantes nessa outra fenomenalidade. No dizer do autor:

A história uruguaia, sob esse aspecto étnico, não foi ainda suficientemente estudada, nem, tampouco, se tem feito intervir na explicação da violência dos embates dos partidos políticos em luta, o efeito do meio físico, isto é, os recursos do homem montado em cavalos ligeiros, tendo diante de si planuras fáceis de serem percorridas em correrias estonteantes. O campo uruguaio modelou a energia selvagem do homem. A guerra do Paraguai, de outro lado, apressou a formação da adolescência da nacionalidade.[50]

A passagem evidencia que, na percepção do autor, a terra uruguaia é nova e livre, como toda terra americana, mas marcada por certas condições específicas que a tornam expressão de um tumulto político não encontrado nos Estados Unidos. Haveria ali um elemento de "selvageria", mas que o autor parece atribuir a uma espécie de força jovem. Ainda assim, Rodó, o representante desse organismo social "nascente", seria um ilustre americano, "a síntese do pensamento de um povo novo, habitando terras também novas da América".[51]

Ford e Rodó são ambos personagens modelares desse andamento da terra que caracterizaria as sociedades americanas. A terra nova de Vicente Licínio se assemelha a uma matriz civilizatória específica, própria de sociedades não reguladas completamente pelo peso de tradições políticas clássicas e territórios abertos para a experimentação e para a criatividade. Seu recurso à terra indica uma ontologia na qual a política não surge como organizadora da vida social, se a entendermos na chave do autor: artifício da imaginação, utopia jacobina. A mobilização de uma imagem espacial não se reduz, assim, a uma economia explicativa na qual o meio físico opera como variável científica específica. Não importa a natureza física dessa terra, mas seu conteúdo simbólico, alegoria de uma formação social em que a civilização não produziu camadas profundas de tradição, nem complexos arranjos políticos. A América, como uma terra nova, seria território aberto.

## Rússia e "força da terra"

A terra, contudo, não aparece associada unicamente a esta ontologia americana. É recorrente em Vicente Licínio a mobilização da categoria "força da terra", retirada, segundo ele, dos romancistas russos do século XIX. Ao falar dessa "energia bruta" no ensaio "O ambiente do romance russo", Licínio aproxima Brasil e Rússia como sociedades em que a relação entre indivíduo e espaço seria marcada pela solidão e pela ausência de uma vida social orgânica. Logo no início do texto, afirma:

> A Rússia constitui uma nação de contrastes violentos, desenvolvida dentro de uma unidade geográfica imponentíssima. Dum lado a planície que se desdobra numa monotonia aterradora; a mesmice do cenário que se reproduz ora na estepe vazia de trabalho e de cultura, ora na floresta sempre igual de seus pinheiros, ora, finalmente, nas terras arroteadas em que as plantações homogêneas reproduzem a homogeneidade do solo. De outro lado, contrastando com aquela unidade cósmica imensa, um caos étnico formidável, em que se amalgamam elementos sociais os mais díspares, diferenciados pela língua, pela religião e pelos próprios costumes.[52]

Nesse trecho percebe-se a notação que transforma a homogeneidade espacial num símbolo de incultura e de ausência de vida social, ecoando as tradicionais teses de Montesquieu sobre as planícies e suas formas sociais.* No texto ora analisado, as estepes ocupam esse lugar físico – simbólico, associado à "mesmice" e à "monotonia". A constatação do autor a respeito do caos étnico é importante, porque lhe permitirá caracterizar a Rússia como uma "nacionalidade em ser" – tal qual o Brasil, que também não teria um povo "antigo e etnicamente definido".

Lugar espremido entre Ocidente europeu e Oriente asiático, a Rússia teria, de acordo com Licínio, um organismo social assemelhado ao francês. Apartação entre mundos sociais, ausência de classes médias e presença de uma nobreza sem comando ou programas de ação seriam os elementos que permitiriam a configuração dessa geografia da "insolidariedade". Nesse país sem cidades (ou marcado por cidades inventadas), a "força da terra" teria

---

* Nos arquivos particulares de Licínio, o minidossiê intitulado "Dostoiévski" tem inúmeras anotações a respeito da obra de Leroy-Beulieau (*L'Empire des tsars*). Boa parte dos comentários geográficos feitos por Licínio foi retirada dessa obra, como o seguinte: "A principal característica da Rússia é a unidade na imensidão", tirado da página 14 da obra de Beulieau. Outros autores mobilizados foram Alexinski (*La Russie et l'Europe*), Masarik (*The Spirit of Rússia*) e até mesmo Gorki, com seu "Lenine et le paysan russe". Um breve resumo das fontes utilizadas por Licínio encontra-se no artigo de Bruno Gomide, "A 'vasta poeira humana' e o 'simum da desordem': paralelos Brasil-Rússia nos anos 1920 e 1930".

sido a grande protetora do povo russo, responsável pela mínima estabilidade no centro do país e pela vitória sobre Napoleão.

A abolição do trabalho escravo é um dos temas mais persistentes nos estudos históricos de Vicente Licínio e, nesse ensaio, é ferramenta constante de comparação Brasil/Rússia, principalmente por seu impacto na desorganização da economia rural. Segundo o autor, o problema da abolição da servidão naquele país teria sido sua motivação literária e artificial, desvinculada de um movimento efetivo na vida material da sociedade. O resultado desse processo seria a organização de uma indústria artificial, animada por braços libertos abruptamente. É esse o universo moderno no qual Vicente Licínio insere Dostoiévski, visto justamente como a expressão literária desse mal-estar social da segunda metade do século XIX, que teria transformado as estranhas cidades russas em territórios de personagens perdidos, humilhados e desenraizados. Ou, como diz o autor, "a miséria anônima das gentes das classes humildes dos grandes centros urbanos".[53]

Não se trata, repito, de um agrarismo, mas sim de uma crítica assentada na idéia de "democratização da terra". Como já foi apontado, Licínio também vê o problema da emancipação dos escravos no Brasil pela chave de uma imaginação republicana abstrata, que teria jogado a vida material do país na desordem. Se a afirmação da vida industrial moderna não for produto da vitória progressiva da máquina ou do próprio andamento da terra, ela tem potencial para transformar-se numa invenção espiritual sem lastro no mundo. O autor vê processo semelhante na história dos dois países, onde a *intelligentsia* teria conduzido a emancipação sob a animação de uma "revolução espiritual", produzindo a desorganização do mundo rural.

Note-se como essa visão sobre a modernidade russa encontra eco na obra muito posterior de Marshall Berman, que mobiliza a categoria de "modernismo do subdesenvolvimento" para caracterizar uma experiência urbana assolada pela produção fantasmagórica de idéias sem lastro na vida social concreta. Tomando São Petersburgo como exemplo perfeito desse modernismo periférico, Berman afirma, num registro próximo ao de Licínio:

> Num pólo, podemos ver o modernismo das nações avançadas, brotando diretamente da modernização política e econômica e obtendo visão e energia de uma realidade modernizada – as fábricas e ferrovias de Marx, os bulevares de Baudelaire –, mesmo quando desafia essa realidade de forma radical. No pólo oposto, encontramos um modernismo que emerge do atraso e do subdesenvolvimento. Esse modernismo surgiu pela primeira vez na Rússia, mais dramaticamente em São Petersburgo, no século XIX; em nossa era, com o avanço da modernização – porém, geralmente, de uma forma truncada e desvirtuada como na antiga Rússia –, e expandiu-se por todo o Terceiro Mundo. O modernismo do subdesenvolvimento é forçado a se construir de fantasias e sonhos de modernidade, a se nutrir de uma

intimidade e luta contra miragens e fantasmas, Para ser verdadeiro para com a vida da qual emerge, é forçado a ser estridente, grosseiro e incipiente. Ele se dobra sobre si mesmo e se tortura por sua incapacidade de, sozinho, fazer a história, ou se lança à tentativa extravagante de tomar para si toda a carga da história.[54]

Trata-se de uma visão crítica dessa forma de entrada no moderno, e não de uma romântica crítica ruralista. Pode-se dizer o mesmo de Vicente Licínio. Voltando ao texto, o autor segue com outras constatações negativas sobre o peso da terra nas geografias dos dois países. Diz ele:

> E, bem pensado, não há como negar que as condições diversas ou até mesmo antagônicas daqueles ambientes cósmicos aqui invocados determinaram todos um mesmo resultado comum: a resignação do homem sentindo-se impotente em face da agressividade da Natureza, seja o sertanejo curtido em vida no sertão adusto do nosso Nordeste, seja o mujique desfibrado pelo inverno rigorosíssimo do Septentrião, seja, finalmente o emigrado acovardado e vencido diante da natureza luxuriante do Amazonas.[55]

Note-se nessa passagem a retomada de um tema clássico da imaginação espacial brasileira, presente também nos escritos euclidianos sobre a Amazônia: a vastidão da terra e a solidão do homem. Some-se a esse quadro uma vida social marcada pela "massa amorfa de analfabetos de letras e de ofícios"[56] e pelo cultivo de um legalismo estéril, elementos comuns aos dois países. Finalmente, a própria natureza das construções modernas de Brasil e Rússia é posta em questão por Licínio. Em ambos os países, assegura o autor, trata-se de produções de teorias políticas. Uma de Comte, outra de Marx, pensadores que o autor associa a sociedades industrializadas.

Qual seria, portanto, o sentido dessa imensa terra, dilacerada entre uma vida social inorgânica e dispersa e um mundo político marcado pela invenção abstrata? Pode-se extrair da sociologia delineada por Vicente Licínio a caracterização de uma sociedade em que a vida política não teria se apropriado de forma positiva da "força da terra", originando um processo modernizador marcado por desorganização, artificialismo e mal-estar social, cuja grande expressão literária seria Dostoiévski. No campo estético, aliás, parece estar a grande lição russa para nós, pois segundo Licínio, nossa "nacionalidade em ser" precisaria de afirmação literária. O autor vê em Graça Aranha e no seu livro *Canaã* um momento positivo desse empreendimento, embora lhe aponte limitações. A aposta no romance de 1902 evidencia a centralidade do problema da terra na perspectiva de Licínio, e o imperativo de encontrarmos uma resolução estética para os dilemas encerrados nessa categoria. Ao mesmo tempo, percebe-se que sua versão sobre a terra americana, fortemente lastreada numa visão do americanismo como cultura material, diverge da fabulação desenvolvida por Graça Aranha.

Essa Rússia brasileira desenhada por Vicente Licínio parece carregar o tema da terra de conotações negativas: insolidariedade, fragmentação social e ausência de vida cívica. Contudo, a expressão "nacionalidade em ser", associada a uma construção nacional incompleta, ainda por fazer, encontra-se de forma feliz com a "força da terra". Em conferência dirigida ao Grêmio Euclides da Cunha, intitulada "Euclides, o descobridor", Licínio afirma:

> Criaram os russos durante a sua evolução social e histórica do século passado uma expressão admirável – força da terra – que nenhum povo poderá compreender com mais justeza do que o nosso, nacionalidade em ser que somos ainda na trajetória imponente da vida das nações habitantes do planeta. Força da terra... energia criadora sem consciência definida, força esboçada sem direção orientada, energia inconsciente da raça em formação caótica, força emergente da própria terra em procura da consciência sabia de seus guias mentais, de seus diretores sociais, dos obreiros robustos da nacionalidade incipiente.[57]

A "força da terra", portanto, representaria o potencial inconsciente, essa energia própria de uma sociedade ainda não formada, prenhe de desertos e vazios, não organizada de forma definitiva pela tradição, nem pela política. Euclides seria, é claro, o representante estilístico do movimento de captura dessa força, de expressão dessa potência. Note-se que o destaque dado por Licínio a alguma espécie de elite – "guias mentais" e "obreiros da nacionalidade" – não se volta para alguma camada historicamente radicada na sociedade brasileira. Sua concepção meritocrática do fenômeno democrático sempre privilegiou a seleção "dos capazes", como se a necessária reinvenção republicana demandasse outro tipo de elite. O caminho, portanto, estaria aberto.

Mostrei como a "força da terra" associa-se, na perspectiva de Vicente Licínio, a um fenômeno de democratização, de renovação das "velhas estirpes". Ao mesmo tempo, o potencial de criatividade e invenção encerrado nessa categoria permite ao autor vislumbrar uma sociabilidade brasileira marcada pela flexibilidade e pela ausência de rigidez intelectual. Afinal, terra e máquina associam-se porque ambas são expressões de sociedades novas. Esse movimento permite-nos aproximar Brasil, Rússia e América, já que a "força da terra" perde seu registro meramente negativo, associado à insolidariedade e à falta de vertebração social, e ganha cores americanas, expressando o dinamismo de uma geografia social na qual a tradição e as estruturas jurídico-políticas não teriam lastro, permitindo a uma "nacionalidade em ser" expressar-se não pela reiteração de uma essência perdida nos sertões, mas antes pela força de sua mobilidade.

Longe de constituir um hibridismo paradoxal, uma espécie de "Hércules-Quasímodo" do pensamento brasileiro, a expressão Rússia Americana permite a postulação de certa matriz comum, e não de um compósito de contradições. Afinal, diz Vicente Licínio em outro ensaio que "Dostoiévski acreditava firmemente no homem e, através do amor, na humanidade, isto é, na renovação dos homens pelo amor. Numa sociedade nova como a Rússia, nova por não ser velha a sua nacionalidade constituída, o amor aparece por si como elemento vital de renovação de valores".[58]

Nesse longo ensaio dedicado a Dostoiévski, Licínio vê na Rússia não "força da terra" como incultura e vastidão monótona, mas como sociedade nova, cuja maior potencialidade estaria não na racionalidade técnica ou no classicismo, mas em seu potencial afetivo. Não é muito distante de sua visão sobre a terra americana: jovem e democratizadora, marcada pela praticidade. Afinal, se Ford e Rodó eram "irmãos", filhos da mesma Atlântida, por que não aproximá-los de outra parentela, que partilharia com os primeiros a crença na expressividade afetiva, na vivência pelas palavras e na aversão ao esteticismo vazio e decadente que grassaria no centro europeu? Diz Licínio:

> Dostoiévski era eminentemente sincero. O que há de admirável no *Idiota* é a seriedade com que todas as suas atitudes foram tomadas e todas as suas palavras foram proferidas. Não há uma só palavra de escárnio ou de sarcasmo, não há um único gesto denunciando um vislumbre sequer de "pose" ou de cabotinismo de seu autor naquela confissão exteriorizada de acreditar em suma que a bondade e a virtude de Mishkin derivaram dos efeitos de sua própria doença.[59]

No fundo, a visão sobre a obra de Dostoiévski retoma o sentido do republicanismo na geração de Vicente Licínio. Afinal, esse ideal não era visto como uma doutrina, mas como uma espécie de vivência de homens justos e competentes. Bruno Gomide aponta, com propriedade, a interpretação forçada por Licínio a respeito do significado da obra dostoiévskiana. No seu entender:

> O Dostoiévski apresentado por Licínio Cardoso vira figura unidimensional, quase um engenheiro literário. ... Assim, a biografia da filha do escritor serve-lhe para corroborar a idéia de que se tratava de um "homem visceralmente honesto e bom" (Cardoso, 1924:11). Contrariamente a todas as evidências, sugere que a formação universitária de Dostoiévski fundamentou, através da matemática, o seu "método lógico de raciocinar" (Cardoso 1924: 115). Acredita que o colapso lingüístico de Diévuchkin ao final de *Gente pobre* é compreensível em termos da "própria filosofia prática da vida de Dostoiévski, qual aquela que ensina que *tudo é útil*. E, finalmente, vê na trajetória intelectual do escritor a substituição dos terrores do niilismo, experimentados na juventude, pela tolerância cristã dos anos de maturidade".[60]

Se Gomide percebe corretamente o anacronismo da interpretação de Licínio (esperada, dado o afastamento do autor do mundo das letras e dos salões literários), ele apenas sugere o sentido dessa "desleitura": "A partir do russo, o autor cria um modelo de intelectual que é, em última análise, similar à descrição que Agripino Grieco fez dos anseios do próprio Licínio Cardoso."[61] Este é o aspecto sociologicamente mais relevante e que diz respeito à conformação de um ethos intelectual marcado pelas idéias de sinceridade, comprometimento ético e forte senso de moralidade, que dá sentido à expressão "Rússia Americana".*

O tom ético marcava, inclusive, a apropriação do positivismo pelos dois "engenheiros periféricos" – Euclides e Vicente Licínio – e conformava uma economia moral que os afastava do mundo da tradição intelectual nacional e diferenciava-os dos altos modernistas, personagens dos mundos dos salões e ambíguos entusiastas da nossa "força da terra". O mergulho de ambos no mundo da terra não implicava, pois, rejeição ao moderno, ou mesmo um ajuste de contas com uma identidade nacional já fixada, mas antes a constatação de que o Brasil compunha-se de um conjunto de espaços novos e periféricos, afinados com a nova geografia do Ocidente. No plano simbólico esses dois intelectuais expressavam suas próprias movimentações sociais, como homens animados por um conjunto de disposições que os deslocava nos seus respectivos contextos e os obrigava a recriar seus instrumentos de automodelagem intelectual. A "energia inconsciente" da terra atraía-os, pois ambos enxergavam e vivenciavam o Brasil como uma forma civilizatória a ser construída, numa combinação entre pragmatismo, invenção e pedagogia que forjam o núcleo da experiência que associo à expressão "Rússia Americana".

---

* A aproximação intelectual parece ter ocorrido ao próprio Licínio. Num dos cadernos encontrados em seu arquivo particular, há duas anotações, na verdade duas frases, uma disposta acima da outra. Na primeira, escreve: "O homem moderno – dizia Kropotkine – deve estar amparado para 'fazer o solo, desafiar as estações e o clima'." Logo abaixo escreveu: "I will make the most splendid race the sun ever shove upon. Whitman."

# Conclusão
# A Rússia Americana

### O argumento

Este livro mostrou que duas imagens – Rússia e América – podem ser extraídas de uma determinada matriz do pensamento social brasileiro e interpretadas como um compósito – chamado aqui de "Rússia Americana" – que ganha sentido a partir de uma reflexão centrada na espacialidade. Assim, a terra foi a porta de entrada para uma interpretação dos escritos de Euclides da Cunha e Vicente Licínio Cardoso que destacou a visão do Brasil como uma sociedade em construção, capaz de se auto-inventar e de projetar-se sem ter de pagar excessivo tributo a alguma espécie de ontologia cultural. A terra, contudo, não se limita a operar como signo de uma autenticidade perdida, mas também simboliza um processo de construção nacional no qual a invenção e o pragmatismo ganham força expressiva.

A comparação com os escritos clássicos de Graça Aranha, Ronald de Carvalho e os modernistas católicos do grupo *Festa* evidencia não apenas o contexto discursivo que informava os debates sobre a terra e a natureza, mas também a presença de tensões interpretativas centradas na reflexão sobre a terra, entendida como símbolo das matrizes originais da experiência brasileira. Para esse grupo, a terra simbolizava uma espécie de tradição americana que impunha um dilema aos modernos, empenhados em ajustar nossa sociedade ao ritmo do tempo ocidental: acomodação e integração com esse legado, ou superação? Esses personagens, dadas as suas próprias trajetórias intelectuais e sociais, não lograram escapar a uma posição ambígua diante desse dilema, desvelando a presença forte do tema da tradição nas suas reflexões. A pregação americanista evitava assumir toda a radicalidade potencial dessa fórmula, e aprisionava-se no dilema clássico de Zéa: acumulação *versus* dialética. Assim, a terra não fugiu a uma caracterização essencialista, tributária dos temas das "raças tristes" ou da "metafísica do Horror", mesmo quando o registro (positivo ou negativo) variava. Se aceitarmos a sugestão de Eduardo Jardim de Moraes[1] a respeito da centralidade de Graça Aranha para o pensamento modernista como um todo (incluindo sua facção paulista), perceberemos que essas questões impregnaram o imaginário do período, desaguando em distintas versões que fecharam o tema da identidade nacional nos limites do "encontro racial" e de uma ontologia do nosso "ser".

A análise dos escritos de Euclides e Vicente Licínio também esteve aqui associada a uma investigação das trajetórias dos dois personagens, mas tomando como eixo o significado da engenharia nas suas formações intelectuais e profissionais. O resultado das experiências sociais de ambos traduz-se pela expressão "americanismo positivista" – que enfatizava a presença do positivismo não como doutrina, mas como código moral, e as tensões produzidas pela percepção de um americanismo que encontrava dificuldades para se afirmar no cenário urbano do período. A categoria de engenharia periférica expressa o lugar social de figuras moldadas por uma cultura técnica difusa e ainda em ascensão, por um forte sentimento meritocrático e pela desconfiança dos lugares tradicionais associados à prática intelectual no Brasil. Tanto Euclides quanto Vicente Licínio viveram experiências frustrantes em concursos públicos (ambos aspiravam a cadeiras universitárias) e desenvolveram uma relação instrumental com a profissão de engenheiro (especialmente Licínio), embora a formação politécnica ou militar recebida tivesse gerado intensas marcas intelectuais. A condição geral de insatisfação era reforçada por um sentimento de desencanto republicano, que só acentuava o sentido de código moral que o positivismo lhes dava. Não é difícil, portanto, entender a admiração de Licínio pela obra de Dostoiévski e pela suposta recusa do russo de seguir os padrões tidos como "artificiais" do grande romance europeu, chafurdado em ironia, requinte ostentatório e ceticismo sobre a natureza humana. Esse é o significado da "vivência das palavras" que Licínio veria não só no escritor russo, mas em Rodó e em Henry Ford, constituindo a chave que permite a visualização da Rússia Americana no que se refere ao problema dos intelectuais.

Novamente, Rússia e América parecem diferir radicalmente nesse quesito. Afinal, a primeira seria a pátria por excelência da *intelligentsia*, enquanto a segunda seria uma sociedade caracterizada por intelectuais orgânicos – personagens solidamente enraizados na moderna vida urbano-fabril e animados pelo tema da reforma social. Se a Rússia seria o território de pensadores como grupo revolucionário, apartado da sociedade e voltado contra o Estado – uma moldura semelhante à dos homens de letras franceses durante o Antigo Regime, tal como descrito por Tocqueville –, a América conheceria uma floração intelectual mais cívica, orientada para a agenda da vida civil e acolhida por universidades e agências públicas. Entretanto, a visão de Licínio sobre Rodó e Dostoiévski lançou luz sobre uma geografia possível na qual esses extremos se aproximariam, e o quadro moral que animaria os intelectuais ocuparia posição central. Afinal, tanto russos quanto americanos seriam personagens novos, em tudo distantes da retórica "francesa" que caracterizaria o mundo das idéias europeu. Homens autênticos, guiados por suas convicções e por uma genuína vontade de transformar idéias em ação prática.

Rodó, segundo Licínio, seria um "repensador", um reformista educacional, e não um brilhante erudito. Do mesmo modo, Dostoiévski, representante máximo do romance russo, não se destacaria pelo brilho de sua composição estilística, mas por expressar uma nova forma de vivência, mais sincera e apaixonada. Russos e americanos seriam homens afeitos aos novos tempos. Não por acaso, o grupo católico-modernista reunido em torno de *Festa* via Estados Unidos e Rússia com extrema desconfiança, como exemplares simétricos do materialismo que ameaçaria a civilização ocidental.

A aproximação traduz não apenas a construção intelectual dos personagens, mas também suas projeções sobre o sentido da experiência brasileira. Euclides da Cunha viu na Rússia uma espécie de caso modelar da relação entre barbárie e civilização, no qual essas duas idéias não se chocam de forma negativa, mas são combinadas numa nova matriz. Seus escritos amazônicos problematizam o essencialismo que marcava sua obra clássica – *Os sertões* –, e abrem a possibilidade de se pensar a relação entre uma terra nova e misteriosa – a Amazônia – e um processo modernizador no qual personagens móveis e não identificados com tipos étnicos estáveis lograriam produzir uma vida civil mínima. A contraposição entre seringueiros e caucheiros exemplifica a visão positiva de Euclides a respeito dos primeiros, a despeito de seu caráter fatalista, quieto, em eterno desencanto diante do deserto verde. Eles conseguiram produzir uma economia moral homogênea, adaptativa, na qual a ausência de grandes idéias formadoras era compensada pela simbologia do "deserto amansado", traduzida de forma típico-ideal pelos bandeirantes.

Nesses termos, a Rússia Americana era a produção de homens que mobilizariam a barbárie como forma civilizatória, e não como energia descontrolada ou essência romantizada, tal qual numa revisitação do indigenismo.

A Amazônia é, vale lembrar, "terra sem história", lugar puramente espacial, o que acentua o tema da invenção e da criação, em detrimento da reiteração da tradição ou da origem – dois elementos que, aliás, o próprio Euclides da Cunha teve de enfrentar na sua trajetória, forçando seu caminho como um missionário positivista, num movimento que guarda semelhança com o puritanismo.

Perceba-se que essa Rússia de Euclides não se identifica totalmente com a imagem clássica de uma Rússia bárbara. Em seu ensaio sobre a obra de Dostoiévski, Lukács caracteriza a sociabilidade russa como um entrechoque constante entre indivíduos isolados e em guerra com o outro. O universo moral russo, marcado pela insolidariedade e pelo fatalismo, caracterizar-se-ia, sobretudo, pela violência. Ao analisar as personagens dostoievskianas, Lukács afirma que elas traduziriam o tema do isolamento, segundo o qual todos os sujeitos se dissolveriam em prol de uma idéia fixa que os atormenta. Evidentemente, o melhor exemplo seria Raskolnikov, o "pequeno Napoleão".

> Em primeiro lugar, todas são ações de pessoas solitárias: pessoas que, na maneira de sentirem a vida, o seu ambiente e a si mesmos, reduzem-se completamente aos seus próprios recursos, passando a viver introvertidamente com tal intensidade que o pensamento alheio transforma-se numa "terra incógnita". Para eles, o "outro" existe apenas como uma potência estranha e ameaçadora que ou os subjuga, ou é por eles subjugado.[2]

Para outros autores, como Joseph Frank, essa percepção de Dostoiévski era extremamente crítica e sombria. Nessa perspectiva, a obra do escritor russo seria, em grande medida, uma grande denúncia do tipo de moralidade revolucionária que produziria uma *intelligentsia* voltada para uma racionalidade fria e afastada de quaisquer considerações sobre as conseqüências dos atos, aproximando-se de uma espécie de "ética da convicção" radicalizada. Seria, também, uma poderosa crítica contra o utilitarismo radical dos niilistas. Segundo Frank: "Tais idéias, com sua crença ingênua no poder da reflexão racional para controlar e dominar todos os potenciais explosivos da psique humana, pareciam a mais pura e perigosa ilusão para o Dostoiévski pós-siberiano."[3]

Ora, os fatalistas seringueiros de Euclides poderiam, inicialmente, se aproximar desses tipos marcados pelo individualismo agressivo. O próprio autor sugere a aproximação. Contudo, a rotinização produzida pela terra e pelo trabalho transforma-os numa espécie fraca de bandeirantes, o que lhes daria uma figuração americana, desenvolvida mais plenamente em Vicente Licínio. Nos escritos amazônicos de Euclides, quem mais se aproxima desse violento tipo individualista e anárquico de Dostoiévski seria justamente o caucheiro, caracterizado pela desmedida de seu iberismo aventureiro.

Já Vicente Licínio vê uma matriz organizada em torno do peso da terra que junta Brasil, Rússia e Estados Unidos. Se, no caso americano, essa terra é simbolicamente associada ao tema democrático (o agir incessante de personagens novos, o predomínio da pequena propriedade), no caso russo ela aparece, inicialmente, sob sinal negativo, como símbolo de ausência de vertebração social. Uma leitura atenta, que recupere a visão liciniana da obra de Euclides, mostra que Licínio vê também na terra uma "energia inconsciente", signo das propriedades civilizatórias de uma nacionalidade em ser. Nesse sentido, a postulação de uma América organizada pelo trabalho livre, pela inventividade e pela racionalidade prática encontra-se com uma Rússia pensada como "sociedade nova", que teria conseguido ajustar sua construção nacional pela "vivência das palavras" e pela criação literária.

Ao mesmo tempo que Vicente Licínio radicaliza a desessencialização da terra, já sugerida pelos escritos amazônicos de Euclides, ele abre mais o escopo da nossa matriz civilizatória. A Rússia Americana é a geografia que combina invenção, pragmatismo e uma hermenêutica da nacionalidade, mais uma vez, distante da reiteração romântica das origens ou do jogo das identidades étnicas. Uma geografia aberta para o tema do maquinismo e da fábrica, mas não dependente de uma economia moral própria de outras tradições nacionais. Essa produção simbólica, analisada nos Capítulos 4 e 5, foi tomada neste livro como expressão de uma experiência social marcada pelo signo da "engenharia periférica".

Nota-se, portanto, que as fabulações de Euclides e Vicente Licínio a respeito da terra e da construção nacional brasileira associam-se aos processos de autoconstrução desses dois personagens. Faz-se necessário, portanto, situar essa geografia intelectual periférica no âmbito de outras interpretações do Brasil, de forma a esclarecer o seu alcance explicativo e sustentar sua atualidade.

## Interpretações do Brasil

Em meados dos anos de 1970, Otávio Velho publicava um livro intitulado *Capitalismo autoritário e campesinato: Um estudo comparativo a partir da fronteira em movimento*. Seu objeto era a fronteira brasileira, tomada como região de expansão do capitalismo e pretenso símbolo de uma cultura política democrática. Ao comparar os casos russo e americano, Velho buscou mostrar como a solução de tensões sociais pela ocupação do espaço livre não necessariamente implicava o caminho clássico que teria marcado a conquista do Oeste nos Estados Unidos. Desse modo, a fronteira era analisada pelo autor como uma forma que poderia abrigar diversos conteúdos políticos, conforme evidenciava o processo histórico da Rússia. Lá, a predominância do "político" no processo de desenvolvimento capitalista teria contribuído para um travo fortemente autoritário dessa formação social, numa lógica em tudo oposta à expansão de uma geografia aberta e povoada por pequenos produtores rurais independentes. Ou seja, Rússia e América, no registro de Velho, exemplificam dois caminhos distintos associados à fronteira e à terra.

O Brasil, nessa perspectiva, assumia um indisfarçável parentesco eslavo, dada a configuração autoritária do desenvolvimento capitalista nativo e a impossibilidade de uma rota americana de democratização, assentada na expansão de sujeitos livres por uma geografia marcada pela pequena propriedade. Nesse Brasil russificado não haveria América possível, e a realização do moderno na periferia demandaria uma estratégia revolucionária.

A tese de Velho é exemplar no campo da produção intelectual da década de 1970, por combinar uma leitura da sociologia política de Barrington Moore Jr. a uma forte preocupação política com as possibilidades de transformação revolucionária da ordem capitalista brasileira. Ao analisar uma terra "empírica" – a real geografia rural do Brasil durante a ditadura –, Velho distancia-se dos procedimentos deste livro, preocupado com a mobilização de imagens espaciais pela imaginação republicana brasileira. Mas, assim como os personagens analisados no primeiro capítulo – Weber, Lênin e Turner –, o antropólogo carioca termina por produzir não apenas um estudo de sociologia política, mas uma fabulação nativa sobre sua própria sociedade, inspirada pelo debate em torno da modernização na periferia do capitalismo. Sua versão do tema da Rússia Americana constitui também uma "metafísica da terra", que consagra um registro sobre nosso processo civilizador calcado na idéia de ruptura, dada a constatação objetiva da falência da americanização "por baixo". Como tal caminho efetivamente não se realizou,* faz-se necessário, portanto, explorar outras possibilidades analíticas do tema espacial, que articulem o pensamento brasileiro e a teoria social e abram outra rota para o problema contemporâneo da Rússia Americana. Para tanto, há que se decifrar esse compósito formado por duas sociedades nos extremos do mundo.

---

* A explosão do associativismo agrário dos anos 1980 reafirmou o potencial americano do mundo popular nacional, confirmado pela proliferação de novos atores e sujeitos políticos no mundo urbano. Mesmo o recente "fechamento" do mundo agrário pelo avanço incessante do agronegócio não implicou o retorno às formas típicas do capitalismo autoritário na periferia, embora mecanismos tradicionais de dominação do trabalho continuem a ser verificados. Creio que essa questão carece não apenas de mais estudos e pesquisa, mas sua própria configuração depende do desenrolar das lutas travadas atualmente nesse universo.

A princípio, Rússia e América parecem continentes geográficos e intelectuais distintos. Se a primeira é pensada como lugar oriental, avesso aos padrões culturais clássicos da chamada modernidade, a segunda representaria a afirmação de outro Ocidente, mais novo e aberto, embora originalmente periférico. Se a Rússia é em geral vista como uma sociedade indevassável, coberta por uma pesada camada cultural, a América já foi inventada como uma imagem da liberdade que os homens poderiam alcançar. A despeito disso, a sociologia política traçou algumas aproximações entre os dois países.

No seu livro *Construção nacional e cidadania*, Reinhard Bendix mostra como os soviéticos teriam tentado implementar uma espécie de "americanismo russo", lançando mão das técnicas do taylorismo e do trabalho fabril em massa para criar uma disciplina moderna. Na interpretação do autor, o evidente teor autoritário desse programa traduziria a ausência de um código moral poderoso que tivesse, séculos antes, preparado os homens comuns para uma ética de trabalho moderna. Na sua ausência, esse americanismo oriental teria se valido do controle exercido na máquina estatal pelas organizações partidárias no poder, fenômeno que Bendix caracteriza como "mobilização política". Mais recentemente, Maria Alice Rezende de Carvalho acentuou essa possível aproximação através de uma leitura da sociologia de Gramsci, que, segundo a autora, prefigurava uma nova sociabilidade moderna assentada na vida fabril. Nas suas palavras:

> É certo que, nos anos 1930, o que Gramsci vislumbrou como a nova era mundial do trabalho taylorizado era um horizonte, não uma realidade, e que, dessa perspectiva, a descoberta teórica de uma vida estatal que emerge da estrutura configurava-se mais como aposta do que propriamente como resultado da observação de uma modernização globalizada. É que, assim como havia destacado os efeitos da "exportação" da Revolução Francesa no período da Restauração, Gramsci acreditava que, sob a influência da Revolução de 1917, poder-se-ia conhecer, por movimentos moleculares de natureza similar, a universalização de uma nova ordem planetária, derivada da sociabilidade e eticidade nascidas da fábrica – situação em que a América e a União Soviética, caso depurada de seus "desvios" estatólatras, freqüentariam uma mesma geografia.[4]

Nas duas interpretações citadas, o território possível em que Rússia e América se encontrariam seria produzido pelo fordismo e pela eticidade moderna da fábrica. Contudo, a "Rússia Americana" de que se fala neste livro não se limitaria a esse território, estendendo-se a uma geografia delineada pela terra e as possibilidades sugeridas pela imaginação espacial. Ressalta-se assim o tema da invenção e da possibilidade de um processo de construção nacional distante da sociabilidade artificial que marcaria o cenário europeu. Uma geografia na qual Dostoiévski e Rodó poderiam conviver.

Paralelos entre Brasil e Rússia não eram estranhos à inteligência brasileira nos anos 1920. Em artigo sobre o tema, Bruno Gomide argumenta que o contexto para as comparações seria o tema da desordem, que trazia consigo a ameaça de uma solução bolchevique. Ao mesmo tempo, a resolução estética alcançada pelos russos – traduzida na pujante literatura que conquistava os intelectuais brasileiros ao longo da Primeira República – parecia oferecer um futuro desejável, que atraía personagens díspares como Vicente Licínio Cardoso, Otávio de Faria, Lúcia Miguel Pereira, Gilberto Freyre e Everardo Backheuser. Eles seriam mobilizados pelo caráter não artificial dessa literatura, por sua dimensão ética universal, e não necessariamente pelos aspectos formais mais inovadores. Segundo Gomide:

> A cesura ideológica provocada pelo surgimento da União Soviética inaugurava ou intensificava problemas que se estenderiam pelos anos a seguir, com extensões dramáticas na vida política e cultural brasileira. No entanto, a crítica literária e o ensaísmo brasileiros continuavam pouco permeados por um dos resultados da própria revolução russa: a explosão de pesquisas literárias que apontavam novas direções de linguagem e pensamento. Segundo os autores examinados, a literatura russa lida com verdades eternas. É o avesso da azáfama da vida política. Trata-se de uma literatura não artificial, orgânica, pouco "literária", contraposto da desordem e do mal-estar supostamente reinantes. Resguardada, em suma, da vertigem analítica promovida pela multiplicidade das novas incursões sobre Dostoiévski e Tolstói.[5]

Ao mesmo tempo, paralelismos entre o Brasil e os Estados Unidos sempre perseguiram nossa imaginação, seja num registro negativo (caso de muitos, como Tavares Bastos e Vianna Moog), seja numa visão afirmativa (como na tradução do tema da fronteira pela via do bandeirantismo). A exceção no cenário é a obra de Gilberto Freyre. Na perspectiva freyreana, a combinação entre as formas despóticas de controle social e a persistência de relações sociais flexíveis e suaves seria a marca definidora da experiência brasileira. A interpretação de Ricardo Benzaquen de Araújo[6] destaca a categoria "antagonismos em equilíbrio" para decifrar o significado analítico não só dessa expressão, mas da própria construção teórica de Freyre. Longe de resolver-se num hibridismo amorfo, esse antagonismo plasmaria a dimensão tensionada da nossa sociabilidade.

A Rússia Americana, portanto, não é um mero ponto de chegada. Faz-se necessário enfrentar o diálogo com outros trabalhos de sentido semelhante, que abram o pensamento brasileiro com o intuito de produzir interpretações sobre o sentido da experiência nacional. Nesse campo, a obra de Werneck Vianna ocupa papel de relevo. No conjunto de ensaios agrupados sob o título *A revolução passiva*, ele empreende uma leitura do processo modernizador brasileiro que dá conta da dinâmica conservação/transformação que o caracterizaria. O protagonismo de elites de extração iberista nesse processo não viria acompanhado de um programa ibérico clássico, mas antes de um alargamento da nossa dimensão americana pela dinamização molecular da vida social e pela incorporação de sujeitos subalternos. Na ausência de uma ruptura clássica, a revolução brasileira ganharia andamento passivo – tipologia extraída da obra de Antonio Gramsci –, pelo qual a emergência do novo viria ao mundo sob a guarda de atores de outra floração, mais afeita ao predomínio do bem público e resistente à idéia de deixar os interesses mercantis guiarem o caminho. Nesse sentido, Werneck Vianna nota uma constante ampliação da esfera pública (mesmo que feita de forma autoritária, como em 1937), num processo no qual a nossa americanização não seria um programa revolucionário. Como observa Maria Alice de Carvalho no seu prefácio à recente edição da obra de Werneck Vianna, iberismo e americanismo não representariam mundos valorativos irredutíveis, mas formas distintas de articulação entre Estado, sociedade e política.

> O iberismo de que fala Werneck Vianna é uma formalização das práticas e instituições do *Estado ampliado* no Brasil. Sua polaridade, portanto, em relação ao americanismo não se dá no plano da cultura, dos valores, como ideais civilizatórios alternativos – são, antes, dois modelos distintos de articulação entre política e sociedade, em que o primeiro indica a *estatalização da vida social* mediante o recurso a uma espessa malha de agências intelectuais-burocráticas; e o segundo, uma formação estatal econômica, já que prescinde de maiores mediações entre a política e o modo de produção.[7]

Werneck Vianna analisa o tema do territorialismo ibérico, caro à problemática central deste livro, compreendendo-o como produto da lógica de organização de territórios por parte de uma elite enraizada na vida estatal. Nessa forma de ação, a construção nacional seria tributária de uma razão estatal que se constrói como "mais moderna que a sociedade". A relação entre iberismo e territorialidade é retomada por Rubem Barboza Filho, que localiza no barroco americano a expressão civilizatória que dá grande destaque à organização da vida social em lugares ordenados pela vontade pública. A espacialidade seria a chave de operação de sociedades que se pensam como comunidades e não como uma coleção de sujeitos animados por uma lógica racional-instrumental. No dizer desse autor:

> A expansão permanente e a capacidade de organização de espaços gigantescos constituem atributos típicos da Ibéria, desde o início do processo de Reconquista. E permanece como sua característica até o começo do século XIX. Por outro lado, a Ibéria esteve sempre vinculada a uma noção "espacial" do cosmo e da própria sociedade, como conjunto arquitetônico, orgânico e harmonicamente disposto.[8]

Tanto Werneck Vianna quanto Barboza Filho localizam no iberismo americanizado a matriz formadora de uma lógica espacial que privilegiaria a estruturação da vida social como um território a ser regulado e ordenado.

Aproximando os argumentos dos dois autores às idéias desenvolvidas neste livro, percebe-se um campo comum de diálogo. Tanto para Euclides quanto para Vicente Licínio, o tema da tradição não é especialmente relevante, em particular porque pensavam seus cenários simbólicos a partir da terra nova. Sugiro exatamente que suas fabulações permitem o vislumbre de uma visão da terra associada à invenção, e não exatamente a reiteração de uma essência a ser retomada. Essa idéia, entretanto, converge para a interpretação do iberismo como um método de operação, e não como um complexo valorativo irredutível ao moderno. É nesse sentido que Barboza Filho alerta para o papel criativo do barroco americano, destinado não apenas à mera reprodução da sociedade de corte espanhola, mas à produção teatralizada de novas subjetividades:

> Deste modo, nem a tradição nem a religião típicas da Ibéria – elementos que se alimentavam e reforçavam em Castela e Portugal – puderam ser reeditadas com a mesma força configurativa na América. Longe de forças hegemônicas, assumiam a condição de horizontes plásticos ao saque, à negociação, à produção de acordos imprevistos nas matrizes originais. Assim, a América não pode dispor do passado, em qualquer de suas formas, para um torturado e trágico exercício identitário. ... Não desfrutamos de um horizonte axiológico poderoso o suficiente para invadir o íntimo dos indivíduos, para disciplinar relações sociais mais reflexivas e universalistas, para organizar uma cultura cívica centrada em direitos.[9]

Do mesmo modo, Werneck Vianna mostra como o iberismo brasileiro teria sido, na verdade, o grande vetor que conduziu o programa americano, mostrando-se matriz dotada de grande plasticidade. Os setores que organizaram o país durante os anos 1930, por exemplo, não estavam voltados para a conservação pura de formas de vida essenciais da experiência brasileira, mas para a produção do novo em moldes ajustados às configurações da nossa experiência. Moldes ajustados à "força da terra", por que não dizer? É o mesmo tipo de operação que Euclides vislumbra na Rússia, a civilização bárbara que se desenvolveu justamente porque regulou sua barbárie, e não se voltou para sua preservação romântica. De maneira semelhante, a terra nova de Vicente Licínio, desvinculada de fantasias essencialistas, simboliza a potencialidade inventiva e eminentemente prática da experiência brasileira, como uma aposta radical nesse vazio criador que Barboza Filho localiza no barroco americano.

A delimitação do caráter processual do iberismo ganha grande rendimento analítico na obra de Robert Wegner, que investigou problema comum à questão aqui estudada. Em trabalho sobre Sérgio Buarque de Holanda, Wegner sustentou que a polaridade entre americanismo e iberismo, tão presente em *Raízes do Brasil*, ganharia outro tratamento em escritos posteriores do autor, em especial *Caminhos e fronteiras* e *Monções*. A utilização da historiografia voltada para o tema da fronteira teria permitido a Holanda identificar na expansão bandeirante um caminho modernizador adaptativo, como se o complexo de valores associado àqueles aventureiros e individualistas fosse moldado por um agir americano, próprio de terras novas e abertas. Diz ele:

> Nesse sentido, a dinâmica da fronteira aponta, nos dois casos, para uma mesma direção, que podemos relacionar ao aumento do vínculo da cultura com as necessidades mais prementes da luta pela vida em um novo ambiente, levando a uma evolução mais orgânica e autêntica. Daí decorre um disciplinamento colado com as necessidades e com as mudanças materiais advindas no decorrer da conquista do Oeste, a qual é também um incentivo à energia e à iniciativa individual. De certa maneira, é como se a fronteira, que podemos considerar uma americanização no sentido continental, apontasse em algum grau para os valores relacionados ao processo de americanização e democratização que Sérgio Buarque detectava já em *Raízes do Brasil*.[10]

Vê-se que Wegner também associa a possibilidade de se desconstruir a polaridade entre iberismo e americanismo à mobilização da imaginação espacial brasileira. Para ele, esses dois grupos de valores poderiam encontrar uma forma de ajuste, sem que a passagem da americanização implicasse ruptura com os signos próprios da cordialidade. É uma argumentação que encontra eco nas sugestões de Araújo a respeito dos "antagonismos em equilíbrio", além de tocar, de forma original, em alguns temas trabalhados neste livro.

No argumento discutido, porém, a "força da terra" tem limites precisos, dados exatamente pelo andamento da nossa terra. Se Vicente Licínio classifica o Brasil como uma fenomenalidade americana média, é justamente por perceber que nossa experiência não se identificaria com a radical democratização estadunidense, protagonizada por homens livres e dinamizada pelo trabalho racionalmente organizado, nem pelas explosões revolucionárias sul-americanas, animadas por um republicanismo revolucionário. Nesse sentido, é possível aproximar sua visão do tema da "revolução passiva" tal como desenhado por Werneck Vianna.

A aposta liciniana na pedagogia evidenciava a necessidade de produção de sujeitos "republicanizados" e a incorporação de atores novos sob a condução de setores capazes de nos levar para o reino americano "completo" – identificado com a organização racional do trabalho livre. Não se trataria, portanto, da produção de uma vontade revolucionária, voltada para o "assalto aos céus", mas de uma vontade educada, conduzida por elites novas. Na Rússia Americana não haveria lugar nem para a posição clássica da *intelligentsia* russa, em eterno confronto ético e existencial com o poder e o Estado, nem para o protagonismo livre do mundo fabril, examinado por Gramsci nos ensaios sobre o fordismo. Se o universo fordista é desejável para Vicente

Licínio, como conjugação perfeita entre "força da terra" e máquina, o caminho que levaria até ele encontraria sua raiz na educação, e não no livre jogo dos interesses. Afinal, nos lembra o autor, é impossível pensar a América sem atentar para o republicanismo como exercício de vivência e como vasto esforço pedagógico. Nessa versão, Rodó não é a antítese de Ford, mas seu complemento.

Como se percebe, a formulação conduz a uma versão do problema "Rússia Americana" que escapa ao registro da ruptura, fixado por Otávio Velho na sua obra de 1976. A metafísica da terra que preferi explorar aponta não para o fechamento autoritário do mundo da tradição brasileira, que demandaria um rompimento radical com a vida estatal e uma recriação revolucionária do nosso processo civilizador, mas para um caminho moderno que articule de forma prática um *agir* americano a um *pensar* estratégico que não oponha vida social e política. Nos termos do pragmatismo filosófico, a reflexividade se daria justamente como atividade do sujeito "em situação", esforço marcado pelos problemas práticos que organizam a investigação.

O estatuto do pensar em John Dewey,[11] um dos principais nomes do pragmatismo, difere em muito do sentido da tradição cartesiana, na qual esse ato é produto de regras gerais, abstraídas das condições concretas nas quais ele se dá. A noção deweyana de experiência, pensada não como verificação de uma verdade objetiva, que residiria num suposto lugar externo e afastado do conjunto de crenças humanas, mas antes como resolução ativa de problemas, abre a porta para uma posição filosófica que daria grande valor à ação criativa e a um progressivismo aberto (interessante retomar aqui a "freyreana" associação feita por Vicente Licínio entre terra e máquina, destacando uma dimensão pragmática da experiência brasileira).

Assim, se a narrativa de Velho conduz à prescrição de um "assalto aos céus", em que a aliança entre os sujeitos subalternos seria guiada por uma estratégia de captura e remodelamento completo do aparelho estatal, a leitura da terra sustentada neste livro leva a uma concepção pragmática do agir político, que articule "idéias" a práticas efetivas de resolução de problemas. A República de Licínio e Euclides, por exemplo, não se traduz num artifício político produzido a contrapelo da marcha da vida nacional, mas num processo aberto de organização que reclama a tradição imperial – a centralização e a lógica territorialista – como um *modus operandi*. Ela não seria uma República pensada como artifício político, mas como ordem social caracterizada por um andamento sociológico calcado numa experiência republicana. Assim, entende-se o sentido da categoria "organização" no pensamento de Vicente Licínio – e, por que não, no de outros intelectuais que marcaram a Primeira República –, para além da sua costumeira associação com o tecnicismo de corte autoritário. A postulação de uma organização da vida nacional revelaria certa dimensão pragmática (no sentido forte) que marcaria nossa experiência intelectual, ciosa do estabelecimento de uma nova relação entre pensar e agir, mais condizente com a natureza de nosso americanismo.

Note-se que a "organização" de Vicente Licínio também o singulariza em relação ao seu "pai espiritual" – Alberto Torres. Para este, vale lembrar, a nação seria uma produção marcada pelo artifício, uma construção que demandaria uma arquitetura jurídico-política adequada ao seu fortalecimento e, portanto, distante da moldura liberal-federalista de 1891. Na perspectiva liciniana, a educação seria a grande força dinamizadora de uma republicanização aberta, cujo sentido seria a produção de uma sociabilidade assentada no trabalho livre, e não o direito constitucional. Ressalte-se, também, a aposta de Alberto Torres numa sociedade marcada por padrões outros de industrialismo, que valorizasse nossa matriz agrarista, tema que não encontraria guarida no entusiasmo fordista de Licínio. Ademais, a própria denúncia da espoliação internacional e da divisão internacional do trabalho, central para o pensamento de Alberto Torres, choca-se com o americanismo continental de Vicente Licínio.

A ponte entre barroco, iberismo e pragmatismo, possibilitada pela matriz da Rússia Americana, permite encarar de forma mais decidida um problema apontado pela interpretação de Jessé Souza[12] sobre a configuração da modernização seletiva brasileira. Segundo ele, o processo civilizador nacional teria sido organizado por instituições modernas (Estado e mercado), e não pela suposta sobrevivência de um algum atavismo culturalista arcaico. Contudo, as "novas periferias", categoria na qual o Brasil estaria incluído, prescindiam de uma configuração moral coesa, que desse sentido a esse processo e formasse uma base que permitisse o reconhecimento universal da cidadania. Tratar-se-ia, portanto, da operação prática de instituições modernas, sem o necessário enquadramento de valores que sustentassem uma experiência compartilhada. No dizer do autor:

> Uma especificidade importante da modernidade periférica – da "nova periferia" – parece-me precisamente ser o fato de que, nestas sociedades, as "práticas" modernas são anteriores à "idéias" modernas. Assim, quando mercado e Estado, ainda que de modo paulatino, fragmentário e larvar, são importados de fora para dentro com a europeização da primeira metade do século XIX, inexiste o consenso valorativo que acompanha o mesmo processo na Europa e na América do Norte. Inexistia, por exemplo, o consenso acerca da necessidade de homogeneização social e generalização do tipo de personalidade e de economia emocional burguesa a todos os estratos sociais, como aconteceu em todas as sociedades mais importantes da Europa e da América do Norte.[13]

No caminho sugerido por este livro, a ausência desse código moral mais espraiado – já que nem mesmo o positivismo representou no código hegemônico dentro das elites do período – não constituiria propriamente um problema, dado que a noção de "práticas" ganha força expressiva maior se pensada como estratégia de organização de uma "nacionalidade em ser". Ou seja, nossa condição americana, pensada não como essência traduzida em tipos, mas como tipo de ação, comportaria um potencial de invenção que substituiria esse complexo de valores. No caso, a ênfase de Licínio na educação e na sua associação com um republicanismo assentado no trabalho livre significaria a organização de uma experiência civilizadora inventiva, que extrairia sua força justamente da relação construída entre "força da terra" e pragmatismo. A "modernização de fora para dentro" teria sentido inverso, à medida que a terra traduziria nosso potencial de rejuvenescimento. No caso da releitura liciniana de Euclides, esse potencial não seria garantido por alguma ontologia essencialista, mas pela "virgindade de inteligência" sustentada na nossa "terra inconsciente". Nesses termos, o que surge como ausência em Jessé Souza pode ser convertido em expressão positiva de um potencial moderno de reorganização criativa.

Como se vê, a "Rússia Americana" revela uma versão da experiência brasileira que escapa à fixação definitiva de uma identidade originária. O exercício interpretativo permitido pela análise dos escritos de Vicente Licínio e Euclides da Cunha possibilitou vislumbrar as sugestões contidas na nossa imaginação espacial, além de evidenciar a formação de uma espécie de sociologia da terra que não se reduz a um discurso sobre o mundo rural e seus personagens. A terra é, antes, um modo de pensar. Trata-se, portanto, de saber se essa sociologia permanece como referência nos quadros da imaginação social contemporânea.

## Sociologia da terra e imaginação periférica

É comum interpretar o pensamento brasileiro como um conjunto de discursos, idéias e fabulações referentes ao clássico problema da construção nacional. Nesses termos, as discussões sobre a identidade singular do país ou sobre os traços particulares que organizariam nossa autenticidade são sempre destacadas. Do mesmo modo, a imaginação política brasileira debate-se, constantemente, em torno da necessidade ou não de ajustar o país ao relógio do Ocidente, como se a formação nacional e o processo de modernização mundial necessariamente operassem em claves distintas. Tratar-se-ia, portanto, de inventariar nossas peculiaridades e optarmos por uma afirmação autônoma ou por uma inscrição do particular no universal. Este trabalho debruçou-se sobre o pensamento brasileiro a partir de outra perspectiva.

A expressão "Rússia Americana" não é a tradução de um hibridismo da nossa formação, mas a sugestão de que o processo de construção do Brasil pode ser pensado a partir da decifração de um mapa intelectual que transcende as amarras dadas pelas nossas origens. Assim, Rússia e América são sociedades historicamente determinadas, por certo, mas conformam também imagens simbólicas aproximadas pela mobilização de uma idéia espacial. Indicam uma forma de acesso à modernização que prescindiria de um repertório de tradições boas e assentar-se-ia numa dinâmica dada pelo agir pragmático e pela adequação do pensar ao andamento da ação. As propriedades relacionadas ao caminho da Rússia Americana estariam associadas ao registro da invenção, tão bem representado pela sugestão de que certas sociedades se organizariam a partir da "força da terra", de uma energia inconsciente e não orientada para uma arqueologia de um mito de origem. Os personagens dessa imagem – puritanos, seringueiros ou amargurados literatos russos – representariam outra forma de sociabilidade, mais ajustada às exigências modernas e menos refratária ao mundo da técnica e da organização racional da vida.

Pode-se dizer que a "Rússia Americana" aproxima-se da forma de uma imaginação periférica. É certo que a terra como imagem simbólica operou como guia na confecção dessa cartografia singular, em que americanos e eslavos assemelham-se aos novos homens das extremidades do mundo, tão distantes do figurino urbano-liberal, que condensaria os tipos sociais característicos da modernidade européia clássica (o burguês, o puritano, o civilizado ou o cortesão). Contudo, a própria singularidade desse mapa questiona a dicotomia entre Oriente e Ocidente, essencial para a delimitação de "centro" e "periferia". Assim, pode-se dizer que estaríamos diante de uma imaginação modernista variante, uma alternativa entre outras, e não necessariamente um desvio. Essa sugestão encontra apoio na teoria social contemporânea, que questiona a suposta universalidade do projeto moderno europeu[14] e evidencia o entrelaçamento constante de distintas dinâmicas modernas.[15] Tais indicações conduzem a uma nova visão da "periferia" na qual esta não se reduz a uma geografia incompleta ou derivativa, mas se constitui como uma geografia enredada desde sempre na história global, assentada em códigos morais distintos daqueles que moldaram as sociedades centrais.

Ademais, num momento em que as grandes narrativas que estruturaram a vida nacional dos países centrais parecem estar em xeque – seja pela globalização, seja pelo chamado "multiculturalismo" –, sociedades novas e organizadas pela matriz da "Rússia Americana" parecem ganhar nova chance.

Nos Estados Unidos, a fabulação puritana parece ter se transformado num símbolo de divisão e fracionamento político radical, não mais operando como o poderoso código moral de consenso percebido por Jessé Souza. A visão de Robert Bellah[16] sobre a religião cívica norte-americana choca-se frontalmente com o desencantado diagnóstico de Richard Sennett,[17] que percebe justamente a corrosão da vida pública e o conseqüente predomínio da "intimidade" sobre os padrões sociais modernos dos Estados Unidos. Na Europa, pensadores como Jurgen Habermas[18] parecem inquietos diante das possibilidades de fundar uma ordem moderna pós-nacional que promova adesão sem recorrer a narrativas fundacionais de cunho pré-político.

Afinal, será que o "patriotismo constitucional" operaria como sucedâneo forte o suficiente para as velhas tradições nacionais fechadas e auto-referenciadas? Como conciliar uma esfera última de valores que possa animar a energia democrática de cidadãos cada vez mais descrentes de uma narrativa unificadora para suas experiências? Esse tipo de questionamento evidencia a dificuldade dessas sociedades em se ajustar a uma experiência global na qual a modernidade escapa ao universo cultural que forneceu sua linguagem.

Diante dessas questões, talvez pudéssemos recuperar a velha idéia das "vantagens do atraso", transformada agora na "vantagem da ausência". Afinal, a idéia traduzida pela expressão "Rússia Americana" ilumina uma matriz civilizatória que prescinde de uma economia moral essencialista, já que se perpetuaria como uma forma não apenas plástica, mas inventiva e eminentemente prática, protagonizada por personagens não amarrados a um código valorativo que hoje se encontra sob questão. Na matriz construída a partir de uma sociologia da terra, desenhada por dois peculiares engenheiros, estaria uma pista para o reencontro do Brasil com uma experiência intelectual e política que se abre para o mundo moderno e alarga o universo da imaginação modernista. Este parece ser o caminho mais instigante para articular a questão nacional e os dilemas da civilização contemporânea.

# Notas

**Apresentação** (p.7-10)
1. G. Lukács, *Soul and Form*, p.15-6.
2. L.L. Oliveira, *Americanos: Representações da identidade nacional no Brasil e nos Estados Unidos*.
3. N.T. Lima, *Um sertão chamado Brasil: Intelectuais e representações geográficas da identidade nacional*.
4. B. Gomide, *Da estepe à caatinga: O romance russo no Brasil*.
5. S. Miceli, *A vanguarda argentina na década de 20*.
6. K. Vasquez, *Los caminos de la renovación*.
7. J. Souza, *A construção social da subcidadania*.
8. L.J. Werneck Vianna, *A revolução passiva*.

**Introdução** (p.11-31)
1. Q. Skinner, *Maquiavel*; Q. Skinner, *As fundações do pensamento político moderno*.
2. D. La Capra, *Rethinking Intellectual History*.
3. Ibid., p.30.
4. H. Pontes, "Círculo de intelectuais e experiência social".
5. S. Miceli, *Intelectuais à brasileira*.
6. S. Miceli, *Imagens negociadas*; *Nacional estrangeiro*.
7. A. Alonso, *Idéias em movimento*.
8. P. Ricouer, *Teoria da interpretação*.
9. Ibid., p.89.
10. M.A.R. Carvalho, *O quinto século*.
11. N. Sevcenko, *Literatura como missão*.
12. R. Williams, *O campo e a cidade*.
13. E. Semple, *Influences of Geographical Environment*.
14. L. Ricotta, *Natureza, ciência e estética em Alexander von Humboldt*.
15. Ibid., p.16.
16. W. Lepenies, *As três culturas*.
17. E. Cassirer, *Filosofia das formas simbólicas*.
18. Ibid., p.62-3.
19. P. Ricouer, op.cit., p.47.
20. Ibid., p.99.
21. M. Foucault, "Outros espaços".
22. Ibid., p.411.
23. V. Melo, "Paisagem e simbolismo".
24. E. Gomes, "Natureza e cultura", p.30.
25. S. Schama, *Paisagem e memória*, p.23.
26. Ibid., p.70.
27. Ibid., p.23.
28. G. Simmel, "The sociology of space", p.143.
29. L. Althusser, *Montesquieu, a política e a história*.
30. Ibid., p.107.
31. Ibid., p.113.

32. A. Mitre, *O dilema do centauro*, p.46-7.
33. Ibid., p.59.
34. M. Berman, *Tudo que é sólido desmancha no ar*.
35. A. Rama, *A cidade das letras*.
36. Idem.

## 1. A metafísica da terra (p.33-54)
1. M. Weber, "Capitalismo e questão agrária na Alemanha", p.367.
2. J. Herf, *O modernismo reacionário*.
3. Ibid., p.207.
4. N. Elias, *Os alemães*.
5. Ibid., p.68.
6. F. Ringer, *O declínio do mandarinato alemão*.
7. M. Weber, op.cit, p.385.
8. R. Bellah, *The Broken Covenant*, p.12.
9. S. Schama, *Paisagem e memória*, p.208.
10. R. Bartlett, *The New Country*, p.446.
11. L.L. Oliveira, *Americanos*, p.133.
12. R. Wegner, *A conquista do Oeste*, p.98.
13. A. Negri, *O poder constituinte*, p.273.
14. I. Berlin, *Pensadores russos*.
15. F. Venturi, *El populismo ruso*, p.140.
16. M. Bassin, "Inventing Siberia".
17. S.B. de Holanda, *Visão do paraíso*.
18. Ibid., p.198.
19. E. O'Gorman, *A invenção da América*.
20. Ibid., p.200.
21. A.C.R. Moraes, *Território e história no Brasil*.
22. J.A. Pádua, *Natureza e projeto nacional*.
23. A.C.R. Moraes, op.cit., p.115-16.
24. G. Arrighi, *O longo século XX*, p.33.
25. Ibid., p.34.
26. R. Barboza Filho, *Tradição e artifício*.
27. Ibid, p.405.
28. L.J. Werneck Vianna, *A revolução passiva*, p.14-15.
29. J.A. Pádua, op.cit.
30. J.G. Merquior, *De Anchieta a Euclides*, p.56.
31. M.A.R. de Carvalho, *O quinto século*, p.149.
32. F. Sussekind, *O Brasil não é longe daqui*, p.33.
33. M.L.S. Guimarães, "Nação e civilização nos trópicos".
34. M.L. Pratt, "Humboldt e a reinvenção da América", p.156.
35. Ibid., p.156.
36. Idem, *Os olhos do Império*.
37. J. Clifford, *Routes*.
38. A. Candido, *O discurso e a cidade*.
39. L.L. Oliveira, *Americanos*, p.11.
40. N. Lima, *Os intelectuais sertanejos*.

## 2. Terra, americanismo e Modernismo (p.55-86)
1. A.C. Gomes, *Essa gente do Rio*.
2. A. Botelho, *Um ceticismo interessado*.

3. L.L. Oliveira, *Ilha de Vera Cruz*.
4. Ibid., p.250.
5. A.C. Gomes, op.cit., p.39.
6. A. Bosi, *História concisa da literatura brasileira*, p.367.
7. G. Aranha, *Canaã*, p.40.
8. Ibid., p.41.
9. Idem.
10. A. Bosi, op.cit., p.367.
11. Ibid., p.369.
12. J.P. Paes, *Canaã e o ideário modernista*, p.22.
13. E.J. de Moraes, *A brasilidade modernista*.
14. G. Aranha, "A estética da vida", p.597.
15. Ibid., p.598.
16. Ibid., p.620.
17. Ibid., p.620.
18. Ibid., p.621.
19. Ibid., p.750.
20. Ibid., p.751.
21. R. Carvalho, *Toda América*, p.36-7.
22. R. Carvalho, *Pequena história da literatura brasileira*, p.412.
23. Ibid., p.36.
24. Ibid., p.42.
25. Ibid., p.408.
26. Ibid., p.410.
27. R. Carvalho, *O espelho de Ariel*, p.137.
28. A. Botelho, op.cit.
29. Ibid., p.159.
30. R. Carvalho, *O espelho de Ariel*, p.41.
31. Ibid., p.93.
32. Ibid., p.137.
33. Ibid., p.136.
34. Ibid., p.138.
35. A. Botelho, op.cit, p.42.
36. A. C. Gomes, *Essa gente do Rio*, p.47-8.
37. Ibid., p.60.
38. N. P. Caccese, *Festa*, p.37-8.
39. T. Silveira, *Definição do Modernismo*, p.96.
40. Ibid., p.97-8.
41. Ibid., p.122.
42. T. Athayde, *Política e letras*, p.258.
43. R. Williams, op.cit., p.397.
44. A.A. Lima, *Memórias improvisadas*, p.112.
45. Ibid., p.113.
46. A. Coutinho, *A literatura no Brasil*, p.455.
47. G. Amado, *Mocidade no Rio*, p.300-1.
48. M.H.C. Azevedo, *Um senhor modernista*, p.XV-XVI.
49. R. Ventura, *Estilo tropical*.
50. A. Coutinho, op.cit., p.449.
51. G. Aranha *apud* M.H.C. Azevedo, op.cit., p.226-7.
52. M.H.C. Azevedo, op.cit., p.183.
53. A. Botelho, op.cit., p.120-1.

54. Ibid., p.290.
55. A.A. Lima, op.cit., p.137-8.
56. S. Miceli, *Intelectuais à brasileira*.
57. A.C. Gomes, *Essa gente do Rio*, p.41.
58. Ibid., p.58.
59. Y.N. Guírin, *El modernismo brasileño*, p.17.

**3. Engenharia e terra** (p.87-125)
1. S. Schwartzman, *A redescoberta da cultura*.
2. A. Gramsci, "Americanismo e fordismo".
3. L.J. Werneck Vianna, *A revolução passiva*.
4. J. Schnapp, "Between fascism and democracy", p.117.
5. Ibid., p.118.
6. Ibid., p.145.
7. J. Herf, *O modernismo reacionário*.
8. R. Sennet, *Carne e pedra*, p.232.
9. C. Schorske, *Viena* fin-de-siècle.
10. S.B. Holanda, *Raízes do Brasil*, p.172.
11. J.C. Costa, *O positivismo na República*.
12. A. Alonso, "De positivismos e de positivistas".
13. M.A.R. de Carvalho, *O quinto século*.
14. I. Alves, "Modelo politécnico, produção de saberes".
15. J.M. de Carvalho, *A escola de minas de Ouro Preto*.
16. I. Alves, op.cit., p.69.
17. L.O. Ferreira, *Os politécnicos*.
18. I. Alves, op.cit., p.68.
19. J. Benchimol, *Pereira Passos: Um Haussman tropical*.
20. S.P. Kropf, *Sonhos da razão, alegorias da ordem*.
21. O. Porto Rocha, *A era das demolições*.
22. S. Schwartzman, op.cit., p.105
23. T. Bender, *Intellect and Public Life*.
24. R. Wokler, "Saint-Simon and the passagem from political to social science".
25. N. Lima, op.cit.
26. J.D. Needell, *A Tropical belle époque*.
27. M.A.R. de Carvalho, *O quinto século*.
28. M.I. Turazzi, *A euforia do progresso*, p.88.
29. L.J. Werneck Vianna, *Liberalismo e sindicato*.
30. A.C. Gomes et al., *Engenheiros e economistas*.
31. L.H. Pereira da Silva, *Engenheiros, arquitetos, urbanistas*.
32. F. Maza, *O idealismo prático de Roberto Simonsen*.
33. Simonsen apud Maza, op.cit., p.166-7.
34. S. Miceli, *Intelectuais à brasileira*, p.118.
35. S.M.G. dos Santos, *O legado de Vicente Licínio Cardoso*.
36. C. Goycochea, *O super-humanismo de Vicente Licínio Cardoso*.
37. Ibid., p.29.
38. M. Barata, *Escola Politécnica do largo de São Francisco*, p.80.
39. V.L. Cardoso, "Discurso de posse", p.3.
40. Barreto apud Pardal, *Memórias da Escola Politécnica*, p.86.
41. Gudin apud Pardal, op.cit., p.101.
42. Ibid., p.101.
43. C. Goycochea, op.cit., p.113.

44. V.L. Cardoso, "Discurso de posse", p.1.
45. C. Goycochea, op.cit., p.58.
46. M.M. Chagas de Carvalho, *Molde nacional e forma cívica*, p.44.
47. M.B.M. da Rocha, *Matrizes da modernidade republicana*.
48. M.M. Chagas de Carvalho, op.cit.
49. V.L. Cardoso, "Prenúncios claros – manuscrito", p.1.
50. Ibid., "Carta de suicídio", p.4.
51. Ibid., "Carta de suicídio" a Goycochea, p.1.
52. Ibid., p.2.
53. F. Azzi, *Vicente Licínio Cardoso*, p.7.
54. F. Azevedo, "Uma vida de apostolado", p.1
55. O.S. Andrade, *História e interpretação de* Os sertões, p.23.
56. Ibid., p.35-6.
57. Ibid., p.81.
58. R. Abreu, *O enigma de* Os sertões, p.72.
59. W.N. Galvão, "Euclides, elites modernizadoras".
60. C. Castro, *Militares e a República*, p.20.
61. G. Freyre, *Perfil de Euclides*, p.39.
62. O.S. Andrade, op.cit., p.258.
63. R. Ventura, *Retrato interrompido da vida de Euclides da Cunha*.
64. R. Abreu, op.cit., p.100.
65. C. Castro, op.cit., p.50-51.
66. W.N. Galvão, op.cit.
67. J.C.B. de Santana, *Ciência e da arte*, p.73.
68. R. Abreu, op.cit., p.92.
69. J.C.B. de Santana, op.cit.
70. E. da Cunha, "Ao dr. Brandão", p.636.
71. Idem, "A João Luís Alves", p.637.
72. Idem, "Ao mesmo", p.649.
73. Idem, "A Max Fleiuss", p.677.
74. Idem, "A Coelho Neto", p.678.
75. Idem, "A Vicente de Carvalho", p.679.
76. Ibid., p.679-680.
77. R. Abreu, op.cit., p.125.
78. E. Cunha, "A Vicente de Carvalho", p.651.
79. Id, "A João Luís Alves", p.638.
80. G. Freyre, *Perfil de Euclides*, p.40.
81. R. Abreu, op.cit., p.233.
82. W.N. Galvão, "Euclides, elite modernizadora", p.33.
83. I. Savelli, "Verdade constrangedora", p.1
84. N. Sevcenko, *Literatura como missão*.
85. Ibid., p.164.
86. E. da Cunha, "A Coelho Neto", p.696-7.
87. V.L. Cardoso, *Psicologia urbana*, p.3.
88. J. Frank, *Dostoiévski: as sementes da revolta*.
89. K.E. Bailes, *Technology under Lenin and Stalin*, p.25-6.
90. Ibid., p.29.

## 4. A terra euclidiana (p.126-54)
1. L. Bernucci, *A imitação dos sentidos*, p.21.
2. Ibid., p.33.

3. Ibid., p.34.
4. Ibid., p.34.
5. Ibid., p.44.
6. J.C.B Santana, *Ciência e da arte*, p.109.
7. Ibid., p.124.
8. W.N. Galvão, "Metáforas náuticas", p.115-6.
9. B. Zilly, "Sertão e nacionalidade", p.125.
10. Ibid., p.22.
11. Ibid., p.38.
12. L.C. Lima, *Terra ignota*.
13. Ibid., p.123.
14. Ibid., p.121.
15. M.A.C. de Paiva, *O papagaio e o fonógrafo*, p.254.
16. E. da Cunha, "A missão da Rússia", p.164.
17. Ibid., p.164.
18. Idem.
19. Ibid., p.167.
20. R. Ventura, *Retrato interrompido*.
21. Ibid., p.237.
22. E. da Cunha, "Terra sem história", p.49.
23. Ibid., p.250.
24. L. Ricotta, *Natureza, ciência e estética em Alexander von Humboldt*.
25. M.A.C. de Paiva, op.cit., p.55.
26. R. Ventura, *Retrato interrompido*, p.246-7.
27. E. da Cunha, "O inferno verde", p.493.
28. Ibid., p.495.
29. Ibid., p.494.
30. Id, "Terra sem História", p.254.
31. Ibid., p.256.
32. Idem.
33. S. Schama, op.cit.
34. R. Williams, *O campo e a cidade*.
35. E. da Cunha, "Terra sem história", p.258.
36. Ibid.,p.268.
37. Ibid., p.272.
38. Ibid., p.273.
39. Ibid., p.275, grifos meus.
40. Ibid., p.275.
41. Ibid., p.278.
42. F. F. Hardman, *Trem fantasma*.
43. Id, "Brutalidade antiga".
44. E. da Cunha, "Terra sem história", p.279.
45. Ibid., p.280.
46. Ibid., p.281.
47. Ibid., p.293.
48. W. Bannour, *Les nihilistes russes*, p.32.
49. F. L. Ribeiro, *Cartas da selva*.
50. E. da Cunha, "Terra sem história", p.283.
51. Ibid., p.288.
52. Idem.
53. Ibid., p.289.

54. Ibid., p.289.
55. Idem.
56. Idem.
57. E. Cunha, "Viação sul-americana", p.321.
58. Ibid., p.321-2.
59. Ibid., p.322.
60. Idem.
61. Idem.
62. V.I. Lênin, *O desenvolvimento do capitalismo na Rússia*, p.10.
63. J. Frank, *Pelo prisma russo*, p.97.
64. F. Venturi, *El populismo ruso*.
65. J. Frank, op.cit., p.75.
66. L.J. Werneck Vianna, *O pensar e o agir*, p.35-36.

## 5. Vicente Licínio e a terra (p.155-90)
1. R. Abreu, op.cit.
2. R.B. Araújo, *Guerra e paz*.
3. V.L. Cardoso, "Prefácio", p.14.
4. A. Carneiro Leão, *Os deveres da nova geração*, p.21.
5. J.A. Nogueira, *O ideal brasileiro*, p.94.
6. Ibid., p.102.
7. T. de Ataíde, "Políticas e letras", p.246.
8. Ibid., p.290.
9. Ibid., p.292.
10. L. Zea, *Pensamento positivista latinoamericano*, p.12.
11. J. Cruz Costa, *O positivismo na República*, p.166 (grifos do autor).
12. I. Lins, *História do positivismo no Brasil*.
13. C. Goycochea, *O super-humanismo de Vicente Licínio*, p.89.
14. W. Martins, *História da inteligência brasileira*, p.107.
15. V.L. Cardoso, *Filosofia da arte*, p.27.
16. Ibid., p.299.
17. O. Lúcia L. de, *Americanos*.
18. V.L. Cardoso, "Rio São Francisco", p.37.
19. Ibid., p.39.
20. Ibid., p.40.
21. V.L. Cardoso, "À margem do Segundo Reinado", p.93.
22. Ibid., p.93.
23. Ibid., p.94.
24. Ibid., p.98.
25. R. Ventura, *Estilo tropical*, p.89.
26. Ibid., p.98.
27. Ibid., p.100, grifos nossos.
28. Idem, grifos nossos.
29. V.L. Cardoso, "À margem do 7 de setembro", p.213.
30. V.L. Cardoso, "Da liberalidade da técnica alemã", p.74.
31. V.L. Cardoso, "O fio de uma meada", p.74.
32. V.L. Cardoso, "Máquinas e sociedade", p.244.
33. V.L. Cardoso, "À margem da siderurgia", p.213.
34. V.L. Cardoso, "*In memoriam*", p.140.
35. Ibid., p.140.
36. Ibid., p.141.

37. Ibid., p.143.
38. L. Zéa, *El pensamiento latinoamericano*.
39. L.J. Werneck Vianna, *A revolução passiva*.
40. M.A.R. de Carvalho, *O quinto século*.
41. L. Zéa, op.cit., p.433.
42. V.L. Cardoso, "Ford", p.131.
43. Ibid., p132.
44. A. Gramsci, *Americanismo e fordismo*, p.243.
45. V.L. Cardoso, "Um centralizador de energias", p.38.
46. Ibid., p.17.
47. Ibid., p. 25-6.
48. V.L. Cardoso, "Um paralelo", p.37.
49. V.L. Cardoso, "De Artigas a Rodo", p.83.
50. Ibid., p93.
51. Ibid., p.87.
52. V.L. Cardoso, "O ambiente do romance russo", p.13-4.
53. Ibid., p.27.
54. M. Berman, *Tudo que é sólido desmancha no ar*, p.260-1.
55. V.L.Cardoso, "O ambiente do romance russo", p.37.
56. Ibid., p.39.
57. V.L.Cardoso, "Euclides da Cunha", p.111.
58. V.L.Cardoso, "Dostoiévski", p.129.
59. Ibid., p.144.
60. B. Gomide, *A "vasta poeira humana"*, p.126.
61. Idem.

**Conclusão** (p.191-206)
1. E.J. de Moraes, *A brasilidade modernista*.
2. G. Lukács, *Ensaios sobre a literatura*, p.162.
3. J. Frank, *Pelo prisma russo*, p.191.
4. M.A.R. de Carvalho, "Uma reflexão sobre a civilização brasileira", p.12.
5. B. Gomide, "A 'vasta poeira humana'...", p.135.
6. R.B. de Araújo, *Guerra e paz*.
7. M.A.R. de Carvalho, op.cit., p.16-7.
8. R. Barboza Filho, *Tradição e artifício*, p.47.
9. Ibid., p.49-50.
10. R. Wegner, *A conquista do Oeste*, p.209.
11. J. Dewey, *The Public and Its Problems*.
12. J. Souza, *A construção social da subcidadania*.
13. Ibid., p.99.
14. D. Chakharbarty, *Provincializing Europe*.
15. G. Therborn, "Entangled modernities".
16. R. Bellah, *The Broken Covenant*.
17. R. Sennet, *O declínio do homem público*.
18. J. Habermas, *A inclusão do outro*.

# Referências bibliográficas

## Fontes primárias

Arquivo particular de Vicente Licínio Cardoso

*a) Cartas*
Cardoso, Vicente Licínio. Carta de 18 nov 1930, endereçada a Castilhos Goycochea.
_____. Carta de 7 jun 1931, endereçada Castilhos Goycochea.

*b) Discursos manuscritos ou datilografados*
Cardoso, Vicente Licínio. "Discurso de Tomada de Posse na Cadeira de Arquitetura da Escola Politécnica", 1927.
_____. "Ensino profiss. Notas p a conf" (sic). Conferência realizada em 5 dez 1929.

*c) Resenhas, anotações e comentários a respeito de outras obras*
Cardoso, Vicente Licínio. Resenha da obra "L'etude pratique des plans de villes", de Raymond Urwinn, 14 nov 1927.
_____. Anotação sobre George Washington, no minidossiê *Rev. Americana*, s/d.
_____. Resenha sobre "Lenine et le paysan russe", de Gorki, 1926.
_____. Resenha sobre a obra *À margem da história política*, de Vitor Vianna, s/d.
_____. Anotações sobre Kropotkine e Whitman, s/d.
_____. Anotações sobre Rio São Francisco e seus intérpretes, s/d.
_____. Minidossiê "Dostoiévski", s/d.

*d) Artigos e entrevistas publicados em jornais (coleção particular com recortes)*
Artigo. "Às sextas-feiras", *Jornal do Commercio*, 12 jun 1931.
Azevedo, Fernando. "Uma vida de apostolado", *O Estado de S. Paulo*, 10 jul 1931.
Azzi, Francisco. "Vicente Licínio Cardoso (Notas e reminiscências, no décimo aniversário de seu desaparecimento", *Revista Brasileira*, n.1-2, dez 1941.
Cardoso, Vicente Licínio, "À Margem de uma Nova Bandeira". Publicado em *O Estado de S. Paulo*, novembro de 1926.
Cardoso, Vicente Licínio. "Sugestões ao plano de remodelação da capital", entrevista ao jornal *A Noite*, 1927.
Coaracy, Vivaldo. "Uma luz que se apagou", artigo sobre Vicente Licínio Cardoso, *O Estado de S. Paulo*, 14 jun 1931.
Slavelli, Ítalo. "Verdade constrangedora", artigo publicado em *O Estado de S. Paulo*, 19 jul 1931.

*e) Textos manuscritos*
Cardoso, Vicente Licínio. "Psicologia urbana", 1926.
_____. "Prenúncios claros de borrasca (Palavras velhas reeditadas)", s/d.

Epistolário de Euclides da Cunha

Cunha, Euclides da. "Ao dr. Brandão", 5 set 1895. In A Coutinho (org.), *Obras completas*, 2 vols., vol.2, Rio de Janeiro, Nova Aguilar, 1995.

_____. "A João Luís Alves", São Paulo, 26 set 1895. In ibid.
_____. "Ao mesmo", São Paulo, 9 out 1895. Carta a J.L. Alves. In ibid.
_____. "Ao mesmo", Lorena, 22 mai 1902. Carta a Francisco Escobar. In ibid.
_____. "A Vicente de Carvalho", São Paulo, 11 out 1902. In ibid.
_____. "A Max Fleiuss", Santos, 12 mar 1904. In ibid.
_____. "A Coelho Neto", Rio de Janeiro, 22 abr 1904. In ibid.
_____. "A Vicente de Carvalho", Guarujá, 27 abr 1904. In ibid.
_____. "A Coelho Neto", Manaus, 10 mar 1905. In ibid.

## Obras principais

Cardoso, Vicente Licínio. "Prefácio", in *À margem da história da República*, Rio de Janeiro: Annuario do Brasil, 1924.
_____. "O ambiente do romance russo", in *Vultos e Idéias*, Rio de Janeiro: Annuario do Brasil, 1924a.
_____. "Da liberalidade da technica alemã", ibid.
_____. "Dostoiévski", ibid.
_____. "A bala de papel", ibid.
_____. "Washington, fazendeiro", ibid.
_____. "Euclydes da Cunha". In *Figuras e conceitos*. Rio de Janeiro: Annuario do Brasil, 1924b.
_____. "À margem do 7 de setembro", ibid.
_____. "Os negócios públicos de um município", ibid.
_____. "De Artigas a Rodó (Esboço sintético da história da nacionalidade uruguaia". In *Pensamentos Brasileiros*, Rio de Janeiro: Annuario do Brasil, 1924c.
_____. "À margem da siderurgia", ibid.
_____. "Máquinas e sociedades (Esboço de uma síntese)", ibid.
_____. "O fio de uma meada", ibid.
_____. "Ford: O operário que venceu o capital". In *Affirmações e commentarios*, Rio de Janeiro: Annuario do Brasil, 1925.
_____. "Um paralelo: 1776 (Estados Unidos) – 1789 (França)", ibid.
_____. *Filosofia da arte (Síntese positiva e notas a margem): Arquitetura norte-americana. A margem das arquiteturas grega e romana*, 2ª ed. Rio de Janeiro: J. Olympio, 1935.
_____. "Um centralizador de energias; um humanista americano: Rodó". In _____. *Pensamentos americanos* (obra póstuma). Rio de Janeiro: Estabelecimento Graphico, 1937.
_____."Rio São Francisco – rio sem história". In _____, *À margem da História do Brasil*, 1ª ed. São Paulo: Nacional, 1979 [1933].
_____. "À margem do Segundo Reinado", ibid.
_____. "In memoriam", ibid.
Carvalho, Ronald de. *Pequena história da literatura brasileira*, 4ª ed. Rio de Janeiro: F. Briguiet & Cia, 1929 [1919].
_____. "As vozes da terra". In _____, *O espelho de Ariel e poemas escolhidos*. Rio de Janeiro/Brasília: Nova Aguilar/INL, 1976.
_____. "A lógica dos vencidos", ibid.
_____. "A Aurora de Castro Alves", ibid.
_____. "Advertência". In _____, *Toda a América*. Rio de Janeiro: Razão Cultural, 2001 [1926].
Cunha, Euclides da. "A missão da Rússia". In A. Coutinho (org.), *Obras completas*, 2 vols, vol.1. Rio de Janeiro: Nova Aguilar, 1995.

_____. "Terra sem história", ibid.
_____. "Viação sul-americana", ibid.
_____. "O inferno verde", ibid.
Graça Aranha, José Pereira da. *Canaã*, 10ª ed. rev. Rio de Janeiro: F. Briguiet & Cia, 1949 [1902].
_____. "A estética da vida". In _____, *Obras completas*. Rio de Janeiro: Instituto Nacional do Livro, 1968.
_____. "O Espírito Moderno", ibid.

## Obras de referência

Abreu, Regina. *O enigma de* Os sertões. Rio de Janeiro: Funarte/Rocco, 1998.
Alonso, Ângela. "De positivismos e de positivistas: interpretações do positivismo brasileiro". *Revista Dados*, n.42, p.109-34, 1996.
_____. *Idéias em movimento. A geração 1870 na crise do Brasil-Império*. São Paulo: Paz e Terra, 2002.
Althusser, Louis. *Montesquieu, a política e a história*. Lisboa: Presença, 1972.
Alves, Isidoro Maria da S. Alves. "Modelo politécnico, produção de saberes e a formação do campo científico do Brasil". In M.A. Dantas, M. Paty e P. Petitjean (orgs.), *A ciência nas relações Brasil-França*. São Paulo: Edusp/Papesp, 1996
Amado, Gilberto. *Mocidade no Rio e primeira viagem à Europa*. Rio de Janeiro: José Olympio, 1956.
Andrade, Olimpio de Souza. *História e interpretação de* Os sertões, 4ª ed. Rio de Janeiro: ABL, 2002.
Araújo, Ricardo Benzaquen de. *Guerra e paz: Casa Grande & Senzala e a obra de Gilberto Freyre nos anos 30*. Rio de Janeiro: 34, 1994.
Arrighi, Giovanni. *O longo século XX: Dinheiro, poder e as origens de nosso tempo*. São Paulo: Unesp, 1996.
Athayde, Tristão de. "Política e letras". In V.L Cardoso (org.) *À margem da História da República*, op.cit.
Austin, John. *How to Do Things with Words?*, 2ª ed. Cambridge: Harvard University Press, 1975.
Azevedo, Maria Helena Castro. *Um senhor modernista: Biografia de Graça Aranha*. Rio de Janeiro: ABL, 2002.
Bailes, Kendall E. *Technology and Society under Lenin and Stalin: Origins of the Soviet Technical Intelligentsia*. Princeton: Princeton University Press, 1978.
Bannour, Wanda. *Les nihilistes russes*. Paris: Anthropos, 1978.
Barata, Mário. *Escola Politécnica do Largo de São Francisco. Berço da engenharia brasileira*. Rio de Janeiro: Associação dos Antigos Alunos da Politécnica/Clube de Engenharia, 1973.
Barboza Filho, Rubem. *Tradição e artifício. Iberismo e barroco na formação americana*. Belo Horizonte/Rio de Janeiro: UFMG/IUPERJ, 2000.
Bartlett, Richard A. *The New Country: A Social History of the American Frontier, 1776-1890*. Londres: Oxford University Press, 1974.
Bassin, Mark. "Inventing Siberia: Visions of the Russian East in the Early Nineteenth-Century". *The American Historical Review*, vol.96, n.3, p.763-94, 1991.
Bellah, Robert N. *The Broken Covenant: American Civil Religion in Time of Trial*. Chicago: The University of Chicago Press, 1992.
Benchimol, Jaime Larry. *Pereira Passos, um Haussman tropical: A renovação urbana da cidade do Rio de Janeiro no início do século XX*. Rio de Janeiro: Secretaria Municipal de Cultura, Turismo e Esportes/Departamento Geral de Documentação e Informação Cultural, Divisão de Editoração, 1992.

Bender, Thomas. *Intellect and Public Life: Essays on the Social History of Academic Intellectuals in the United States*. Baltimore: John Hopkins University Press, 1993.
Bendix, Reinhard. *Construção social e cidadania: Estudos de nossa ordem social em mudança*. São Paulo: Edusp, 1996.
Berlin, Isaiah. *Pensadores russos*. São Paulo: Companhia das Letras, 1988.
Berman, Marshall. *Tudo que é sólido desmancha no ar. A aventura da modernidade*. São Paulo: Companhia das Letras, 1986.
Bernucci, Leopoldo. *A imitação dos sentidos: Prólogos, contemporâneos e epígonos de Euclides da Cunha*. São Paulo: Edusp, 1995.
Bosi, Alfredo. *História concisa da literatura brasileira*, 2ª ed. São Paulo: Cultrix, s/d.
Botelho, André Pereira. *Um ceticismo interessado: Ronald de Carvalho e sua obra nos anos 20*. Tese doutoramento. São Paulo: Departamento de Sociologia do IFCH-Unicamp, 2002.
Caccese, Neusa Pinsard. *Festa: contribuição para o estudo do Modernismo*. São Paulo: Instituto de Estudos Brasileiros, 1971.
Cândido, Antonio. *O discurso e a cidade*, 2ª ed. São Paulo: Duas Cidades, 1998.
Carneiro Leão, A. "Os deveres da nova geração brasileira". In V.L.Cardoso (org.), *À margem da História da República*, op. cit.
Carvalho, José Murilo de. *A escola de Minas de Ouro Preto*, 2ª ed. rev. Belo Horizonte: UFMG, 2002.
Carvalho, Maria Alice Rezende de. *Cidade e fábrica: A construção do mundo do trabalho na sociedade brasileira*. Dissertação de mestrado. São Paulo: Programa de Pós-Graduação em História, Unicamp, 1983.
_____. *Quatro vezes cidade*. Rio de Janeiro: Sette Letras, 1994.
_____. *O quinto século. André Rebouças e a construção do Brasil*. Rio de Janeiro: Revan/Iuperj, 1998.
_____. "Cidade, cidades". In Célia S.W. (org.), *Três visões de cidade*. Rio de Janeiro: UERJ, 2000.
_____. "Uma reflexão sobre a civilização brasileira". In L.J Werneck Vianna, *A revolução passiva*, 2ª ed. Rio de Janeiro: Revan, 2004.
Castro, Celso. *Militares e a República: Um estudo sobre cultura e a ação política*. Rio de Janeiro: Jorge Zahar, 1995.
Chagas de Carvalho, Marta Maria. *Molde nacional e fôrma cívica: Higiene, moral e trabalho no projeto da Associação Brasileira de Educação (1924-1931)*. Bragança Paulista: Edusp, 1998.
Chakhabarty, Dipesh. *Provincializaing Europe: Postcolonial Thought and Historical Difference*. New Jersey: Princeton University Press, 2000.
Clifford, James. *Routes: Travel and Translation in the Late Twenthief Century*. Cambridge: Massasshucets University Press, 1997.
Conniff, Michael. *Urban Politics in Brazil. The Rise of Populism, 1925-1945*. Pittsburgh: University of Pittsburgh Press, 1985.
Costa Lima, Luiz. *Terra ignota. A construção de Os Sertões*. Rio de Janeiro: Civilização Brasileira, 1997.
Coutinho, Afrânio. *A literatura no Brasil*, vol.3. Rio de Janeiro: Sul Americana, 1959.
Cruz Costa, João. *O positivismo na República. Notas sobre a história do positivismo no Brasil*. São Paulo: Companhia Editora Nacional, 1956.
Dewey, John. *The Public and its Problems*. Athens: Swallow Press, 1991.
Elias, Norbert. *O processo civilizador*, 2 vols. Rio de Janeiro: Jorge Zahar, 1994.
_____. *Os alemães. A luta pelo poder e a evolução do habitus nos séculos XIX e XX*. Rio de Janeiro: Jorge Zahar, 1997.
Ferreira, Luiz Otávio. *Os politécnicos: Ciência e organização social segundo o pensamento positivista da Escola Politécnica do Rio de Janeiro (1862-1922)*. Dissertação de mestrado. Pós-graduação em Sociologia e Antropologia, 1989.

Foucault, Michel. "Outros espaços". In _____. *Estética: Literatura e pintura, música e cinema. Ditos e escritos*, vol III. Rio de Janeiro: Forense, 2001.
Frank, Joseph. *Pelo prisma russo. Ensaios sobre literatura e cultura*. São Paulo: Edusp, 1992.
_____. *Dostoiévski: As sementes da revolta, 1821-1849*. São Paulo: Edups, 1999.
Freyre, Gilberto. *Perfil de Euclides e outros perfis*, 2ª ed. rev. e ampliada. Rio de Janeiro: Record, 1987.
_____. *Sobrados e mucambos: Decadência do patriarcado rural e desenvolvimento do urbano*, 12ª ed. São Paulo: Record, 2000.
Gahyva, Helga da Cunha. *O inimigo do século: Um estudo sobre Arthur de Gobineau (1816-1882)*. Tese de doutorado. Rio de Janeiro: Programa de Pós-graduação em Sociologia, Iuperj, 2006.
Gallagher, Catherine e S. Greenblatt. *A prática do novo historicismo*. Bauru: Edusc, 2005.
Galvão, Walnice Nogueira. "Euclides, elite modernizadora e enquadramento". In _____. (org.), *Euclides da Cunha – história*. São Paulo: Ática, 1984.
_____. "Metáforas náuticas". In _____, *Desconversas*. Rio de Janeiro: UFRJ, 1998.
Gomes, Ângela de Castro. *Essa gente do Rio. Modernismo e nacionalismo*. Rio de Janeiro: FGV, 1999.
Gomes, Ângela de Castro et al. *Engenheiros e economistas: Novas elites burocráticas*. Rio de Janeiro: FGV, 1994.
Gomes, Edvânia Tôrres Aguiar. "Natureza e cultura: representações na paisagem". In Z. Rosendahl e R.L. Corrêa (orgs.), *Paisagem, imaginário e espaço*. Rio de Janeiro: Uerj, 2001.
Gomide, Bruno. *Da estepe à caatinga: O romance russo no Brasil*. Tese de doutoramento. Campinas: Departamento de Teoria Literária, Unicamp, 2004.
_____. "A 'vasta poeira humana' e o 'simum da desordem': paralelos Brasil-Rússia nos anos 1920 e 1930". *Estudos Históricos*, n.35, 2005, p.121-38.
Goycochea, Castilhos. *O super humanismo de Vicente Licínio*. Rio de Janeiro: Alba, 1934.
Gramsci, Antonio. "Americanismo e fordismo". In _____, *Cadernos do Cárcere*, vol. 4. Rio de Janeiro: Civilização Brasileira, 2001.
Guimarães, Manoel Luís Salgado. "Nação e civilização nos trópicos: o Instituto Histórico e Geográfico Brasileiro e o projeto de uma história nacional". *Revista de Estudos Históricos*, n.1. p.5-27, 1988.
Guírin, Yuri N. "El Modernismo brasileño como espejo de la Revolución Rusa". *Caderno de Literatura e Cultura Russa*. Curso de Russo. DLO/FFLCH/USP. Cotia, Ateliê Editorial.
Habermas, Jurgen. *A inclusão do outro: Estudos de teoria política*. São Paulo: Loyola, 2004.
Hardman, Francisco F. "Brutalidade antiga: sobre história e ruínas em Euclides." *Estudos Avançados*, vol.10, n.26, 1996.
_____. *Trem fantasma: A modernidade na selva*. São Paulo: Companhia das Letras, 1998.
Herf, Jeffrey. *O Modernismo reacionário: Tecnologia, cultura e política em Weimar e no Terceiro Reich*. São Paulo: Ensaio, 1993.
Holanda, Sérgio Buarque de.[1936] (1995) *Raízes do Brasil*, 26ª ed. São Paulo: Companhia das Letras, 1995 [1936].
_____. *Visão do paraíso*, 6ª ed. São Paulo: Brasiliense, 1996 [1959].
Kropf, Simone Petraglia. *Sonhos da razão, alegoria da ordem: o discurso dos engenheiros sobre a cidade do Rio de Janeiro no final do século XIX e início do século XX*. Dissertação de mestrado. Rio de Janeiro: Departamento de História da PUC-Rio, 1995.
LaCapra, Dominick. *Rethinking Intellectual History: Texts, Contexts, Language*. Ithaca: Cornell University Press, 1983.
Lênin, Vladimir Ilitch. "O desenvolvimento do capitalismo na Rússia. O processo de formação do mercado interno para a grande indústria". In _____, *Os Economistas*. São Paulo: Abril Cultural, 1982 [1905].
Lepenies, Wolf. *As três culturas*. São Paulo: Edusp, 1996.

Lima, Alceu Amoroso. *Memórias improvisadas: Diálogos com Medeiros Lima*, 2ª ed. Rio de Janeiro: Vozes, 2000.
Lima, Nísia Trindade. *Um sertão chamado Brasil. Intelectuais e representação geográfica da identidade nacional*. Rio de Janeiro: Revan, 1999.
Lins, Ivan. *História do positivismo no Brasil*, 2ª ed. rev. e ampliada. São Paulo: Companhia Editora Nacional, 1976.
Lovisolo, Hugo. *A tradição desafortunada: Anísio Teixeira, velhos textos e idéias atuais*. Rio de Janeiro: CPDOC, 1989.
Lukács, Gyorgy. *Ensaios sobre a literatura*. Rio de Janeiro: Civilização Brasileira, 1968.
_____. *Soul and form*. Cambridge: MIT Press, 1978.
Martins, Wilson. *História da inteligência brasileira (1915-1933)*, vol.VI. São Paulo: Edusp/Cultrix, 1978.
Maza, Fábio. *O idealismo prático de Roberto Simonsen. Ciência, tecnologia e indústria na construção da nação*. São Paulo: Instituto Roberto Simonsen, 2004.
Melo, Vera Mayrinck. "Paisagem e simbolismo". In Z. Rosendahl e R.L. Corrêa (orgs.), *Paisagem, imaginário e espaço*. Rio de Janeiro: UERJ, 2001.
Merquior, José Guilherme. *De Anchieta a Euclides*. Rio de Janeiro: José Olympio, 1979.
Miceli, Sergio. *Imagens negociadas. Retratos da elite brasileira (1920-1940)*. São Paulo: Companhia das Letras, 1996.
_____. *Intelectuais à brasileira*. São Paulo: Companhia das Letras, 2001.
_____. *Nacional estrangeiro: História social e cultural do modernismo artístico em São Paulo*. São Paulo: Companhia das Letras, 2003.
_____. "A vanguarda argentina na década de 20 (notas sociológicas para uma análise comparada com o Brasil modernista)". In I. Margato e R. Cordeiro Gomes (orgs.), *O papel do intelectual hoje*. Belo Horizonte: UFMG, 2004.
Mitre, Antonio. *O dilema do centauro: Ensaios de teoria da história e pensamento latino-americano*. Belo Horizonte: UFMG, 2003.
Moraes, Antonio Carlos Robert. *Território e história no Brasil*. São Paulo: Hucitec, 2002.
Moraes, Eduardo Jardim de. *A brasilidade modernista: Sua dimensão filosófica*. Rio de Janeiro: Graal, 1978.
Mumford, Lewis. *A cidade na história – suas origens, suas transformações, suas perspectivas*. Belo Horizonte: Itatiaia, 1965.
Needell, Jeffrey D. *A Tropical Belle Époque – Elite, Culture and Society in Turn-Of-the-Century Rio de Janeiro*. Cambridge: Cambridge University Press, 1987.
Negri, Antonio. *O poder constituinte. Ensaio sobre as alternativas da modernidade*. Rio de Janeiro: DP&A, 2002.
Nogueira, Antonio. "O ideal brasileiro desenvolvido na República". In V.L. Cardoso (org.), *À margem da história da República*. Rio de Janeiro: Annuario do Brasil, 1924.
O'Gorman, Edmundo. *A invenção da América: A respeito da estrutura histórica do Novo Mundo e do sentido do seu devir*. São Paulo: Unesp, 1992.
Oliveira, Lucia Lippi. *Ilha de Vera Cruz, Terra de Santa Cruz, Brasil: Um estudo sobre o nacionalismo*. Tese de doutoramento. São Paulo: Programa em Sociologia da Faculdade de Filosofia, Letras e Ciências Humanas, USP, 1986.
_____. *Americanos: Representações da identidade nacional no Brasil e nos Estados Unidos*. Belo Horizonte: UFMG, 2000.
Pádua, José Augusto. *Natureza e projeto nacional: As origens da ecologia poítica no Brasil*. Rio de Janeiro: Estudos/Iuperj, n.54, 1996.
Paes, José Paulo. *Canaã e o ideário modernista*. São Paulo: Edusp, 1992.
Paiva, Marcos Aurélio Coelho de. *O papagaio e o fonógrafo. A Amazônia nos prosadores de ficção (1908-1931)*. Tese de doutoramento. São Paulo: Programa de Pós-graduação em Sociologia da Faculdade de Filosofia, Letras e Ciências Humanas, USP, 2005.

Pardal, Paulo. *Memórias da Escola Politécnica*. Rio de Janeiro: Escola de Engenharia/Xerox do Brasil, 1984.
Pereira da Silva, Lucia Helena. *Engenheiros, arquitetos e urbanistas: A história da elite burocrática na cidade do Rio de Janeiro 1920/1945*. Dissertação de mestrado. Programa de Pós-Graduação, Ippur/UFRJ, 1995.
Pontes, Heloísa. "Círculo de intelectuais e experiência social". *Revista Brasileira de Ciências Sociais*, vol.12, n.34, 1997, p.57-69.
Porto Rocha, Oswaldo. "A era das demolições. Cidade do Rio de Janeiro 1870-1910". In Oswaldo P. Rocha e Lia de Aquino. *A era das demolições e a cidade do Rio de Janeiro 1870-1910. Contribuição ao estudo das habitações populares no Rio de Janeiro, 1886-1906*. Rio de Janeiro: Secretaria Municipal de Cultura, 1995.
Prado, Paulo. *Retrato do Brasil. Ensaio sobre a tristeza brasileira*, 2ª ed. São Paulo/Brasília: Ibrasa/INL, 1981 [1929].
Pratt, Mary Louise. "Humboldt e a reinvenção da América". *Revista Estudos Históricos*, vol. 4, n.8,1991, p.150-76, .
_____. *Os olhos do Império: Relatos de viagens e transculturação*. Bauru: Edusc, 1999.
Rama, Angel. *A cidade das letras*. São Paulo: Brasiliense, 1985.
Ribeiro, Francisco Leonardo. "Cartas da selva: algumas impressões de Euclides da Cunha acerca da Amazônia". *História: Questões e debates*, n.44, 2006, p.147-62.
Ricotta, Lucia. *Natureza, ciência e estética em Alexander von Humboldt*. Rio de Janeiro: Mauad, 2003.
Ricoeur, Paul. *Teoria da interpretação. O Discurso e o excesso de significação*. Lisboa: Edições 70, 1987.
Ringer, Fritz. *O declínio dos mandarins alemães: A comunidade acadêmica alemã, 1890-1933*. São Paulo: Edusp, 2000.
Rocha, Marlos Bessa Mendes da. *Matrizes da modernidade republicana – cultura política e pensamento educacional no Brasil*. Campinas/Brasília: Editores Associados/Plano, 2004.
Romero, José Luis. *América Latina: As cidades e as idéias*. Rio de Janeiro: UFRJ, 2004.
Santana, José Carlos Barreto de. *Ciência e da arte: Euclides da Cunha e as ciências naturais*. São Paulo/Feira de Santana: Hucitec/ UEFS, 2001.
Santos, Sydney M.G. dos. *O legado de Vicente Licínio Cardoso (As leis básicas da filosofia da arte)*. Rio de Janeiro: UFRJ, (198?).
Schama, Simon. *Paisagem e memória*. São Paulo: Companhia das Letras, 1996.
Schnapp, Jeffrey. "Between Fascism and Democracy: Gaetano Ciocca – Builder, Inventor, Farmer, Enginner". *Modernism/Modernity*, vol.II, n.3, p.117-57. Baltimore: John Hopkins University Press, 1995.
Schorske, Carl. *Vienna fin-de-siècle. Política e cultura*. Campinas/São Paulo: Unicamp/Companhia das Letras, 1988.
_____. *Pensando com a história: Indagações na passagem para o Modernismo*. São Paulo: Companhia das Letras, 2000.
Schwartzman, Simon. *A redescoberta da cultura*. São Paulo: Edusp, 1997.
Schwarz, Roberto. *Um mestre na periferia do capitalismo*. São Paulo: Duas Cidades/34, 2000.
Semple, Ellen Churchill. *Influences of Geographic Environment: On the Basis of Ratzel's System of Anthropo-Geography*. Nova York: Henry Holt and Company, 1991.
Sennett, Richard. *Carne e pedra: O corpo e a cidade na civilização ocidental*. Rio de Janeiro: Record, 1997.
_____. *O declínio do homem público. As tiranias da intimidade*. São Paulo: Companhia das Letras, 1988.
Sevcenko, Nicolau. *Literatura como missão. Tensões sociais e criação cultural na Primeira República*, 2ª ed. rev. e ampliada. São Paulo: Companhia das Letras, 2003.

Silveira, Tasso da. *Definição do Modernismo brasileiro*. Rio de Janeiro: Forja, 1932.
Simmel, Georg. "The Sociology of Space". In D. Frisby e M. Featherstone (orgs.). *Simmel on Culture*. Londres/Nova Delhi: Thousand Oakes/Sage Publications, 1997.
Skinner, Quentin. *Maquiavel*. São Paulo: Brasiliense, 1988.
_____. *As fundações do pensamento político moderno*. São Paulo: Companhia das Letras, 1996.
Souza, Jessé. *A construção social da subcidadania: para uma sociologia política da modernidade periférica*. Belo Horizonte/Rio de Janeiro: UFMG/Iuperj, 2003.
Sussekind, Flora. *O Brasil não é longe daqui: O narrador, a viagem*. São Paulo: Companhia das Letras, 1990.
Therborn, Goran. "Entangled modernities". *European Journal of Social Theory*, vol.6, n.3, 2003.
Turazzi, Maria Inez. *A euforia do progresso e a imposição da ordem. A engenharia, a indústria e a organização do trabalho na virada do século XIX ao XX*. Rio de Janeiro/São Paulo: Coppe/Marco Zero, 1989.
Vasquez, Karina. *Los caminos de la renovación: Modernismo y vanguardias en la Argentina y Brasil de los años veinte*. Projeto de qualificação. Rio de Janeiro: Programa de História Cultural, PUC-Rio, 2004.
Velho, Otávio Guilherme. *Capitalismo autoritário e campesinato: Um estudo comparativo a partir da fronteira em mocimento*. São Paulo: Difel, 1976.
Ventura, Roberto. *Estilo tropical: História cultural e polêmicas literárias no Brasil, 1870-1914*. São Paulo: Companhia das Letras, 1991.
_____. *Retrato interrompido da vida de Euclides da Cunha*. São Paulo: Companhia das Letras, 2003.
Venturi, Franco. *El populismo ruso*. Madri: Alianza, 1981.
Weber, Max. *The City*. Nova York: First Paperback, 1966.
_____. "A 'objetividade' do conhecimento na ciência social e na ciência política". In \_\_, *A metodologia das ciências sociais*, 4ª ed., 2 vols., parte I. São Paulo/Campinas: Cortez/Unicamp, 2001.
Weber, Max. In H.H Gerth e C. Wright Mills (org.), *From Max Weber: Essays in Sociology*. Nova York: Oxford University Press, 1958.
Wegner, Robert. *A conquista do Oeste: A fronteira na obra de Sérgio Buarque de Holanda*. Belo Horizonte: UFMG, 2000.
Werneck Vianna, Luiz Jorge. *A revolução passiva*. Rio de Janeiro: Revan, 1997.
_____. *Liberalismo e sindicato no Brasil*. Belo Horizonte: UMFG, 1999.
_____. "O pensar e o agir". *Lua Nova. Revista de Cultura e Política*, n.54, 2001.
_____. "A questão nacional: entrevista concedida a Vanilda Paiva e Lúcia Lippi Oliveira". In J.T. Sento-Sé e V. Paiva (orgs.), *Pensamento social brasileiro*. Rio de Janeiro: Cortez, 2005.
Williams, Raymond. *O campo e a cidade na história e na literatura*, 2ª reimpr. São Paulo: Companhia das Letras, 2000a.
_____. *Cultura*, 2ª ed. Rio de Janeiro: Paz e Terra, 2000b.
Wittgenstein, Ludwig. *Investigações filosóficas*. São Paulo: Abril Cultural, 1975.
Wokler, Robert. "Saint-Simon and the Passage from Political to Social Science". In Anthony Pagden (org.). *The Languages of Political Theory in Early-Modern Europe*. Cambridge: Cambridge University Press, 1990.
Zea, Leopoldo. *El pensamiento latinoamericano*, 2ª ed. Barcelona: Ariel, 1976.
_____. *Pensamento positivista latinoamericano*. Caracas: Biblioteca Ayacucho, 1980.
Zilly, Berthold. "Sertão e nacionalidade: formação étnica e civilizatória do Brasil segundo Euclides da Cunha". *Estudos Sociedade e Agricultura*, n.12., 1999, p.5-45.

# Agradecimentos

Minha orientadora durante a maior parte do doutorado, Maria Alice Rezende de Carvalho foi quem mais colaborou para que este trabalho tomasse a forma final. Sua generosidade intelectual e entusiasmo nunca impediram que o rigor analítico esquadrinhasse os textos que lhe eram apresentados de forma implacável. Espero estar à altura da sua esperança.

Luiz Werneck Vianna orientou-me ao longo do mestrado e durante o início do doutorado. Seu rigor, paixão e compromisso com um estilo de atividade intelectual que resiste ao enquadramento burocrático marcaram-me de forma decisiva.

O Iuperj proporcionou-me, ao longo de seis anos, ambiente estimulante e acolhedor. Agradeço em especial a Ricardo Benzaquen e César Guimarães, meus professores nos anos de formação. Nas figuras de José Márcio, Ângela, Bia, Solange e Valéria concentra-se o que há de melhor no quadro de funcionários da casa. Agradeço a todos pela amizade, dedicação, desprendimento e competência. Por fim, inúmeros foram os amigos e colegas que, das mais diferentes maneiras, contribuíram para este trabalho. Obrigado a Juliano Borges, Cristina Buarque, Alice Soares, Maria Muanis, Fabiana Coelho, Marcelo Rosa, Darlan Montenegro, Marcelo Lacombe, Christiane Jalles, André, Alexandre Veronese, Leonardo Andrada e Bárbara Dias. Helga Gahyva – que me auxiliou na revisão – e Gisele Araújo talvez tenham sido as amigas que mais leram e ouviram esta tese.

No IFCS me graduei em Ciências Sociais e lá me apaixonei pelo ofício. Devo muito ao Instituto e aos amigos ifcsianos, que me acompanham até hoje. No grupo reunido na "Confraria", encontrei apoio diário e amizade incondicional. Obrigado a Lia Rocha, Cecília Campelo, Cláudio Araújo, Fábio Chaves, Guilherme José e Gustavo Bezerra, que fazem parte da minha formação intelectual e humana. José Renato Baptista mostrou-se imprescindível, tanto na vida intelectual e pessoal quanto na boemia e na arquibancada.

Christina Penna abriu-me de forma generosa sua casa e permitiu o acesso livre aos arquivos particulares de Vicente Licínio Cardoso. Carlos Ziller deu-me importantes informações sobre o tratamento de documentos e fontes primárias, nem sempre seguidas com a devida correção.

Sergio Miceli foi interlocutor generoso, sempre disposto a dialogar e incentivar. Os colegas do GT de Pensamento Brasileiro na SBS em muito me estimularam durante esse longo processo. Agradeço em especial a Rubem Barboza Filho e André Botelho.

Os professores do Departamento de Sociologia e Política da PUC-Rio sempre proporcionaram ambiente divertido e companheiro. Agradeço principalmente a Luiz Fernando e Sarah Teles. Paulo Jorge foi meu consultor de cultura russa.

Minha família sempre confiou em mim, acreditando que a aventura da sociologia, tão misteriosa para ela, fosse gratificante e recompensadora. Minha mãe, Carlota, e meu pai, Dimitri, sempre estiveram presentes nos momentos de angústia, indecisão e insegurança. Em minha filha Helena, encontrei um sentido para o que faço.

Ângela esteve comigo em diversos momentos. Hoje, está em definitivo. A ela devo uma nova vida e o refúgio cotidiano no qual me recompunha nas horas mais difíceis.

Finalmente, agradeço ao CNPq pelo auxílio, sem o qual esta pesquisa seria inviável.

Este livro foi composto em Minion e Futura e
impresso pela Geográfica Editora em maio de 2008.